沙盘游戏与应用

心灵深处的秘密

THE SECRET OF PSYCHE

荣格分析心理学

Jungian Analytical Psychology

魏广东 ● 编著

北京师范大学出版集团
BEIJING NORMAL UNIVERSITY PUBLISHING GROUP
北京师范大学出版社

图书在版编目(CIP)数据

心灵深处的秘密：荣格分析心理学/魏广东编著. —北京：北京师范大学出版社，2012.11(2020.11重印)
（沙盘游戏与应用）
ISBN 978-7-303-14976-6

Ⅰ.①心… Ⅱ.①魏… Ⅲ.①荣格，C.G(1975－1961)-分析心理学 Ⅳ.①B84-065

中国版本图书馆 CIP 数据核字(2012)第 163394 号

营 销 中 心 电 话　010-58805072　58807651
北师大出版社高等教育与学术著作分社　http://xueda. bnup. com

XINLING SHENCHU DE MIMI：RONGGE FENXI XINLIXUE
出版发行：北京师范大学出版社　www.bnupg.com
　　　　　北京市西城区新街口外大街 12-3 号
　　　　　邮政编码：100088
印　　刷：北京玺诚印务有限公司
经　　销：全国新华书店
开　　本：730 mm×980 mm　1/16
印　　张：14.25
字　　数：280 千字
版　　次：2012 年 11 月第 1 版
印　　次：2020 年 11 月第 6 次印刷
定　　价：39.00 元

策划编辑：何　琳　　　　责任编辑：何　琳
美术编辑：李向昕　　　　装帧设计：李尘工作室
责任校对：陈　民　　　　责任印制：马　洁

世界上最大的幸福应是人格的快乐!

Shijieshang Zuida de Xingfu
Yingshi Renge de Kuaile !

前　言

　　自从诞生那日起,人类从未停止过对心灵秘密的探索,就像从未停止过对自然界秘密的探索一样。在过去的时代里,人们崇敬天,崇敬地,崇敬万物,甚至不惜制造各种神灵来顶礼膜拜,所有这些其实是一种对生命思考的行为,也是对心灵秘密最古拙的探索方式。与古代不同的是,现代社会里,上帝已死,神灵已经不复存在,这样的思潮给我们带来了两个结果。一个结果是不好的,那就是因为没有了对神灵的信仰,使得当代的人类比任何时代更加彷徨,内心更加空虚而没有着落。另外一个结果却是好的,那就是我们摆脱了神灵的束缚,把注意力更多地转移到人类自身。正因为如此,当代的人们比过去的人们更渴望了解自己——身体的和心灵的。

　　可是,心灵似乎是那么深不可测,几千年来,古圣先贤也好,凡夫俗子也好,都不能给出一个关于心灵全部秘密的解释。累积从古至今所有关于心灵发现的成果,人们似乎也只是窥探到了心灵这座冰山的一角,解开心灵的全部秘密似乎是永远也无法完成的任务。尽管如此,我们大可不必过于悲观,因为前人毕竟还是为我们撬开了心灵秘密的大门,几缕阳光正顺着心灵大门的缝隙照进到心灵深处。在这些照进心灵深处的阳光之中,荣格分析心理学无疑是照得最深的一束。在它(荣格分析心理学)的照耀之下,我们隐约窥视到了心灵最深处的秘密。

　　荣格分析心理学中最有创建性的一个词就是“集体潜意识”,这是在个体潜意识之下的、人类共有的、与生俱来的心理的一部分。我们知道,个体潜意识已经是心灵深处的部分,我们虽受其影响,却难以触及。而集体潜意识更在个

体潜意识之下，因此我们不能不说这是心灵最深处的部分。当然，荣格分析心理学的内容并不只是集体潜意识的内容，事实上它十分庞杂，涵盖十分广泛。它既是一种心理治疗体系，心理治疗师可以用它来治疗心理疾病，并且在它的体系之下衍生出了沙盘游戏疗法等更多简便易行且行之有效的心理治疗技术；同时，它还是一种对缺乏心理健康的人有所帮助的心理学体系。

在荣格分析心理学中，心理干预的终极目标是个性化。简单地说，就是实现人的意识与潜意识、内在与外在的和谐统一，就像耶稣、释迦牟尼一样。这对于每一个人——无论有无心理问题——都是一个值得下工夫的任务。从这一点来说，荣格分析心理学更加贴近每一个人的心理。

稍稍留意一下，我们不难发现，在当代中国的心理行业，很多技术都与荣格分析心理学有着千丝万缕的联系。如前所述，荣格分析心理学是一个庞大的理论体系，甚至对于很多心理学的专业人士而言，它也显得深奥难懂。为此，笔者编撰此书，希望以中国人易懂的方式向读者介绍荣格分析心理学的主要内容。这些内容是沙盘游戏疗法、表达性艺术疗法以及其他深度心理学技术使用者必须了解的，也是灵修者和追求心理成长的普通人必须了解的。

由于编者水平有限，书中必定存在诸多不足之处，欢迎读者批评指正。

目录

第一章
荣格小传

　　历史的发展离不开伟大人物的贡献，伟大人物又不可能超越其所在历史时期的限制。在心理学中，一门心理流派的创建与一些伟大人物也是分不开的。要想了解分析心理学创立的来龙去脉，就不能不了解荣格这个伟大的心理学家。关于荣格的传记也是非常之多，其中最著名的当然是以"回忆·梦·思考"①命名的荣格的自传了。在这本书中，荣格写道："我的一生是潜意识自我实现的一生。"荣格似乎确实与潜意识存在着不解之缘，在他很小的时候，他就曾经有过与潜意识之间沟通的经历，欲知其详，那么就从荣格小时候的故事一一看来。

---

①　荣格自传——回忆·梦·思考. 刘国彬、杨德友译. 上海：上海三联书店，2009.

一、成长经历

（一）童年时代

1875 年，卡尔·古斯塔夫·荣格(Carl Gustave Jung, 1875—1961)诞生于瑞士的凯什维尔(Kessewil)。在荣格六个月大的时候，荣格一家移居到莱茵瀑布边上的洛封(Laufen)城堡，住进一所牧师的宅邸。

1. 家庭背景

荣格的家族是一个热衷于宗教的家族，荣格的八个叔叔及外祖母都是神职人员。荣格的父亲约翰·保罗·阿基里斯·荣格(Johann Paul Achilles Jung, 1842—1896)是一位瑞士乡村的新教①牧师，同时是一个研究东方国家和古代典籍的学者。作为一个神职人员，他一生恪守着"不该思想，只应信仰"的信条，但是，他又受着难以压抑的对信仰怀疑的折磨。他性格内向，充满矛盾。在荣格看来，他的父亲善良、宽容、坦荡而又因循守旧。荣格的父亲对荣格慷慨仁慈，也会脾气暴躁。每当父亲发起脾气的时候，荣格就会躲到自己秘密安全的世界里——房顶那个禁止人上去的阁楼，在那里有一块光滑的长方形的黑石头与荣格相伴，它帮助童年的荣格扫去了由于内心矛盾而产生的苦恼。

卡尔·古斯塔夫·荣格

在生命的后期，荣格的父亲长年精神消沉、委靡不振，使得家庭处于抑郁之中。但是，他对荣格的一生仍有着巨大的影响。在自传中，八十余岁的荣格还回想起父亲抱着他踱来踱去唱歌的情景。当亲友们期望荣格继承父亲的信仰和职业时，父亲却没有给他太多的干涉，而是任由荣格自己探寻发展的道路。

与父亲不同，荣格的母亲埃米丽·普雷斯沃克·荣格(Emilie Preiswerk Jung,

---

① 新教，基督新教的简称，或译为更正教、反对教，也经常被直接称为基督教，是于16 世纪宗教改革运动中脱离天主教而形成的新宗派，与天主教、东正教并列，为广义上的基督宗教的三大派别之一。

1848—1923)外向、强悍。在荣格三四岁的时候，由于婚姻不和谐，荣格的母亲患上了神经失调症住进医院。母亲的离开使荣格深感痛苦，荣格在自传中写道：

> 从那时起，有人一讲"爱"字，我就有一种不信任感。在一段相当长的时间里，"女人"在我心中引起的是一种固有的不可靠的感觉。而"父亲"却意味着可靠和没有权利。我就是带着这样的精神创伤开始人生之行的。（刘国彬、杨德友译，2009，2页）

荣格的父母，摄于1876年

2. 幼年时期的心理体验

荣格的精神创伤还不仅止于此。对于年幼的荣格而言，死亡也并不陌生。当地渔民常常葬身于险恶的瀑布之中，因此荣格经常会看到葬礼的仪式：一个巨大的黑箱子放置在一个深深的洞穴旁边，身穿黑色长袍、头戴黑色高帽的牧师，他们脸色阴沉抑郁，神情冷漠，无动于衷。在很长的时间内，黑色长袍都会唤起荣格内心的恐怖之感。

在荣格六岁的时候，一次洪水决堤，淹死了十四个人。洪水退后，荣格去察看洪水的破坏，他发现了一具半埋在沙土里的男尸。还有一次，荣格目睹了屠户宰杀一头猪的情景。这些生活经历对荣格来说非常具有刺激性和吸引力。但是，荣格的母亲却为此深感不安，因为她认为儿童对这样的事情感兴趣是一种病态的表现。

在孩提时代，荣格还有过好几次险些送掉性命的遭遇。一次，他摔下了楼梯；还有一次他摔倒在火炉的一个角上，鲜血、疼痛以及医生缝合伤口的情形让他终生难忘。另外一次，荣格差一点从横跨莱茵瀑布的桥上掉下去摔死，多亏了家中的奴仆及时抓住了他。在后来的分析中，荣格认为这些事指明了他潜意识中自杀的冲动，或者说是对生的世界的一种极力的反抗。

荣格的童年也没什么玩伴，两个哥哥在他出生之前就夭折了，而妹妹直到他9岁的时候才出生。当父亲高兴地对他说"今天晚上你多了个妹妹"的时候，他的反应是大吃一惊。在那时的荣格看来，他妹妹不过是一个叫人失望的小东西：一张红红的、满是皱纹的脸，和老年人一样；眼睛闭着，就像一只瞎眼的小狗。妹妹的出生并没有带给荣格快乐，相反，这件事情让荣格感到一种朦胧的不信任感。或许这种感觉——弟弟或妹妹"忽然"（因为此前自己从未预料到）出生时的感觉——每个经历过弟弟或妹妹出生的人都有，他们感到的不是快乐和兴奋，而是紧张和恐惧。

由于妹妹出生较晚，童年的荣格习惯了独自游戏以及冥想。荣格喜欢按自己的方式玩，不喜欢别人打扰。在七八岁的时候，荣格特别喜欢玩砖头，用砖建塔；后来喜欢玩火，还常坐在一块石头上苦思冥想"石头"与"我"的关系，就像庄子讨论"蝴蝶"与"我"的关系一样。大约十岁的时候，荣格在一根尺子的一头刻了一个两英寸高的小人，把它染成黑色后，锯下来，放进铅笔盒里，又给小人找到一块黑色的石头，把它们悄悄放在禁止人上去的阁楼里。每当心不顺的时候，他就会因想起这个秘密的小人或陪这个小人待一会儿而感到安慰。

荣格说："雕刻的那个木头小人的事件是我童年的高潮，也是它的终结。这件事在我心中徘徊了一年。"（刘国彬、杨德友译，2009，16 页）雕刻小人与玩石头对荣格的一生也有着重要的影响。当荣格因和弗洛伊德①分手而陷入心理危机的时候，他面对自己潜意识的方式就是重新开始玩石头的游戏。因为在他看来，玩不同年龄的游戏，是与这个年龄的心理沟通最直接的方法。玩石头对于成年的荣格而言，是他与自己潜意识沟通的方式，也是一种心理疗愈的方式。

3. 童年时代的梦

童年时代的荣格还做了不少极具象征意义的梦，其中有一个萦绕他多年的梦是这样的。

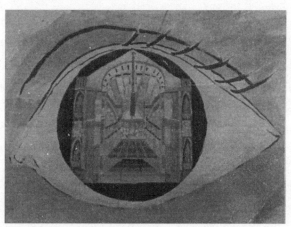

荣格的梦

---

① 　西格蒙德·弗洛伊德（Sigmund Freud，1856—1939），犹太人，奥地利精神病医生及精神分析学家。精神分析学派的创始人。他认为被压抑的欲望绝大部分是属于性的，性的扰乱是精神病的根本原因。著有《性学三论》《梦的解析》《图腾与禁忌》《日常生活的心理病理学》《精神分析引论》《精神分析引论新编》等。弗洛伊德对荣格的影响很大，在后边的章节中将详细介绍。

我们的住宅孤零零地立在洛封城堡附近，教堂司事农场的后边，有一大片草地。梦中的我正站在这片草地上。突然我发现了一个黑色的、长方形的、石砌的洞。我好奇地走过去，朝里边窥视，看到一排石阶一直通下去。我迟疑了半天，还是胆战心惊地走下去。洞底走不多远有一个圆形的拱门，门上挂着一块又大又沉的绿色帷幕，那帷幕好像是加工过的绸缎制成的，显得十分气派。好奇心驱使我很想看看幕后是什么，于是便掀起了它。在暗淡的光线下，我的面前出现了一个大约三十英尺长的长方形的屋子。屋顶呈拱形，由加工过的石头砌成，地面铺着大石板，中间还有一条红地毯，从门口一直通到一个低低的平台，平台上放着一个金光灿灿的宝座。座上也许有一个红色的垫子，那豪华的派头简直就像童话中描写的宝座一样。宝座上立着一个什么东西，最初我以为是树桩，大概十二到十五英尺高，一英尺半到两英尺厚，它十分高大，几乎到了屋顶。后来才发现，它的成分挺有意思，它不是由木头，而是由皮和肉组成的，顶上有一个圆圆的像人头那样的东西，上面没有脸，没有头发，顶端有一只眼睛，一动不动地盯着屋顶。

屋子里很亮，可是没有窗户，也没有其他光源，头顶处是一片灿烂的辉光。宝座上的那个东西虽然没有动，可我总觉得它随时会像一条虫那样向我爬过来。我害怕得全身都僵了。这时我听见外面和顶上传来母亲的声音："看看它吧，那就是吃人的怪物！"母亲的喊声使我怕上加怕，我吓出了一身冷汗，醒来后还怕得要死。此后好多晚上我都不敢睡觉，生怕再做这样的梦。（刘国彬、杨德友译，2009，4—5页）

很久以后，荣格才明白梦中的那东西是男性的生殖器。几十年后，他才懂得那是一种古老的祭祀礼仪中被人崇拜的偶像。荣格说："不管怎么说，这个梦里的生殖器对我来说就是一个说不出名字的神，他一直留在我的记忆里，只要有人过分强调地说到耶稣，它就出现在我脑海中。"（刘国彬、杨德友译，2009，6页）因为这种联想，荣格从未对耶稣真实接受过，他也愈加不愿意进天主教堂。

对这个梦的逐步认识不禁令荣格自问：
我的心中到底是谁在讲话？
是谁的意识创造了那些景象？
……谁同我讲过这些事情？
谁谈过这些我完全不知道的问题呢？

（刘国彬、杨德友译，2009，6页）

荣格认为，是借着儿时的梦，他开始了与集体潜意识的接触，他的理智生活正是以梦所表现的潜意识作为开端的。但是，八十三岁的荣格在撰写自己的传记时也承认，直到撰写传记的那一天，他依然有很多纠结在早期回忆上的结尚未打开。这或许也告诉我们，人们会与各种情结相伴终生，是不可能把所有的情结都化开的。这也提示我们，对于心理不健康者或者心理健康者，我们都不应该把化解所有的情结作为我们的目标，因为这样的目标是不可能实现的。

(二)中学时代

1. 大学预科的校园生活

11 岁那年，荣格离别了乡村进入了巴塞尔大学(University of Basel)预科，从此他进入了"大世界"。在这个"大世界"里，少年荣格发现那里有许多有权势的人物，他们住在宽敞高大的住宅里，乘坐豪华马车，讲一口文雅的德语和法语。他们的子弟，衣着阔绰，风度翩翩，口袋里塞满钞票。当听到这些公子哥同学高谈阔论在阿尔卑斯山的情景时，荣格感到心头交织着惊异和嫉妒的情绪。第一次，荣格意识到自己家境的贫寒，对父母也有了更多的理解和同情。

不久，荣格就对学校生活产生了厌倦。他发现自己对神学课毫无兴趣，而对代数课更是不知所云。荣格曾经回忆说，他一生中一直有一个谜：他能够正常运算，可不知何故他却永远不能在数学中辨别方向。对荣格来说，数学课完全变成了恐怖和折磨。此外，荣格还以完全无能为由免修了绘画。本来荣格还是有一些绘画天赋的(成年后荣格绘制的各种梦境的图画证明了这一点)，但是他更愿意画一些激发他想象的东西，而当老师让他临摹一些画作时，荣格却不能很好地完成，于是绘画课由此而告终。

除了数学和绘画课上的失败，少年荣格的第三个失败就是体操。荣格回忆说，他不能容忍别人告诉他怎么样做动作。不仅如此，由于幼年的受伤事故，荣格有某种对身体上的胆怯，这种胆怯直到很晚才被克服。对身体的胆怯又使得荣格产生了对世界的不信任感。

2. 两种人格的纠缠

1887 年，也就是荣格 12 岁的时候，荣格经历了一件在他看来是决定命运的事件。在那年初夏的一天，中午放学时，一个男孩猛然将荣格推到路边的石头上，感觉到打击的瞬间，荣格脑中闪过以后再也不用上学的念头。自那以后，每当上学或做功课时，荣格就会出现神经性昏厥。因此，他有六个月不用去上学，自由地做自己喜欢的各种事情，能够几个小时地做梦，乐意去何处就去何处。这段日子里，荣格埋头于神秘的世界里。那个神秘的世界里有树木、水塘、沼泽、石头和动物，还有父亲的图书室。

正当荣格沉浸在自己的世界里的时候，父亲与朋友的一次对话让荣格开始勤奋起来。当朋友问荣格的父亲荣格的病情时，荣格的父亲忧虑地说道："医生怎么也搞不清楚他得的是什么病。他们认为可能是癫痫病。他要是医治不好就太可怕了，我所有的那点东西都丧失了，可这孩子要是不能自食其力又会是怎样的下场呢？"父亲的话让荣格感到犹如晴天霹雳，一下子激发了他的责任感，他高度集中精力学习拉丁语法，每当他感到又要昏厥时，他就会对自己说"该死，我才不要昏倒呢"。在这样的自我鼓励下，荣格很快可以正常地学习了，几个星期之后便返回了学校。

荣格认为，同一时期，另一个重要经历就是前往巴塞尔的途中，他刹那间获得了一种势不可当的印象，觉得自己像刚从浓密的云层中探出头来。这时他忽然明白了：

> 现在我是<u>我自己</u>了！就好像有一堵墙在我的身后，而在那堵墙后尚无一个"我"字。但这个时候，<u>我碰见了我自己</u>。在此以前我也存在着，但只是一切发生在我身上，而现在则是我发生在我身上。现在我知道，我现在是我自己，现在我存在着。在此之前，我是按照别人的意志去做这做那，现在是按照我的意志去做。在我看来，这个经历极其重要新颖：在我身上有了"权威"。（刘国彬、杨德友译，2009，23页）

也就是说，荣格觉得自己是两个不同的人：其中一个是学生，领会不了数学且对自己完全没有把握；另一个则是重要的、具有高级权威的、不可小觑的人，有势力、有影响，是个生活在 18 世纪的老人。这样的念头源自荣格之前的一个奇特体验，一次，当他看到一辆 18 世纪的绿色古董马车时，他有一种异常激动的体验："是它！一点儿不假，它来自我的时代。"还有一次，在姨妈家，荣格看到一个 18 世纪的小雕像，小雕像上的老医生穿着扣形装饰鞋，他确信那就是他曾经穿过的鞋。在那些日子里，荣格常常把 1886 年写成 1786年，每当出现这种情况时，他就会被一种莫名其妙的怀旧感压倒。

少年荣格之所以会有这样在别人看来显得很奇怪的心理，按照荣格的自我分析，是因为他爷爷的故事对他产生的影响。荣格的爷爷卡尔·古斯塔夫·荣格（Carl Gustave Jung，1794—1864）虽然在荣格出生之前就已经去世了，但是他对荣格曾有着很大的影响，包括荣格的名字也取自他。曾有传说，荣格的爷

爷是歌德①的私生子，荣格在自己的传记中称这是一个"讨厌的传言"，尽管如此，荣格却多次提及此事，或许荣格内心对此也不无引以为荣之情。

3. 对"上帝"的思索

少年时期，荣格一直被宗教方面的心理冲突所困扰。如前文所述，荣格曾在童年时期做过一个男性生殖器的梦，而这个梦使得他对耶稣的形象一直无法完全认同。每当别人说起耶稣的时候，他就会想起这个男性生殖器的梦。大概11岁左右的时候，尽管荣格依然不能对耶稣有心理认同感，但是这一段时间他开始对上帝产生兴趣。荣格开始对上帝祷告，而且是一种没有内心矛盾的祷告。

然而好景不长，12岁那年的夏天，一段时间里，荣格内心被另外一个矛盾的念头所纠缠。在那段日子里，荣格显得垂头丧气，无精打采，以至于妈妈认为他得了什么病。事情起因于一个美好夏日的中午，荣格来到大教堂广场，看到美丽的景物，荣格想到世界是美丽的，教堂是美丽的，是上帝创造了这一切，上帝坐在上方，在遥远的蓝天上的一个御座上……想到这儿，荣格的思绪突然产生了一个巨大的空洞。郁闷、麻木的感受使他不敢再想下去，他害怕因此而犯下反对圣灵的罪行。在自传中，荣格这样描述了他当时的心理：

> 不要再想下去了，有种可怕的东西正在到来，某种我不愿想、甚至不敢靠近的东西。为什么呢？因为我会犯下最为可怖的罪孽。什么是最可怕的罪呢？是谋杀吗？不，绝对不可能是这种事。最可怕的罪孽是反对圣灵的罪愆，这种罪愆是不可饶恕的。谁犯了这种罪就要遭天谴，就得永生永世下地狱。要是我父母视若掌上之珠的这个独生子，命中注定要受永生的惩罚，那他们肯定会很伤心的。为了父母之故，我可不能干这种事。我必须做的是千万不要再去胡思乱想了。（刘国彬、杨德友译，2009，26页）

事情往往想起来容易做起来难，当荣格下定决心不再去关心上帝的事情的时候，他还是控制不住地要想起这个问题来。这种不愿意想和控制不住地要去想的心理矛盾使得荣格寝食难安，直到第三天的晚上，荣格再一次被这个想与不想的念头搞得无法入睡，他便索性坐起来。他想道：为什么要想自己不懂的事情呢，自己本来不想去想，又是谁让自己想的呢？还有，为什么当他正想着

---

① 约翰·沃尔夫冈·冯·歌德（Johann Wolfgang von Goethe，1749—1832），18世纪中叶到19世纪初德国和欧洲最重要的剧作家、诗人、思想家。歌德除了诗歌、戏剧、小说之外，在文艺理论、哲学、历史学、造型设计等方面，都取得了卓越的成就。

赞美造物主的时候，却受到了这样一种折磨呢？沿着这个思路，荣格一直想到了亚当和夏娃：上帝无所不能，他创造的也都是完美无瑕的，被上帝创造出来的亚当、夏娃也是完美的，然而他们却犯了原罪①，干了上帝不希望他们干的事情②。这件事情也是很清楚的，完美的亚当、夏娃之所以犯错是由于蛇的诱惑，而蛇又是上帝在亚当、夏娃被创造之前就被上帝创造好的。上帝创造蛇显然是为了引诱亚当和夏娃犯罪。因此，亚当和夏娃犯了原罪，那原是上帝的本意。想到这里，荣格心里如释重负，他认为自己之所以受到心理的折磨，那也是上帝安排的。此时，新的问题又出现了："上帝要的是什么呢，是行动还是不行动？"也就是说，上帝是要荣格就上帝这个概念继续想下去呢，还是不去想呢？荣格想，既然全知全能的上帝没有站出来让荣格摆脱心理困境，很显然，上帝也是要他自己拿出勇气面对。于是，荣格鼓起了勇气，继续想那灿烂阳光照耀下的教堂顶部，继续想蓝天之上的金色宝座……荣格看到一块巨大无比的粪块从宝座上掉了下来，把教堂砸了个粉碎。

荣格如释重负，体验到一种透彻感。以前不明白的许多事情，现在变得清楚了，即上帝在对人的勇气考验时，反对恪守种种传统，而不论这些传统多么神圣。有了这样的认识，每当荣格的父亲习惯地说"一个人不应该去想，而是要信仰"时，荣格内心就会想道"一个人必须体验了才能懂得"。

12岁的荣格的这句话是很深刻的，说出了人们的普遍特点，那就是只有对某个道理有了内心的体验，拥有了自己的感悟，才能懂得那个道理。学习心理学亦是如此，只有边学习心理学的理论边用心去体验，当有了与那个理论所说的内容一致的体验时，才算是真的懂得了这个理论。不然的话，即使能把所有的心理学理论都倒背如流，也算不上真正地明白心理学。

4. 孤独的生活

这一时期，荣格开始结交朋友，学习成绩也开始好了起来，甚至一度名列全班第一。很快，荣格发现当第一并不是一件好差事，有很多同学妒忌他，并抓住一切机会赶上他，这使得他很不愉快。此后，荣格的成绩变为班里的第二，他发现这远比当第一更让他感到舒服。由于不需要竞争第一名，荣格开始

①　原罪一词来自基督教的传说，它是指人类生而俱来的、洗脱不掉的"罪行"。《圣经》中讲：人有两种罪——原罪与本罪，原罪是始祖犯罪所遗留的罪性与恶根，本罪是各人今生所犯的罪。

②　指亚当和夏娃受蛇诱惑偷吃了"禁果"一事。

对功课讨厌起来。大多数老师也认为他是一个既愚蠢又狡猾的学生。学校一有什么事出了差错，荣格便成了第一个被怀疑的对象。要是什么地方打起架来，荣格也会被认为是挑动者。但实际上，荣格只有一次真正卷入到打架里，从那次打架后荣格才发现了一些同学对他的敌对态度。在那次打架中，7个同学埋伏起来突然攻击他，他进行了勇敢的反击。从那以后，无人敢再欺负荣格，同时也没有人再理睬他了。

又有一次，老师布置了一个荣格感兴趣的作文题目，因此，荣格便劲头十足地写起来。荣格满心期望这篇作文至少可以得到九十分并得到老师的点评，结果却是，老师先点评了成绩最好的那个男生的作文，然后又点评了其他一些人的作文，对荣格的作文一直没有提及。在荣格等了又等之后，老师停了一下说道："现在，我还有一篇文章，是荣格写的。它是写得最好的，我本应打它个一百分。但不幸的是，这却不是他写的。你从哪里抄来的呢？你给我坦白。"老师的话让荣格火冒三丈，老师并不听荣格的辩解，而是一口断定那篇作文是抄袭的。这件事情让荣格一连好几天都悲愤不已，从此变得更加孤独了。

这样的事情并不仅仅在荣格的身上发生过，一两百年之后的今天，异国他乡的中国也经常会上演这样的故事。一个被老师归为"坏学生"一类的学生，即便是认真做了某件事情，老师也会认为那不是他自己做的而不予理睬。孔子说，君子不以言举人，不因人废言。就是希望我们能够不要先入为主，而不去考察实际情况。教育者则更不应该随意给孩子们贴上某标签，然后就按着这个标签来对待孩子。当年，荣格的老师们没有预料到他们眼中的坏孩子荣格会取得比他们大得多的成就，现在，哪个老师又敢保证某个不被看好的孩子不会超过他的老师们呢？

荣格就是在这样不断的心理矛盾与冲突中度过了他的少年时代。14岁那年，为了改善荣格的身体状况，父母将荣格送往昂特列布希进行治疗，这是荣格有生第一次单独置身于成年人之间。在治疗期间，一位化学博士给荣格留下了深刻的印象。这位博士偶尔与荣格谈上几句话，有时也会和荣格一起打槌球，这样的经历使得荣格获得一种进入成年人行列的感觉。这次疗养结束的时候，爸爸接荣格回家并一起到卢塞恩（Luzern）度假。当荣格站在维茨诺一座高山上，远望草坪斜坡上宫殿式的大饭店，荣格仿佛看到了长大、独立的自己。

在荣格16—19岁的这段岁月，他内心的矛盾渐渐消散，他所获得的更丰富的只是逐渐渗入或压制了那直觉的预感的世界。荣格开始系统地探究他感兴趣的问题，特别是哲学，古希腊哲学家的思想吸引了他。但他探索的最大发现是叔本华。叔本华是第一个提到这个世界是痛苦的人，他还提到了混乱、情欲、邪恶。荣格赞同叔本华对世界所作的阴暗的描述，但不喜欢他的解决办

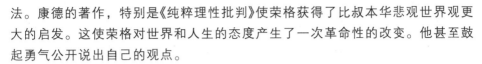

法。康德的著作，特别是《纯粹理性批判》使荣格获得了比叔本华悲观世界观更大的启发。这使荣格对世界和人生的态度产生了一次革命性的改变。他甚至鼓起勇气公开说出自己的观点。

荣格显然经历了一般孩子不曾有的困惑和痛苦。霍尔①认为：

> 荣格描绘自己的青年时代是一个孤独而书生气十足的人，为宗教问题和哲学问题所苦恼，对世界充满了寻根究底的好奇心。他显然是一个不同寻常的孩子，就像他以后将成为一个不同寻常的人一样。但是许多具有和他同样气质的孩子，却始终没有显出任何卓越之处。他们往往流于幼稚肤浅，或者成了精神病患者，要不就是在种种怪癖中消磨了自己的一生。
>
> （冯川译，1987，9 页）

荣格说，两种人格(少年的真实的形象与 18 世纪老人的形象)之间的作用和反作用贯穿了他整个一生，但这两种人格的存在并非是我们常说的人格分裂。荣格认为，在他的一生中，第二种人格更具有重要性，而且他也总是尽力为想从内心走出来的一切腾个地方。不论是否是巧合，有着如此深刻内心体验的少年荣格，若干年后成为了一个研究人类心理的心理学家。

(三)大学时代

1. 选择学科

中学时代，荣格曾为学习自然科学还是学习哲学而犹豫不定。随着中学的即将结束，选择一个更喜欢的学科，甚至可以说是选择某一个职业成为荣格迫在眉睫的任务。好长一段时间，荣格都不能做出选择，父亲心里十分焦急，却并没有要求他或者强迫他做出选择。这段时间里，荣格的两个梦为他做出决定起到了促进作用。

在第一个梦里，荣格梦见自己处身于莱茵河畔一大片阴暗的森林里。他走到一座山丘上的坟堆前，接着动手挖掘起来。过了一会儿，令他吃惊的是，他竟然挖到了一些史前动物的遗骨。这使荣格兴奋不已，并且让他清楚地认识到：一定得了解大自然，了解我们在其中生活的世界，了解我们周围的各种东西。

在第二个梦里，荣格又梦见了一座树林。树林里溪流纵横交错，在最阴暗

---

① 荣格心理学入门. 霍尔. 冯川译. 北京：生活·读书·新知三联书店，1987.

的地方，是一个圆形的水塘，水塘周围灌木丛生。水塘里有一种最古怪和最奇妙的动物：身形圆鼓鼓的，身上闪烁着乳白色的光泽，它由无数的小细胞，或者说是由形状犹如触手的各种器官构成。这是一只巨型深海放射目动物，身粗大约三英尺。这一威严的动物躺在那儿，不为人所知，也不会被人打扰。它在荣格身上激起了强烈的求知欲。

这两个梦似乎告诉荣格，他更感兴趣的是自然科学。从现实生活的角度出发，荣格选择了医学作为自己未来的学科方向，因为医学至少是与自然科学的科目结缘的。上大学的费用是一个痛苦的问题。荣格的父亲筹集了一部分，另外，父亲替荣格向巴塞尔大学申请到了定期生活津贴费。父亲的名声使荣格受到了照顾，但荣格却觉得很丢脸，因为他从不指望从"上层"的人们那里获得好处。荣格认为，所有"上层"的人，或者所有说话能"算数"的人，都对他抱有成见。

2. 有深远意义的梦

大约也是这个时候，荣格的另外一个梦既吓坏了他又鼓舞了他。梦中，荣格身处某个不知名的地方，他在黑夜中顶着大风缓慢而痛苦地前行。浓雾弥漫，荣格把两只手做成杯状来保护一盏小灯，而这灯似乎随时可能熄灭。忽然，他觉得背后一个东西向他走来。他回过头去，看见一个无比巨大的黑色人影正跟在身后。虽然很害怕，荣格还是清醒地意识到，不管有什么危险，他都必须保住这盏小灯，以便度过这个狂风之夜。梦醒之后，荣格立刻意识到那个人影就是"布洛肯峰①的鬼魂"，那是他自己的影子在那盏小灯灯光照射下形成的。在荣格看来，那盏小灯代表着他的意识，相比于黑暗来说，那盏小灯尽管极小且脆弱，但它仍然是一盏灯，而且是他唯一的灯。多年后，荣格把梦中的提灯人刻在了一块石头上。

这个梦对荣格有很大的启示。他认识到，第一人格就是那盏小灯，而第二人格则像影子一样追随他。他的任务就是护住那灯，而不要去回望那黑色影子代表的永存的生命力。对于这个梦，或许也可以这样解释，灯代表的是意识，黑影则是潜意识。作为一个正常的人就是需要保护自己的意识，使其获得发展，而不能任由潜意识自由流露而导致意识之火熄灭。正如荣格所说，尽管人类拥有各自的生活，然而，我们很大程度上却是以世纪为单位来计算的岁月的

---

① 布洛肯峰是萨克森地区哈兹山脉最高峰，登山者在这里经常可以看到自己的影子被放大投射到对面山峰顶部的云雾上。

集体精神的代表者、牺牲者和促进者。
也就是说，我们每个人生命中都有一
盏意识灯，也有人类岁月稽留下来的
集体精神(集体潜意识)，我们的主要
任务却是守护住意识之灯。

3. 轻松自由的大学生活

1895 年春，荣格进入巴塞尔大学
开始学习。他一生中最厌烦的那段时
间——中学时代终于结束了，通向大
学和学术自由的金色大门正为他洞开
着。在大学一年级，荣格被批准加入
了一个叫做"兄弟会"的组织，他的父
亲也曾经是这个组织的一员。那一年，

荣格许宁根旧居的石刻：提灯人

父亲赶来与荣格一起参加了一次兄弟会的远足，父亲还在这次远足途中发表了
一篇异想天开的演讲。这让荣格感到欣慰，因为他明白了，父亲也曾经是一个
充满热情的学生，是现实生活让他变得枯萎了。

远足之后不久，荣格的父亲身体恶化，1895 年秋天便卧床不起，1896 年
初去世。父亲去世后，荣格搬进了父亲的房间并开始成为一家之主。那段时
间，荣格曾多次梦见父亲，在梦中父亲健康得到恢复，不久就要回到家里了。
这样的梦迫使荣格第一次开始思考人死之后的事情。

父亲的去世一度让荣格继续上大学变得困难起来，最小的舅舅和叔叔资助
了他一部分费用。剩下的费用，则主要靠荣格当助教和为一位年老姑妈卖古董
赚得。经济的拮据并没有影响荣格上大学的心情，在他看来，大学是一段美妙
的时光，一切均充满了理智和活力，并且是结交朋友的好时期。在兄弟会的几
次会议里，荣格还就神学和心理学进行了几次演讲。

在一位同学父亲的藏书室里，荣格无意找到了一本论述精神性现象的小册
子。这本书论述了唯灵论①的起源，它消除了荣格最初的怀疑，觉得童年时代

---

① 唯灵论是宗教和唯心主义的一种学说。主张世界的本源是心灵或精神，物质作为心
　灵的附属物或产品，只是表象和假象，并不真实存在。认为世界具有"世界灵魂"，
　是一种无所不包的大灵魂，即上帝。

那些故事的材料是可信的。荣格还阅读了康德①的《一个看见鬼魂的人的梦》等，后来，荣格开始阅读尼采的著作，他认为《查拉图斯特拉如是说》便是尼采的《浮士德》，而且尼采的第二人格是病态的。这引起了荣格的思考。

4. 做出职业选择

学完引论性的课程之后，荣格成了解剖学课程的助教。随后的一个学期，他被指定讲授组织学课程。再接下来的两个学期是临床实习。1898 年，荣格计划将来当一名医生。然而，接下来的暑假发生的几件事，影响了荣格的职业选择。

一天，荣格正坐在房间里做功课，突然听到了一声有似手枪射击的巨响。荣格跳了起来，冲到那个发出声响的房间，看见母亲正目瞪口呆地看着桌子。那是荣格祖母的嫁妆，大约有七十年寿命的胡桃木桌子。顺着母亲的目光，荣格看到，那桌子从边缘到中心以外处裂了一条缝，而且还不是沿着卯榫眼处裂开的；这裂缝直穿这硬硬的木材。在一个潮湿的夏季，一个风干了七十多年的桌子怎么会裂开呢？荣格想道："古怪的事肯定存在着。"

大约两个星期之后，荣格家里又发生了一次震耳欲聋的响声。这一回不再是那个已经裂缝的桌子，而是源自餐具柜中的一把切面包的刀子。这刀子不久前刚使用过，过后便没有人到餐具柜里取东西。现在这把刀子的刀刃大部分崩成了几块碎片，刀把躺到了四方形的面包篮的一个角落里，其余的三个角落里，每个角落躺着一片刀刃。荣格把刀子拿到一个当地最有名的刀具商那里询问，对方告诉他除非人为，否则这种刀子是不会自己爆裂的。

这两件事情都引发了荣格极大的好奇，并为此参加了一个亲戚家举办的降神会。在荣格的博士论文里，他列举了对这位降神者观察的结果。这些体验使荣格获得了一种心理学上的观点，并认为，对于人的心灵，他已发现了一些客观的事实。

荣格开始对"心灵"这个题目产生了兴趣的时候，他并没有对精神病学有太大的兴趣，一方面是因为精神病学课程老师讲课缺少趣味性和启发性；另一方面，在荣格的体验之中，精神病院实在不是一个什么好去处。直到有一天，当

---

① 伊曼努尔·康德(Immanuel Kant，1724—1804)，德国古典哲学的创始人、天文学家，德国古典美学的奠定者。他被认为是对现代欧洲最具影响力的思想家之一，也是启蒙运动最后一位主要哲学家。

荣格打开理查德·克拉夫特-埃宾①编著的精神病学教科书，看到作者将精神病患者称为"人格之病"时，他才在一瞬间改变了对精神病学的看法，并意识到自己真正感兴趣的正是精神病学这门学科。

荣格把自己要当一名精神病医生的决定告诉老师和同学时，引来的是一片惊异和失望。朋友们认为荣格简直是个傻瓜，竟放弃了医学内科这一明智的职业，而喜欢上了精神病学上的胡说八道。尽管如此，荣格知道，没有什么人或者什么事能使他偏离他的目标，他做出的决定是有道理，而且也是命中注定的。

1900 年 12 月，期末考试结束的当晚，荣格去看了《卡门》，这是他平生第一次享受了到戏院看戏的奢侈享乐。第二天，他登上火车，前往慕尼黑和斯图加特进行短暂的旅行。在斯图加特，荣格拜访了姑妈弗劳·雷玛·荣格，不久后姑妈去世。荣格认为这次拜访是他对童年怀念的永诀，从此他进入了职业生涯。

二、早期精神病治疗活动

1900 年 12 月 10 日，荣格在苏黎世的伯戈尔茨利精神病院(Burghoeltzli Mental Hospital)谋得了助理医师的职位。能离开巴塞尔前往苏黎世，荣格兴奋不已。在巴塞尔，不论什么时候，荣格都会被认出是保尔·荣格牧师的儿子和卡尔·古斯塔夫·荣格教授的孙子，人们把荣格划为知识分子一类。这让荣格非常反感，因为他不愿意让自己归入某一类人之中。到了苏黎世，情况就完全改变了，那里到处充满了自由的气氛。

伯戈尔茨利精神病院是欧洲最负盛誉的精神病医院。这个医院的院长布罗伊尔(Eugen Bleuler，1857—1939)因长于治疗精神病并发展了精神分裂症理论而闻名世界。荣格很庆幸自己能在布罗伊尔的指导下进行工作。为了习惯精神病院的生活及风气，荣格一连 6 个月把自己关禁在那像修道院一样的四壁之内。为了熟悉精神病患者的思想和心理，他一面观察病人，一面阅读精神病学著作。

当时的精神病医生很少关注精神病人内心发生的事情，对病人所说的话也不是很感兴趣，他们关注的主要是如何做出诊断或如何去描述病人的症状和编制

---

① 理查德·克拉夫特-埃宾(Richard Freiherr von Krafft-Ebing，1840—1902)，奥地利精神病学家，性学研究创始人，早期性病理心理学家。

出统计数据。从当时流行的临床观点来看，精神病人的人格与病症是毫无关系的。病人们被定性分类，诊断书盖上橡皮图章，事情至此便算解决了。这种现象至今也还或多或少地存在着，精神病医生们主要做的是判定精神病类别，然后开药或者令其住院，而很少认真地关注精神病人们说话的内容和他们的心理。荣格却不是这样，他倾听病人的话语，并试图理解他们话语所隐含的内容，因此，他在自己治疗的案例中获得了越来越多的关于精神病学的感悟。

（一）一个患有抑郁症妇女的案例

在伯戈尔茨利精神病院工作时间不长，荣格就遇到了一个被诊断为"抑郁症"的妇女。医生像通常那样对她进行了检查，询问了既往病史，进行了各种检查。诊断结果是精神分裂。这时荣格还只是一个助理医师，尚不敢对医生们的诊断提出质疑，但他还是对这个病例感到奇怪，因为他觉得那不是精神分裂症，而只是普通的抑郁症。当时荣格正在进行诊断性联想研究，于是便对这位妇女进行了联想试验，还与她一起讨论了她所做的各种梦。通过这种方式，荣格从那位妇女的潜意识中获得了信息，而这种信息揭示了一个凄惨的故事。

在这位妇女结婚之前，她曾喜欢一个非常富有的男人。她本来认为凭借自己的美貌足以赢取那个男人的心，而那个男人对她似乎并没有什么好感，于是她嫁给了另一个男人——她现在的丈夫。五年之后，在一次聚会上，一位老朋友告诉这位妇女，在她结婚时那位富有男人吃惊非小（暗示那男子也对她有意）。就在这个时刻，这位妇女的抑郁症便开始了。几周之后，由于神情恍惚，她根本没有理会四岁的女儿吮吸海绵中脏水的举动，甚至有一次，她还给小儿子喝了半杯这样的脏水。

很短的时间之后，被视为掌上明珠的女儿因为感染伤寒病死掉了。在这个时候，她的抑郁症到了急性阶段，被送进了医院。

对于这个病例，荣格的分析是，女病人是一个谋杀犯，她在潜意识的支配下故意让女儿吮吸脏水以使其患上疾病，其原因就是女病人潜意识想杀掉子女回到过去，以便嫁给那个富有的男子。成为了一个谋杀了自己女儿的犯人，这就是这位妇女患抑郁症的重要原因。从本质上说，这是一种心理扰动，而不是精神分裂症。

要不要把自己分析的结果告诉那位女病人，荣格为此感到矛盾。犹豫再三，荣格把他通过联想试验所了解的一切全告诉了她。虽然这样做，那位女病人的痛苦是可想而知的，但是结果却是，两周之后，这位女病人可以出院了，而且从此再也没有进过一次精神病医院。

关于这个病例，荣格对他的同事们一直守口如瓶，一方面他知道同事肯定会阻止他向那个妇女说原委，因为在他们看来，将真相告诉那个妇女对她将是致命打击。另一方面，荣格也担心因此引起对那个女人的诉讼。在荣格看来，让那个妇女回到生活中并在生活中进行赎罪显得更有意义。

在总结这个病例时，荣格认识到，在精神病学里，病人来就诊时大多都有一段没有说出来的故事。而这个故事一般都是无人知晓的。只有对这一完全属于个人的故事进行调查之后，对病人的治疗才算真正开始。这样的故事是病人心中的秘密，是他在其上撞得粉身碎骨的岩石。当医生知道了这个秘藏的故事，便掌握了治疗的关键。在大多数情况下，光探讨意识方面的材料是不够的，进行联想试验、对梦进行解释或与病人进行长期而耐心的富有同情心的接触，则可以打开潜意识的通道。在治疗上，应从病人的整体而不只是从症状入手。医生必须提出深刻触及那整个人格的种种问题。

(二)一个老年妇女的病例

1905 年，荣格到苏黎世大学担任了精神病学的讲师，同年他又当上了精神病诊所的高级医师，并在后一职位上工作了四年。1909 年，荣格获得了越级提升，在这期间他私下里给许多人看过病。荣格在苏黎世大学讲授心理病理学，也讲授弗洛伊德的精神分析的基础课程及蛮族人心理，至于具体技术，他则主要讲授催眠术。

有一天，一个 58 岁的老妇人前来就诊，17 年来，她一直患有左腿瘫痪的疾病。荣格让她坐到一把舒服的椅子上，准备对她进行催眠，可还没等荣格说什么，这位老妇人就闭上了眼睛进入到深深的催眠状态之中，这让荣格惊诧不已。老妇人在这样一种状态之下，不停地说了起来，而且还讲到了代表着潜意识的极为深刻体验的各种梦。这种情形也让荣格感到不舒服起来，因为当时有二十多个学生在场，而他原本准备表演给学生看如何对老妇人实施催眠，结果却是老妇人似乎根本不需要荣格做什么，自己就进入了催眠状态。

这种情形持续了一个半小时之后，荣格想把老妇人唤醒，可她竟然就是醒不过来。经过大概十几分钟的时间，荣格才终于把老妇人弄醒。醒过来的老人头脑发昏，荣格对她说："我是医生，您一切正常。"听到这里，老妇人大声喊道："这下我可治好了！"然后她扔掉拐棍并行走起来了。当时的荣格并不知道发生了什么，而老妇人却真的被治愈了。

事情并未就此结束。当年暑期那个学期，荣格正授课时，那位老妇人又来了。这一回，她抱怨说背部剧痛，据她所说这是最近才开始的。荣格问老妇

人，疼痛具体是什么时候开始的，又是什么原因造成的。她回想不到在什么特定的时间发生了什么特定的事，也提不出一点儿解释这病的原因。对此，荣格的结论是，她这背疼正好发生在她在报纸上看到荣格重新教课通告的那一刻。经过荣格的催眠——或者说是老妇人的自我催眠，老妇人的背疼便没有了。

这一次，课讲完后，荣格留下了那个老妇人，深入地了解了她的生活。这位老妇人有一位弱智的儿子，那是她和前任丈夫生的，也是她的独子。老妇人本希望自己的儿子能够有所成就，岂料儿子却在很小的时候就得了精神病，这对她当然是一个很大的打击。而此时的荣格是个年轻的医生，代表着她希望儿子所成为的一切。她热切地渴望成为一个英雄的母亲，便把希望转移到荣格身上。老妇人把荣格看成了自己的干儿子，并到处宣扬荣格奇迹般治好她的病的事迹，以此获得心理上的满足。

荣格向老妇人详细解释了自己的分析结果，老妇人很理解地接受了这一切，而她的病没有再复发过。

荣格把这位老妇人的病例看做他第一次真正的治疗上的体验，是他的第一次分析。这个病例也是促使荣格放弃催眠的事件之一。

(三)一个恋母情结的案例

1904—1905 年期间，荣格在精神病诊疗所开设了一个实验性的精神病理学实验室，在这里开始对各种梦境进行仔细的分析，并开始了对其他潜意识的表现形式进行研究——语词联想实验①便是其中之一。

语词联想实验在美国获得了很大的声誉，于是便陆续有美国病人到荣格这里来就诊，其中一位是"酒精中毒性神经衰弱"的男病人，预后是"无法治愈"。经过实验，荣格发现这个男子正受着恋母情结的各种折磨。这名男子出身自一个富有而有名望的家庭，有个可爱的妻子，在外人看来，他的生活是无忧无虑的。他只是喝酒过多，而喝酒则是他极力想使自己处于麻痹状态，好忘掉那压抑性的情境。他母亲是一个大公司的拥有者，他正是这个公司里的一个领导者。他确实很想摆脱从属于母亲的处境，但是一直无法鼓起勇气。这样，他只好受制于他的母亲，每当他和母亲在一起，或只好屈从于她对他工作的干涉

---

① 语词联想实验：荣格早期进行的一种心理实验，在实验中，呈献给被试 100 个单词，每呈现一个单词让被试说出一个联想到的词语。所有单词呈现完毕后，再让被试重复一遍曾说的词语。最后，根据被试在第一次呈现单词时的反应时间，以及第二次呈现单词时的遗忘、错误，来了解被试的某些情结。

时，他便开始喝酒以麻痹或消除他的情感。

经过短暂的治疗，那名男子停止了喝酒，并觉得自己已经治愈了。但荣格告诉他，如果他回到原来的情境有可能旧病复发。事实果真如此，不久这名男子又开始酗酒了。荣格意识到，这个男子是无法与母亲进行竞争的，因为母亲是一个头脑精明而且是一个"权欲迷"的女人，而儿子十分柔弱，根本不是母亲的对手。因此，荣格采取了一种强迫性的治疗办法，背地里给男子的母亲开了一个医疗证明，大意是说她儿子的酗酒已使得他无法胜任那工作，并建议她把他解雇。母亲接受了荣格的建议。

荣格也承认这种做法有悖医疗界的伦理，但他知道这一切都是为了病人的缘故。事情的结果是令人满意的：那名男子从母亲那脱离出来，他自己的个性得到了发展，不但克服了酗酒的老毛病，还取得了光辉的成就。

(四)一位精神病人奇怪手势背后的秘密

荣格越来越意识到，临床诊断除了能给医生提供某种治疗方向之外，对于病人来说并没什么帮助。对病人而言，至关重要的则是病人所讲的往事，因为只有它才能揭示病人的背景和他忍受的痛苦，而且只有到了这一步，医生的治疗才能开始发生作用。下面的一个病例进一步验证了他的想法。

这是一位卧床不起已经四十多年的女病人，荣格注意到她时，她大约七十五岁。大约五十年前，她就住进了医院，现在医院的工作人员已经没法知道她为什么入院了，当时接诊她的工作人员都已经去世了。只有一位在这家医院已经工作了35年的护士长，仍然记得这个老太太的一些往事。

这时候，老太太已经不会说话，只靠流食维持生命。不吃东西的时候，她便用双手和手臂做古怪的律动式的动作。荣格对这一动作产生了极大的兴趣。一天傍晚，荣格和那位护士长谈论起这件事情，问她这位病人是不是一向这样。护士长告诉荣格，老太太一直这样，以前还喜欢做鞋子。

这位病人不久后去世了，她的哥哥前来参加葬礼。从她哥哥那里，荣格了解到，这位老太太年轻的时候曾与一位鞋匠相爱，但那个鞋匠由于某种原因而不想娶她，而当他最后与她断绝关系后，她便"出事"了。

荣格认为，老太太经常做的动作是鞋匠常做的动作，这个动作实际上是表示她对那个恋人的认同，这一认同一直持续到她去世。这个病例让荣格获得了精神分裂症心理起源的第一点暗示，从这时开始，他便把全部精力集中到了具有象征意义的种种联系上。

(五)一个精神分裂症老太太的案例

荣格曾经医治过一个患精神分裂症的老太太，在荣格看来，这样的病人是无法治愈的，而只能对其表示关怀。

这位病人声称她听见了散布于她整个身体各处的声音，而在胸膛中间的那个声音便是"上帝的声音"。有一次，老太太说她身体中的声音说："让他（荣格）考验一下您对《圣经》的信念！"于是她找来一本很旧的、破破烂烂的《圣经》，每次荣格巡视的时候，都要荣格给她指定一章阅读。这样的行为每两周一次，一直持续了大约七年。

开始的时候，荣格对这样做还觉得有些不自在，但不久之后，他认识到了布置这样的作业的意义。通过这种方式，老太太的注意力得以保持活跃状态，便不会陷入到越来越深的精神分裂的梦境中去了。大概过了六年左右的时间，老太太说以前周身都存在的声音，这时退缩到身体的左半部了，右半部的声音则完全消失了。在左半身，这一现象的强度也没有增强，而是跟过去没什么两样。这样的效果出乎荣格意料之外，他根本没有想到，这些记忆练习竟能产生治疗作用。

通过对病人的工作，荣格认识到，妄想狂病人的思想和幻觉都是包含有一定的象征意义的。在精神病的背后，其实潜藏着一种人格、一部生活史、一种希望和欲望的形式。这时，荣格第一次明白过来，人格的一般性的心理，是隐蔽地潜藏在精神病之内的。精神病人尽管显得麻木不仁，或完全像个白痴，但是他们的思想却仍然在活跃着。

(六)一个年轻女病人的故事

从外表上看，精神病人身上只有悲惨的毁灭，心灵的另一方面背向人们而使人们无法看到。外表往往具有欺骗性，在一个年轻的紧张症患者的病例中，荣格吃惊地发现了这一点。

这位女病人时年18岁，出身于一个有教养的家庭。15岁的时候，她被哥哥诱奸，后来又被她一个同学凌辱。从16岁开始，她便自动与人疏远，退缩进孤独之中。她日益变得古怪起来，到了17岁便被送进了精神病医院。她听到各种声音，拒绝进食，并变得完全缄默起来。荣格见到她时，她正处于一种典型的紧张症状态中。

经过几个星期的时间，荣格终于说服她，让她开口说话。克服了许多障碍之后，她告诉荣格，她一直住在月亮里。月亮上好像是有人居住的，但她在那

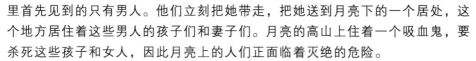

里首先见到的只有男人。他们立刻把她带走，把她送到月亮下的一个居处，这个地方居住着这些男人的孩子们和妻子们。月亮的高山上住着一个吸血鬼，要杀死这些孩子和女人，因此月亮上的人们正面临着灭绝的危险。

这位女病人打算要消灭吸血鬼。经过长时间的准备，她便在一座专门为吸血鬼建的高塔上等着吸血鬼的到来。过了许多个晚上，她终于看见了这个吸血鬼从远处向她飞近，她拿着杀牲献祭用的尖刀等着吸血鬼的飞临。突然之间，吸血鬼站在了她的面前，它有好几对翅膀，脸和整个身体都被翅膀遮住了，除了羽毛之外，她什么也看不见。好奇驱使之下，她便想走近看看吸血鬼到底长什么样子。突然之间，翅膀张开了，一个具有天神般美貌的男人站在了她面前，她被吸血鬼的美貌吸引了，因此无法挥刀杀它。最后，吸血鬼把她从平台上提了起来，夹着她飞走了。

大概两个月之后，这个女病人出院。荣格后来分析到，在她还是个姑娘的时候便发生了乱伦关系，这让她在现实的世界里感到极大的羞耻感，只有在幻想的王国里，她才能变得高尚起来。她转而进入到一个神秘的王国(月亮上)，这种事情的结果使她完全与世界疏远起来而处于精神病的状态。在那个王国里，她遇到了吸血鬼。而在治疗之中，她又把这个吸血鬼的形象投射到荣格身上。当她愿意给荣格讲述这个故事的时候，她便在某种意义上背叛了魔鬼，并把自己依附到一个尘世的人身上。这样，她便可以重归人世，甚至可以结婚了。

那时的荣格已经意识到了这样一个道理：病例不同，疗法便也不同。荣格说："当有医生告诉我，他始终坚持这一或那一疗法时，我对他的疗效是抱有怀疑的。"心理治疗发展到了今天，其趋势更是日益走向整合，过度地强调某一种方法，而不涉猎更多的方法，疗效确实很难保证。

(七)心理分析师必须了解自己

荣格认识到，心理分析师不但要了解病人，而同样重要的是还必须了解自己。为了做到这一点，心理分析师必须首先接受被分析，也就是进行训练性分析。病人的医疗始于医生，只有当医生懂得了如何处置自己的问题之后，他才可能引导病人也这样做。

荣格曾经有一个智商很高的女病人。开始时，心理分析进行得很顺利，但过了一段时间之后，荣格开始感到无法解释她的梦境。而且他还觉得，他们的谈话变得越来越空洞。当天晚上荣格做了一个梦：

　　在午后阳光的照耀下，我正顺着穿过一个山谷的一条公路走着。我的右方是一座很陡的山，山上矗立着一座城堡，在最高的塔楼上有个女人正坐在某种栏杆上。为了好好地看清楚她，我只好把头拼命向后仰着。梦醒过来后，我的脖子的后部便产生了痉挛性的疼痛。甚至在梦里，我已认出那个女人就是我的病人。（刘国彬、杨德友译，2009，113页）

　　对于这个梦，荣格是这样解释的：要是在梦中得以仰望的方式来看自己的女病人，那现实中，他可能是垂着眼看她的。因为梦境就是对意识心态的补偿。之后，荣格把这个梦告诉了他的女病人，她立刻发生了很大变化，于是治疗开始有了进展。

　　结合这件事情，荣格告诫我们，每一个心理医生都应该有一个自己的督导老师，这样才可以让我们更清楚自己与患者之间的关系，才更乐于接受另外一种观点。

(八)一个隐性的精神病患者

　　荣格还曾接待了另外一个精神病医生，荣格要给他进行训练性分析。这个医生是荣格的一位老同事推荐来的，他带有那位同事极高评价的推荐信。这位医生看起来一切都是正常的：他拥有人数正常的病人，取得了正常的成就，有一个正常的妻子和几个正常的孩子，住在一个正常的小镇子里的一幢正常的房子里，他收入正常，饮食正常。他想成为一个心理分析师，荣格告诉他心理分析师首先要学会自我分析。那医生坦言，他没有什么问题可以给荣格说，甚至从来没有做过梦。大概过了两个星期，这位医生终于做了一个梦：

　　他梦到自己坐火车去旅行。这火车行驶两个小时后在某个火车站要停一会儿，他要四处走走，便向市中心走去。在市中心，他发现了一座中世纪的建筑，大概是市政厅，于是便走了进去。他顺着长廊随意乱逛，看到了一些漂亮的房子，房子的四壁悬挂着古画和精美的壁毯，到处摆放着贵重的古董。突然间，他意识到，天色已经黑下来了，他心想一定要回到火车站去。就在这个时刻，他迷路了，再也不知道门口在哪里了。同时他还意识到，这座建筑物里他一直连一个人影都没有碰到。他开始不安起来，希望能碰到某个人，但一直没有遇到。

　　这时，他来到一个大门处，于是松了口气，想道，这就是出口了。他把门打开，发现自己又进入另外一个很大的房间。这个房间又大又黑，他害怕了，便跑着横穿房间，希望能找到出口。正在此时，他发现房间的正中处，地板上有一个白色的东西。待他走近一看，才发现这是个约两岁的白痴小孩。这小孩坐在一个尿壶上，并把尿壶弄得沾满了屎尿。到这时，他大喊一声醒了过来，恐惧的心怦怦直跳。

听完这个梦，荣格意识到这位医生是一个隐性的精神病患者。荣格是这样来分析这个梦的：那个医生在梦中动身出发的旅行是一次苏黎世之行。那房间正中央的白痴小孩就是他自己两岁时的样子。对于一个成人而言，这样的梦境是一个恶毒的意象，表明其潜意识中有一种极不正常的心理。这个梦表明，这位医生外在的正常其实是对内在不正常的补偿。

荣格并没有把自己分析的内容告诉这位医生，而是在另外一个梦的帮助下，成功地找到一个借口结束了这种训练式分析。二人都十分高兴此事的结束。然而，那位医生应该也觉察到了自己的情况，已处于极大恐慌的边缘，他从此再也不敢去搅扰刺激自己的潜意识了。

受这个病例的启发，荣格认为，外行心理分析师(非精神病学出身的人)完全可以来研究心理疗法并施行这种方法，但对于隐性精神病人，外行心理分析师有可能会犯下重大错误。因此，外行心理分析师应该在职业医师的指导下来完成分析者的工作。

(九)一个导致灵学现象的案例

荣格认为，医生和病人之间发生移情的时候，或者医生与病人存在或多或少潜意识的认同时，这时会导致灵学现象。

有一位病人，在荣格的帮助下摆脱了性沮丧。他回家后结了婚，他的妻子并不真心实意地爱自己的丈夫，同时还要破坏丈夫与别人之间的友谊。她要求丈夫完全属于自己，这并非是因为爱自己的丈夫，恰恰相反，正是因为她与丈夫之间没有什么爱，她不属于自己的丈夫，才会要求丈夫属于自己。这位妻子给她丈夫造成了巨大的精神压力。在这种压力之下，结婚才一年，他便旧病复发，重新落入了一种新的沮丧状态里。

就在那时候，荣格在某市举行了一次讲座。讲座结束回到旅馆时，已经接近午夜。荣格躺在床上无法入睡，大概在两点钟才刚要睡着的时候，他忽然一惊，醒了过来，并感到有人走到了他的房间。荣格急忙打开灯，却什么也没发现。仔细想了一会儿，荣格才明白过来，原来自己是被一阵不太剧烈的疼痛弄醒的，仿佛某种东西在他的前额敲了一下，然后又敲了一下他的后脑勺。第二天，荣格接到电报，那位病人自杀了。他是开枪自杀的，那颗子弹正是穿过前额后便留在了后脑勺里没有射穿出来。

荣格把这次体验称为共时性现象。荣格认为，因为和那个病人有潜意识的联系，他潜意识里已经知道了那位病人的状况。

在荣格的自传里，还有不少他早期治疗精神病的案例，在这些案例中，荣格无一例外地认真倾听病人的叙述，对大多数人进行梦的分析，努力寻求各种途径以求进入病人的潜意识之中。荣格还会时常分析自己的梦，以便能更清楚地了解病人以及自己和病人之间的关系。对于这些病人，荣格本人做过粗略的统计，他们中的三分之一治愈了，三分之一情况大有好转，还有三分之一根本没有什么效果。当然，对于所谓的根本没有什么效果的人，也不能随意下结论，因为很多事情是多年后病人才认识到和理解的，而只有那时，这些东西才能发生作用。

三、与弗洛伊德的恩怨

荣格和弗洛伊德之间的交往极具戏剧性。在很短的时间内，他们就成为莫逆之交：弗洛伊德把荣格看成自己的儿子和心理学的接班人，荣格则把弗洛伊德称作自己的"导师与主人"。也是在很短的时间内，他们又分道扬镳，并都对对方造成了深深的伤害。荣格与弗洛伊德之间的这一段交往，不仅对他个人的人生有着重要的影响，甚至对整个心理学的发展都产生过重大影响，至少对精神分析学派来讲是这样的。

(一)初识弗洛伊德

早在开始精神治疗之初，荣格便研读了很多人的精神病学著作，其中对他影响最大的是弗洛伊德关于梦的分析和阐释技术。

1900年，荣格阅读了弗洛伊德的《梦的解析》，但是当时荣格尚不能对它有太深的了解。当1903年荣格再一次阅读《梦的解析》时，他才发现弗洛伊德的想法与他殊途同归。此前，荣格曾经开展语词联想测验，他发现被试遇到对自己有意义的词语时反应时间会与对其他词语的反应时间不同，用弗洛伊德的压抑机制就能很好地解释这一现象。尽管荣格似乎在弗洛伊德那里看到了精神治疗的光明，但是他并不对弗洛伊德的所有观点都认同，尤其是在性本能方面，荣格一直持不同意见。正是这些不和谐为他们最后的分手埋下了伏笔。

在荣格对弗洛伊德的理论发生兴趣之时，弗洛伊德本人还处于十分孤立的境地。学术界的要人们最多只在暗地里提及他，在各种学术大会上，人们只是在过道里讨论他，而在会议室里人们对他则闭口不谈。学术界谁要是跟弗洛伊德发生联系，都只能是有害而无益。在这种情况下，荣格站了出来为弗洛伊德辩护。在慕尼黑举行的一次代表大会上，一个与会者发言论及强迫观念性精神病，却故意不提弗洛伊德的名字。联系到这一事件，荣格于1906 年撰写了一篇文章发表在《慕尼黑医学周报》上，就弗洛伊德的精神病理论进行了评述。文章发表之后，曾有两个德国教授警告荣格说，如果他继续为弗洛伊德辩护，他的学术生涯将处于危险之中。对此，荣格的回答是："要是弗洛伊德说的是真理，我就会站到他一边。要是学术必须基于限制探索及取消真理为前提，对于这种学术我将弃如敝屣。"（刘国彬、杨德友译，2009，126 页）

西格蒙德·弗洛伊德

1906 年，荣格把自己的一本著作《早发性痴呆的心理学》寄给了弗洛伊德，通过这本书，弗洛伊德认识了荣格，并想邀请荣格去他家里做客。1907 年，荣格来到了弗洛伊德位于维也纳的家中，两人一见如故，竟然一口气畅谈了 13 个小时。弗洛伊德的人格对荣格产生了很大的影响，荣格在他的自传里写道："弗洛伊德是我遇见过的第一个确实重要的人；在我那时的经历中，没有任何一个人可与他相比。他的态度中没有一点浅薄的东西。我发现他极为聪明、机敏和卓尔不群。"（刘国彬、杨德友译，2009，126 页）

（二）由亲密到决裂

1907 年的会面之后，两人开始并保持了 6 年的友谊。在这 6 年中间，两人几乎每周都会通信，交流所做的研究和最新的发现；弗洛伊德邀请荣格和妻子赴维也纳做客，荣格也邀请弗洛伊德赴库斯那赫特做客。但是即便是在这期间，二人也有不和谐之处。荣格并不完全赞同弗洛伊德把一切归结为性本能的观点，而弗洛伊德对于荣格比较感兴趣的、正在兴起的灵学拒之千里之外。这些分歧正是日后二人分手的关键因素，只是在那个时期，荣格还没有足够的勇气和力量在弗洛伊德面前坚持自己的观点，所以两人之间似乎只有亲密而没有分歧。

1908 年，在美国的克拉克大学（Clark University）二十周年校庆之际，荣

格收到美国著名心理学家 G. 霍尔①邀请前往开设讲座。与此同时，弗洛伊德也接到了克拉克大学的邀请。二人决定在去美国之前先见一面，于是，1909年3月，荣格第二次到弗洛伊德家中拜访他，也就是那一次会面，在他们俩谈话时发生了著名的"书柜鬼声现象"②。从维也纳回到苏黎世不久，荣格接到了弗洛伊德写给他的一封信。在信中，弗洛伊德写道："在同一个晚上我既正式收你为我最年长的儿子，又任命你为我的继承人和王储，这确实不是一般的事。我这份父辈尊严……现在我恐怕还得在你面前扮演一下父辈角色……所以，我又戴上那角质架的代表父亲形象的眼镜，告诫我亲爱的儿子，要头脑冷静，与其为了弄懂什么而做出这等巨大牺牲，不如不懂好些。"

此后，弗洛伊德就开始在很多的场合，多次暗示荣格是他的"儿子、继承人和王储"。这些暗示带给荣格的不是喜悦，而是尴尬和下不来台。特别是1910年弗洛伊德把荣格以其继承人的身份安排为国际精神分析协会主席这一举动，更引起了荣格心中的不快和难堪。荣格在自传中说："实际上我对于当某个党派的领袖毫无兴趣，也不想使思想背上这个包袱。第一，这种事情不合我的天性；第二，我不想牺牲我的思想的独立性；第三，这样的荣耀是很不为我所欢迎的，因为这只会使我偏离我的真正目的。我关心的是探索真理，而不是个人威望的问题。"(刘国彬、杨德友译，2009，136页)

荣格之所以对于弗洛伊德的安排没有感激涕零，反而是十分不满，主要原因在于，荣格发现，此时的弗洛伊德变得特别固执，尤其是在学术方面，弗洛伊德已经容不得任何不同意见。荣格个性中更多的是自由而不是顺从，正因为这样，荣格才会对弗洛伊德的做法感到不能接受。另外，让我们想起了前文中所述荣格的少年时代，有一段时间，他为了避免别人的竞争竟然一直让自己处于第二的位置。不愿意当领头者，或许是荣格一直具有的心理特点之一。

弗洛伊德父亲式的决定以及弗洛伊德对神秘现象的不屑一顾，是导致荣格与弗洛伊德分手的重要原因。但是，这并不是全部原因，坚定了荣格与弗洛伊

---

① 斯坦利·霍尔(Granville Stanley Hall，1844—1924)，美国心理学家、教育家，美国第一位心理学哲学博士，是美国心理学会的创立者，发展心理学的创始人，将精神分析引入到新大陆的第一人，也是冯特的第一个美国弟子。

② 指1909年，荣格和弗洛伊德在维也纳弗洛伊德家中谈及未卜先知和一般性灵学时，弗洛伊德认为这些都是胡说八道。恰在此时，书架发生了巨大的声响。荣格认为这就是催化性客观现象的例子，弗洛伊德认为是胡说。荣格便打赌说，过一会儿还会有另一次声响的。果不其然，书柜再一次发生了同样响亮的声响。

德分手的另外两个原因，一个是荣格认为弗洛伊德在梦的分析上有时是无能为力的；另一个是荣格认为弗洛伊德由于过度维护自己的权威而容不得不同的学术观点的存在。

1909 年 4 月，荣格和弗洛伊德在德国的不来梅(Bremen)会合，圣多尔·弗伦兹(Sandor Ferenczi)也在这里加入到他们中间。在不来梅，荣格看到一篇关于煤矿中挖掘出古尸的报道，便跟弗洛伊德谈论起此事。没想到的是，弗洛伊德对荣格谈论这样一个话题十分恼火，并突然晕了过去，这就是著名的弗洛伊德昏倒事件。过后，弗洛伊德对荣格说，荣格之所以对尸体如此感兴趣，含有盼弗洛伊德早死的成分。荣格对此错愕不已。

虽然荣格与弗洛伊德的相识是缘于《梦的解析》，但是两人对梦的解释却有着不同的见解。在弗洛伊德看来，梦是一个"表面"，梦的含义隐藏在梦本身的后面，意识已经知道了梦背后的真实含义，但是却恶毒地将那真实的含义扣留了。也就是说，在弗洛伊德的理论中，梦只是一个骗人的表象。不仅如此，弗洛伊德在解梦的时候，最终都会归结到性本能的满足上，这与荣格的看法也大相径庭。荣格的观点是，梦是天性的一部分，它根本不怀有欺骗人的意图，而是尽其最大能力来表达某种东西。我们之所以有的时候会被梦所欺骗，不是因为梦本身的缘故，而是因为我们丧失了解读梦的能力。

除了解梦的观点不同之外，荣格还对弗洛伊德解梦的能力产生了怀疑，因为有很多梦弗洛伊德根本无法解释。1909 年 9 月末，与弗洛伊德、弗伦兹等人在赴美国讲学归来的途中，在乘坐的"威廉一世皇帝号"轮船上，荣格做了一个著名的梦，梦中出现了"一所中世纪的古宅……里面满是史前的陶器、骨头和(两个)头盖骨"。对于这个梦意味着什么，荣格自己当时已经有了一些预见。但那时他还并不十分相信自己的判断，所以他非常想听听弗洛伊德对这个梦的分析，想向他学习。可是令荣格感到极其失望的是：弗洛伊德感兴趣的仅仅是荣格梦中出现的那两个头盖骨。荣格说："他翻来覆去绕回到这方面怂恿我去找出与此有关的一种愿望。对这两个头盖骨我是怎么想的？是谁的头盖骨？"(刘国彬、杨德友译，2009，137 页)弗洛伊德想知道的是荣格"掩蔽在梦中的秘而不露的死亡愿望"。为了不引起弗洛伊德的误解和反对，荣格说这两个头盖骨分别是他的妻子和妻妹。其实荣格那时才结婚不久，他的心里十分清楚，他根本就不可能产生让妻子和妻妹死的愿望。

荣格对这个梦的解释已经有了自己的看法，他之所以没坚持自己的观点，把他的不同看法告诉弗洛伊德，一方面他担心坚持自己的观点会失去他与弗洛伊德的友谊；另一方面，荣格非常想知道，他用弗洛伊德的释梦理论欺骗弗洛

伊德，弗洛伊德对荣格的这种回答会做出什么反应。可是弗洛伊德竟然对荣格关于"我的妻子和妻妹"的回答似乎感到满意。弗洛伊德对于荣格这个梦的表现使荣格大失所望。

本来这是很正常的事情，任何人都不可能揭开所有梦的谜底。然而之后发生的一件事，对荣格和弗洛伊德的关系产生了一个新的严重打击。弗洛伊德做了一个梦①，荣格希望他能提供更多的生活细节，以便对这个梦进行分析。但弗洛伊德的反应却是："我不能拿我的权威来冒这个险！"这句话深深印在了荣格的脑海里，在荣格看来，弗洛伊德已经把自己的权威性置于真理之上，所以他与弗洛伊德的分手也是不可避免的事情了。

1912 年年末，荣格的《力比多的变化与象征》出版，在这本书中，荣格阐述了自己对力比多的观点。他认为力比多是一种普遍的生命力，表现于生长和生殖，也表现于其他活动。荣格在寄给弗洛伊德的书上，用看起来极其谦卑的语气亲笔写下了"由其桀骜不驯但充满感激的学生，置放在导师与主人的脚下"，以此向弗洛伊德发出了他的决裂宣言。弗洛伊德看到荣格亲笔签名的书后，决定立即与荣格"分手"。他在 1913 年 1 月 3 日给荣格写信说："……我建议我们完全放弃我们的个人关系。"荣格在 1 月 6 日很快就回复了弗洛伊德："我同意你的愿望，完全放弃我们的个人关系……余下的只是沉默。"

1913 年 10 月 27 日，荣格用便笺纸给弗洛伊德写了一封信，表明将辞去《年鉴》主编的职务，这是荣格写给弗洛伊德的最后一封信。1914 年荣格又辞去了国际精神分析协会主席的职务，由此结束了他与弗洛伊德之间的友谊，此后两个人就再也没有见过面。

---

① 彼林斯基在《荣格与弗洛伊德》中说，1957 年他访问荣格的时候，荣格曾对他谈到，他无意间知道了弗洛伊德与妻子和姨妹之间的"三角关系"，也就是他喜欢上了妻子的妹妹。这里所说的弗洛伊德的这个梦正涉及这种三角关系。弗洛伊德并不知道荣格已经知道他和他姨妹之间的亲密关系，所以，当弗洛伊德谈到他做的一个梦时——在这个梦中，他、妻子和姨妹是主要的角色——荣格便要求弗洛伊德告诉他一些与这个梦有关的个人联想。弗洛伊德痛苦地告诉荣格："我本来可以告诉你更多的东西，但我不能拿我的权威来冒这样的险。"这当然便结束了荣格试图为他析梦的打算。

四、面对潜意识的种种意象

荣格和弗洛伊德友谊的结束，两个人都受到了深深的伤害。弗洛伊德再也没有和其他男士建立起像与荣格一样深厚的友谊，而荣格也被迫陷入长达五年之久的退隐、内省与自我分析的生活。不过，也就是这一年(1913年)，荣格首次使用"分析心理学"这一术语来把他的心理学与精神分析区分开来，这标志着分析心理学的诞生。

(一)辞掉大学教授之职

荣格之所以陷入孤寂之中，一方面无疑是由于弗洛伊德对他的孤立造成的，往日的朋友们纷纷离他而去；另一方面，更重要的是，荣格感到自己忽然失去了方向，用他自己的话来说，就是感觉自己被悬在半空中，失去了立足点。由于感到自己对智力活动状况失去了判断能力，这种情况下再去教学生，荣格认为是不太合乎情理的，为此，荣格辞去了从事八年之久的教师职务。

随后而来的是一段"贫瘠时期"，荣格既不能从事研究，也不能阅读书籍，更不能著书立说。在这段时间里，荣格倾注了自己全部的经历和时间，通过分析自己的种种梦幻和意象，来探索自己的潜意识心理。荣格把这一时期称为"正视潜意识"时期。

(二)重拾童年游戏

当荣格有意让自己的意识服从于潜意识冲动的时候，第一个浮现到表面上来的事是他10岁或11岁那段时间的记忆。在那段童年的日子里，荣格极其喜欢玩积木，他会用积木搭小房子和城堡，用瓶子构成门窗和拱顶。稍大一点之后，他便用泥浆和石头来搭建各式各样的城堡。此时，荣格意识到，童年的石头的游戏是富有创造力和生命力的，而这些东西正是现在的他所缺少了的。怎么样才能重新获得童年时代的创造力和生命力呢？或者说，怎么才能与那个年龄的自己建立联系呢？荣格的答案是，返回那个时期再次过起那个小孩时代的生活并玩那种幼稚的游戏。

荣格开始收集各种适用的石子，这些石子有些是从湖边捡来的，有些则是从湖里捞出来的。然后，他开始建起别墅、城堡、整个村庄等。然后就是建起了一座教堂，并在一次散步的时候捡到一块高约一英寸的红色棱锥形方石来作为教堂里的祭坛。这块石头让荣格再一次想起了童年时梦到的那个地下室里的

男人的生殖器，这种联想让他感到了一丝快感。

每天吃完饭，只要天气无碍，荣格都会去进行这种建筑游戏，直到病人到来之时，这个游戏才会结束。在这样的活动期间，荣格感觉到自己的思想变得清楚起来，对那些模模糊糊出现在脑海中的幻想有了一定的把握。荣格坚信，建筑游戏只是个开端，它释放了一系列的幻象，这些幻象都被荣格一一记录下来。这种事成了荣格的习惯，此后的生命中，每当荣格遇到什么困惑之事的时候，他都会画一幅画或雕刻一块石头。他也从这些活动中获得了不少启发，并在这些启发下完成了《未发现的自我》《飞碟：一个现代神话》《心理学的良心观》等著作。

荣格在潜意识驱使之下进行的童年的建筑游戏，是一种很好的与潜意识建立联系的方法。荣格也曾经说过，要想和哪个年龄的潜意识建立联系，就去玩那个年龄所玩过的游戏。20 世纪五六十年代，荣格学派的心理分析师多拉·卡尔夫(Dora Kallf，1904—1990)创建的沙盘游戏疗法，与荣格的建筑游戏有着异曲同工、殊途同归之妙。

(三)预见第一次世界大战

荣格在直面自己的潜意识的那段日子里，他曾根据自己潜意识表达的信息预见了第一次世界大战的发生。

1913 年秋季的时候，荣格开始感到身上的压力正在向外移动，周围的气氛也变得比原先沉闷起来。十月份，当荣格独自一人在旅途中时，突然被一种压倒一切的幻觉镇住了。在幻觉中，他看到了一场大洪水淹没了北海和阿尔卑斯山之间的所有土地。当洪水淹到瑞士时，他看见群山越长越高，以保护这个国家。荣格意识到，一场可怕的灾难正在发展之中。荣格在幻象中看见了滔天的黄色巨浪，漂浮在水里的是文明的碎片和成千上万具被淹死的死尸。整个汪洋大海最后变成了血海。这一幻觉持续了大约一个小时的时间。

两个星期后，这种幻觉再一次出现，而且景象变得更加具体，血海变得更加突出。此后不久，也就是 1914 年的春季和夏初，荣格又一连三次做了同样一个梦。在梦中，一股北极寒流猛地袭来，把大地全冻结成了冰。人们逃离这片荒芜的地区，绿色植物也全部被冻死了。在第三个梦中，令人畏惧的严寒再一次从天而降，但是结局却有所不同，在寒气中出现了只长树叶不结果实的树(荣格认为那是他的生命之树)，其叶子变成了包含疗病果汁的葡萄，他摘下一串送给了一群正昂头等待的人。

1914 年 8 月，第一次世界大战爆发了。荣格认为自己的幻象和那三个梦都是这一场人类灾难的预示。

（四）荣格与他的斐乐蒙（Philemon）

川流不息的幻象蜂拥而至，荣格时常会感到心烦意乱，于是他开始做做某些瑜伽动作来使自己的情感得到控制。

1913 年 12 月，荣格的幻想中出现了一个重要的意象——斐乐蒙。在意象之中，斐乐蒙是一个异教徒，他带来的是带有诺斯替教派色彩的一种埃及与希腊合一的气氛。他的形象第一次出现在荣格下面的这个梦境里：

> 梦中出现了一个像大海那般蔚蓝的天空，天上漂浮着的不是彩云，而是平平的棕色土块。土块像是快要撕裂开似的，于是在这些土块之间，蔚蓝色的海水便可以让人看见了。但是这海水便是蓝天。突然间，一个带翼的人从右方横驶过天空。我看出来这是个长着牛角的老人。他系着结成一串的四把钥匙，他紧握着其中的一把钥匙，像要打开一把锁似的。他长着翠鸟的羽翼，颜色也跟翠鸟的一样。（刘国彬、杨德友译，2009，160 页）

做完这个梦之后，荣格试着去画梦中的斐乐蒙，完全沉浸在与这个意象的对话与交流之中。过了两天，他竟然发现了一个没有任何伤痕但已经死去了的翠鸟，这种动物在荣格所住的地方是很少碰见的。

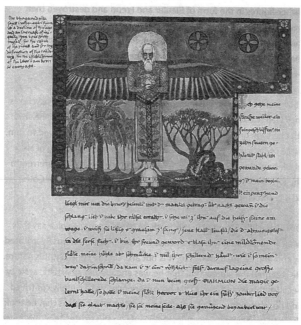

荣格所画的斐乐蒙

这件事情让荣格恍然大悟：在心灵中存在的种种事物，不是由意识派生出来的，而是由自然产生并拥有其独立生命的。就像斐乐蒙一样，他不是来自于荣格的意识，而是自然产生并拥有其自主的生命的。这也是荣格"心灵客观性"[①]思想的起源。

从那以后，荣格经常与斐乐蒙交谈。荣格说："斐乐蒙代表的是更高级的洞察力。对我来说他是个神秘的形象。不时地，他对我显得很真实，像是个有生命的人。我与他在花园里到处散步，他对我来说就是印度人叫做宗教导师的人。"（刘国彬、杨德友译，2009，160 页）

（五）绘制曼荼罗

在荣格的众多意象之中，有一个女性意象也是一直陪伴着他的重要意象之一。有一次，荣格记录完自己产生的幻觉时，自问道："我到底正在干些什么呢？可以肯定，这与科学毫无关系，但那么它又是什么呢？"（刘国彬、杨德友译，2009，162 页）这时，荣格心中有一个女性声音说道："它就是艺术。"这个女性声音多次重复这句话。受到这些意象的启发，荣格开始绘制曼荼罗。

曼荼罗是梵文"Mandala"的音译，音译"吉廊"，意译为"坛城"，是佛教徒在诵经或者修法时安置佛像、菩萨像的地方，即在修法处画一个圆圈或建立土坛，认为可以防止"魔众"侵入。后来，密宗把佛像、菩萨像画在纸帛上，这样的象征性的图形称为曼荼罗。曼荼罗可由圆形、四方形或四位体的东西象征性地呈现，借由四和四的倍数摆放；不论其结构形式如何，它们都会有一个中心。

荣格亦经常用曼荼罗进行心理分析，他认为曼荼罗的那个中心隐含的意义就是精神自身的原型，象征着目标、中心点或精神整体状态的自体；个人的曼荼罗体现了自身的人格，因此每个人都应该画一个自己的曼荼罗。荣格注意到某些表现在古代神话、部落传说和原始艺术中的意象，曾反复出现在不同的文明民族、原始部落，甚至在精神病患者和儿童身上。例如在宗教、艺术和梦中，就常常有花朵、十字、车轮等意象，而荣格把这些意象称为"曼荼罗"。

---

① 荣格认为，心灵像人体的领域一样实在，而且心灵有自己的结构，并遵循它自身的规律。

荣格证明，在罗德西亚①旧石器时代的岩石中，有一种抽象的图案——圆圈中一个双十字。"这种图像实际在每一种文化中都曾出现过。今天我们不仅在基督教的教堂内，而且在西藏的寺院里也能够找到它。这就是所谓的太阳轮。而既然它产生于车轮还不曾发明出来的年代，也就是不可能起源于任何来自外在世界的经验，我们不妨称其为某种内在经验的象征。"在荣格看来，这一象征是典型的"曼荼罗式样"。

1918—1919 年，荣格作为英军战区战俘监管上校驻扎在夏托达堡。在那段时间里，荣格几乎每天早上都画大小不等的曼荼罗，借以观察他自己内心的无名情绪，他所画的曼荼罗就是他那一时期内心状态的反映，当他的精神状态改变时，他所画的曼荼罗也为之改变，最后他幡然醒悟。他慢慢发现什么是真正的曼荼罗："成形、变形，永恒心灵的永恒创造。"（引自《浮士德》第二部）而这便是自性即人格的完整性。

荣格认为，他所画的曼荼罗是关于自体状况的一些密码，这种密码每天呈现在脑海中时都是崭新的。在这些密码里，荣格认识到了他自己作为个体的完整性。此时荣格还只是模模糊糊地理解曼荼罗的信息，但已经感受到了它们的重要性。绘制曼荼罗的时光，也是荣格逐渐走出心理黑暗期的一段时光。

五、职业生涯的新阶段

走出心理的阴霾，荣格的事业进入了一个全新的阶段。其实，早在 1916 年，荣格依然还处于自省、面对意象的阶段，他就已经开始了新的著作的撰写。从那时起，想象机制及对想象的理解变成了一本本书，一篇篇文章。不过，荣格真正结束他沉寂的生活大概是在 1918—1919 年那段时光，也就是他每天都绘制一幅曼荼罗的日子。

（一）著述等身

几年的沉寂之后，荣格的职业生涯进入了一个崭新的阶段。1921 年，《心理类型》一书出版，这可以算做荣格最好的一部著作。在这本书中，荣格不仅

---

① 罗德西亚(Rhodesia)，位于南部非洲的英国殖民地南罗德西亚在 1965 年 11 月 11 日单方面宣布独立后取的新名，沿用至 1979 年 5 月 31 日；布什战争结束后，首相埃布尔·穆佐雷瓦在 1979 年 6 月 1 日更改国名为津巴布韦罗德西亚，1980 年 4 月 18 日再更名为津巴布韦（并获国际普遍承认），沿用至今。

讨论了弗洛伊德与阿德勒①之间的性格差异，而且更重要的是他描述了不同性格类型的分类，其中包括对外倾与内倾、思维与情感所作的著名区分。他希望能通过这本书来表明自己的观点和弗洛伊德及阿德勒是有所出入的，主要目的在于探讨个人对世界、他人和事物的关系，并讨论了五花八门的意识层面，亦即意识头脑对于世界可能产生的态度。

不久，荣格就宗教和心理学的关系发表著作，出版了《基督教时代》一书，尝试解释基督的出现如何符合一个新时代的开始。对基督现象的研究，让荣格重新思考如何依据个人的体验来表达自身的现象问题，意识和潜意识之间的交互作用，从潜意识到意识的发展，以及人格对每个人的冲击。

1928 年，荣格出版了《心理能量》一书，这是他特别看重的一本书。在物理学中，人们已经习惯了诸如电能、光能、热能等各种能力的说法，基于这样的情况，荣格在《心理能量》一书中提出了心理能量的说法，并将它命名为力比多(libido)。弗洛伊德也提出了力比多的说法，不过他主要是用来指性本能。而荣格认为，性欲、权欲或者食欲等，不过都是力比多的表现形式，或者说是力比多象征性的表现。为了与弗洛伊德的"性本能"相区分，荣格又将力比多称为"心理能"或者"生命能"。

荣格的研究工作很快就触及了人的世界观的问题，触及了心理学与宗教之间的种种关系。荣格关于这些方面的研究成果写在了《心理学与宗教》(1938)一文中。荣格一生著述颇丰，其中主要包括：《精神分析理论》《潜意识心理学》等《现代人的灵魂的拯救》《个性解释》等《人类及其象征》等(详细情况见附录一：荣格生平与著作年表)，这些著作奠定了荣格在心理学领域的崇高地位。

(二)对东方文化的研究

荣格一直对东方宗教和神话很感兴趣，1938 年的印度之行更增加了他的兴趣，扩展了他的知识。他写了很多文章论及东方人格和西方人格之间的差异。这种差异通过彼此不同的民俗、信仰、实践、神话等反映出来。荣格指出，东方人的心态主要是一种内倾心态，而西方人的心态则主要是一种外倾心态。

斐乐蒙深深地影响着荣格，是其无比重要的内在"导师"。但是，毕竟，斐

---

① 阿尔弗雷德·阿德勒(Alfred Adler, 1870—1937)，出生于奥地利维也纳，曾为弗洛伊德精神分析学派的核心成员之一，后因分歧与弗氏关系破裂，创立个体心理学，另建立自由精神分析研究会。曾主持召开五次国际个体心理学会议。1934 年定居纽约，1937 年赴苏格兰亚伯丁做演讲时病逝。

乐蒙来自于梦和潜意识，作为意象的斐乐蒙只属于荣格本人。受这样一位内在"导师"启发所形成的理论与思想，更加需要某种外在的印证。曼荼罗展现着来自深层自性的消息，预示着自性化的出现与发展，但是这也需要某种确信与呼应。荣格在其自传中说：

荣格绘制的曼荼罗：永恒之窗

> 　　几年之后（1927 年），我由于做了一个梦而使我对有关这个中心及自性的想法得到了确认。我可以用我称之为"永恒之窗"的一幅曼荼罗来表示其本质性的理解。这幅画后来印在了《金花的秘密》（The Secret of Golden Flower，也译为《太乙金华宗旨》）一书里。一年之后，我又画了一幅同样的曼荼罗，在此画的中央处则是一个金色的城堡。这幅曼荼罗画完后，我问自己："为什么这么像中国画的东西？"但是我却深感它与中国的联系。于是，接着就发生了奇妙的巧合，我收到韦尔赫姆寄来的一封信，信中附有一部论述道家炼丹术的书稿，标题也是《金花的秘密》。他还要求我就此写一篇评论文章。我即刻如饥似渴地来阅读这书稿。因为书中所述对我关于曼荼罗以及自性作为中心的想法，给予了我做梦也不曾想到过的证实。这便是打破了我孤独的第一件事。我慢慢感受到了一种共鸣，我终于可以与某件事和某个人建立起联系了。（刘国彬、杨德友译，172 页）

荣格在其自传中明确地表白，是卫礼贤帮他找到了重返这个世界的归路。于是，这也就开始了荣格与卫礼贤的缘分。卫礼贤，原名理查德·威廉（Rich-ard Wilhelm，1873—1930，来中国后取名卫礼贤）出生于德国，在其 57 年的人生历程中，有 25 年是在中国度过的。1899—1920 年他一直在青岛生活与工作，1922 年起又在德国驻华使馆工作，并在北京大学任教；1924 年回到德国之后，在法兰克福大学任中国史和中国哲学的荣誉教授，仍然从事有关中国文

化的研究与工作。他曾在劳乃宣①的帮助下将《易经》翻译成德文(1924),用20年的时间翻译与主编了8卷本的《中国宗教和哲学系列》(1910—1930),成为世界著名的汉学家。但是,卫礼贤与中国不仅仅是学术的关系,正如他自己在其《中国心灵》一书的前言中所说:"我有幸在中国度过了生命中25年的光阴。像每一个在这块土地上生活了许久的人一样,我学会了爱这个国家,爱她的人民。"

卫礼贤在荣格生活中的出现,不但给荣格带来了东方的智慧,带来了《易经》的意义,带来了道家内丹的理论,而且见证了荣格面对潜意识的经验,使荣格获得了莫大的支持。荣格在研究与撰写《金花的秘密》(与卫礼贤合著)的过程中,完善了他的积极想象技术,尤其是将道家"自然""无为"的意义付诸这种心理分析的技术之中。《金花的秘密》见证了荣格通过曼荼罗对于自性的探索与感受,同时也在象征的意义上,促成了荣格对于"炼金术"的融会贯通。通过卫礼贤,荣格获得了对《易经》的理解。

在《金花的秘密》一书中,我们可以读到荣格这样的评论:"《易经》中包含着中国文化的精神与心灵,融会着几千年来中国伟大智者们的共同倾注,历久而弥新,至今仍然对理解它的人,展现着无穷的意义和无限的启迪。"这是荣格对于《易经》的理解,以及他对于《易经》之情感的表达。荣格说:"任何一个像我这样,生而有幸,能够与卫礼贤、与《易经》的预见性力量做直接精神交流的人,都不能够忽视这样一个事实,在这里我们已经接触到了一个'阿基米德点',而这一'阿基米德点',足以动摇我们西方对于心理心态的基础。"这个"阿基米德点",是荣格对于《易经》的接受和理解,而这个"阿基米德点",也正是荣格心理学发展的关键。

荣格自己曾有过这样的表达:"卫礼贤一生所从事的工作,对我来说是如此的重要和具有价值,是因为他为我解释与证实了我过去一直在追求、在思考、在向往以及在从事和研究的东西。"荣格说:"卫礼贤的工作,给我们带来了中国文化的基因,给我们带来了一种足以从根本上改变我们世界观的中国文化基因。"这是荣格对于卫礼贤工作的理解,也是荣格对于中国文化的向往。

1930年,当卫礼贤逝世之后,荣格专门撰写了悼词。其中,荣格这样叙述他与卫礼贤的缘分:尽管一位是汉学家,一位是医生;一位精通中国文化,一位根本从未到过中国,也不识汉语,那么是什么促使他们成为终生的朋友呢?荣格

---

① 劳乃宣(1843—1921),字季瑄,原籍浙江桐乡,生于直隶广平(今河北永年)。清末官员、学者,曾用十年的时间帮助卫礼贤翻译《易经》。

回答说："我们相遇在人和人性的领域，它超越了学术的界限，而那正是我们接触的地点，碰撞的火花启迪了我，那是我一生中最有意义的事件。"

通过与卫礼贤的交往，荣格逐渐熟悉了《易经》和道教的炼丹术。1929 年，荣格与卫礼贤合写了《金花的秘密》一书，在书中阐述了自己为产生出曼荼罗的意象所做的各种尝试。1940 年，《心理学与炼金术》一书出版，这本书被列为他最重要的著作之一。

(三) 形成新的心理学流派

在长期的实践和思考之中，荣格渐渐形成了自己的心理学理论体系。不过，荣格本人并不愿意把他的理论搞成任何体系化的教条或者公式，他宁愿积累新的事实，获得新发现，而不愿去对旧的东西进行总结。不过，慢慢地，他将心中的思绪结合，形成了他分析心理学的大纲。1913 年与弗洛伊德分手之后，为了与精神分析相区分，荣格开始使用"分析心理学"这一术语，这也是分析心理学诞生的标志。

由于对一些缺乏根据的东西如炼金术、星相学、卜卦、心灵感应、特异功能、瑜伽术、招魂术、降神术、算命、飞碟、宗教象征、梦和幻觉所产生的兴趣，荣格和他的学说屡遭批评。当然这种批评是不公正的，荣格不是作为门生和信徒，而是作为心理学家去研究这些东西的。对他来说，最重要的问题是："这些东西解释了人类心灵，特别是荣格称之为集体潜意识的这一心灵层次的哪些方面。"(冯川译，1987，19 页)

这也给了我们后来人一个提示：作为心理学工作者去研究宗教和神秘主义，是无可厚非甚至值得鼓励的，但是如果把心理学搞成宗教或者神秘主义，那显然不是什么好事情。在中国，某些心理学工作者或者打着心理学工作旗号的人，曲解荣格分析心理学或者其他心理学流派而实际上进行着神秘主义的事情，虽然是少数，却也值得我们警惕。

无论如何，分析心理学这一心理学流派还是形成并不断发展起来。1948 年，荣格研究院在苏黎世创立，从此，这里成为分析心理学的圣地。来自许多国家的学生在这所学院的不同系科里学习。1955 年，国际分析心理学会 (IAAP) 成立，分析心理学工作者有了专业的认证组织。尽管荣格分析心理学在大学里的地位和影响不及弗洛伊德，但是，人们逐渐对荣格及其理论产生更大的兴趣。

六、游学世界

中国人说"读万卷书，行万里路"，认为这是做学问最好的方式，这也同样适用于欧洲人或者说适用于所有的人。读万卷书是对传统知识的吸收，也会随之而产生思辨；行万里路则不仅仅让人开阔眼界，更能使人从风土人情中获得书本知识的直接体验，甚至可以从不同的地方感受到历史的信息以获得心理的能量。荣格在有生之年曾经到访过许多国家，对他而言，旅行又不仅仅是做学问这么简单的事情了，还包含着寻找自己失去了的灵魂的目的。

(一)北非之旅

1920 年年初，一个朋友要去突尼斯办事，荣格便随同他一起前往。他们 3 月出发，先到阿尔及尔，又沿海岸东行，抵达突尼斯城后，再南行到苏塞。对于荣格而言，这样一个非洲国家是他梦寐以求的地方，在这里，由于不懂阿拉伯语，他得以更加专心致志地观察人们的行为举止。有时候，荣格会在一家阿拉伯咖啡馆里一坐就是几个小时，去聆听他只字不懂的种种谈话。

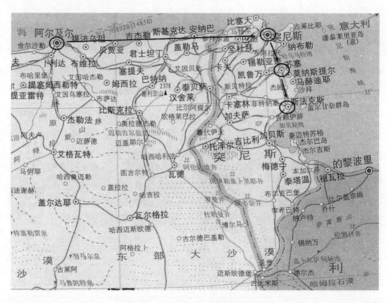

荣格北非之旅的行进路线

离开苏塞之后，荣格南下到了斯法克斯，又从那儿进入撒哈拉大沙漠，前往绿洲城市托泽尔。在托泽尔，高耸入云的椰枣树在头上形成拱顶，下面生长的桃树、杏树和无花果树十分繁茂，果树下是一片碧绿茂密的紫花苜蓿。几只翠鸟像珍珠似的在万绿丛中飞来飞去。在较为清凉的绿阴中，穿着白色衣服的人影徘徊徜徉，其中还有不少同性恋情人在那里紧紧地拥抱。在这里，荣格仿佛回到了古希腊时期：男人社会和以这种社会为基础的城邦国家。

在撒哈拉沙漠深处的另一个绿洲，荣格看到了一群朝圣者。几百个面目凶悍、提着篮子和又短又宽的锄头的人列队而行，队首是一位白胡子老人，老人有一种别人无法模仿的自然的尊严，似乎已经百岁高龄。荣格尾随着队伍来到他们举行活动的地方，在这里，人们打着鼓，野蛮地呼喊，男人们踏着鼓点搬那装满泥土的筐子，另一批人以狂癫的速度挖掘土地。白胡子老人骑着白骡子缓步走过，每到一处都会增加那里的人们的疯狂。

面对这样的场面，荣格深受启发：这些人摆脱了他们的情感，经受了感召，将自己的存在置于某种情绪之中。他们的意识指导他们在空间的方位，传导来自外界的印象，而意识本身也受到了内部冲动和情感的刺激。但是，意识并不指向思考，自我几乎没有自主权。相比较之下，欧洲人也有这样的问题，只是相对具有一定程度的意志和明确的意向而已。

阿拉伯文化给荣格留下了极为强烈的印象。通过这次旅行，荣格得以在欧洲人环境之外的地方来反省自身的人格，从而去寻找被身为欧洲人这个角色所影响和压制的、已经变得不可见的人格。此外，荣格在当地人平静的外表下感到了一种不能理解的不安和躁动。

(二)访问美国印第安人村社

荣格感到，在心理学的研究中，人们更容易受到主观因素的影响，这就要求心理学家要更多了解自己、了解所在的民族。而了解自己所在的民族的最好方法，就是要寻求一个外部支点，用其他民族的眼光来审视。基于这样的考虑，1924 年，荣格再一次踏上了美国之旅，这一次他的访问目标是位于新墨西哥州的印第安人村社。所谓的"村社"实际上是一种介于城市和农村之间的印第安人聚集区，它既像一个小村庄，又有着城市的习俗。在那里，荣格第一次有机会和一个非白人说话，他是印第安人村社的首领，年龄在40—50岁之间，名字叫奥奇维艾·比昂诺(意思是"山湖")。

比昂诺告诉荣格，他认为白人都是疯子，荣格很奇怪问他为什么。比昂诺说，白人只会用大脑思考，而印第安人用心去思考。这一说法让荣格思索了很长时间。荣格认为，比昂诺击中了白人的要害，白人正是只会用意识去做事，

印第安村社

而忘记了内心的感受。

在印第安人村社，荣格发现印第安人都极为沉默寡言，而涉及宗教的秘密时，他们更是守口如瓶，似乎是要保住一个宗教的秘密，这是他们保持自豪感和抗拒统治一切的白人的力量。逐渐变得熟悉之后，荣格才在一次与比昂诺的谈话中了解到，印第安人认为自己是太阳的儿子，他们每天所做的各种宗教仪式，其目的都是要帮助太阳正常地行驶过天空。荣格忽然明白了印第安人的"尊严"所在，这一切都源于他们的太阳之子的身份。他们感到自己的生命具有宇宙意义，因为他们协助天父及一切生命的保护者每日升降。

(三)访问肯尼亚和乌干达

1925 年，荣格参观伦敦温布利展览会的时候，那里关于英国统治下各部落的介绍给他留下了深刻的印象，于是他决定到热带非洲进行一次旅行。

1925 年秋天，在一名英国朋友(Peter Baynes)和一名美国朋友(George Beckwith)的陪同下，荣格启程前往蒙巴萨①。到达蒙巴萨之后，荣格发现那里是一个十分闷热的地方，周围是棕榈树和芒果树密林，景色极为优美。荣格一行在蒙巴萨逗留了两天，然后乘坐火车前往内罗毕。在火车行进途中，荣格看到路边上方的一块峻峭的岩石上，一个细高的黑褐色人一动不动地站着，倚

---

① 蒙巴萨(Mombasa)，肯尼亚第二大城市。

着一根长矛，俯瞰火车，他的身旁耸立着台形的仙人掌。这一幕让荣格着迷，虽然是第一次看到这样的景象，但是荣格有一种似乎早就认识那个黑人的感觉，甚至于感到那个黑人在这里已经等他五千年之久。这种感觉或许正是来源于荣格所说的集体潜意识吧。

沿着正在建设中的乌干达铁路，荣格乘坐火车到达它的终点，第 64 站。然后，他们又乘坐大卡车前往卡卡梅加①。在专区特派员的协助下，荣格等人集合了一队搬运工人，外加 3 名土著士兵护卫，开始了艾尔贡山(Mount El-gon)的旅行。在一个供旅客休息的圆形草顶涂泥的屋子里，荣格还亲身经历了一大群鬣狗的围攻。

在途中，荣格和他的两位朋友应乌干达总督之请，保护一位从苏丹返回埃及的英国女士(Ruth Bailey)。对于这样的一个偶然事件，荣格觉得这是原型在对他们的行动产生影响的表现。也就是说，他们三个人加上另外一个人所形成的四人群体，正是三位一体②的原型意象，需要第四个来补充完备的表现。

在一位酋长的儿子的引荐下，荣格还访问了一个艾尔贡人的家庭。接待荣格的女主人是那位酋长的儿子的姐姐，也是这个家庭男主人的第二个妻子。在女主人的身上，荣格感受到一种信心和泰然。荣格认为这是她基于对自己完整的认同所形成的。与这位无论丈夫在与不在都能保持自身完整性的非洲妇女相比，荣格认为，白人妇女的自然完整性正逐渐消失，正因如此，白人妇女才日益男性化。

荣格最感兴趣的还是当地人的梦，然而人们似乎都不愿意把梦讲给他听。有一次，荣格和当地一位老医生谈话，当问及梦时，这位老医生顿时热泪盈

---

① 卡卡梅加(Kakamega)，肯尼亚城镇，西方省首府。

② 三位一体论主张，圣父、圣子、圣神(天主教会译为圣神，东正教会和新教则译为圣灵)为同一本体(本性)、三个不同的位格。三个位格为同一本质，三个位格为同一属性。荣格认为，这其实是表明了某种"上行"的运动("圣灵"以鸟为象征)。在人类的心理发展史上，这一象征曾经起到了极其重要的作用。然而，此象征亦是"单向"和"片面"的，以至于在近现代沦为了一种"僵化"的符号，从而失去了鲜活的生命力。为了弥补"三位一体"的先天缺陷，荣格认为，应当找出其本身的阴影，也就是另一种与之相反的"三位一体"。因此，荣格提出了三位之外的"第四位"，也就是所谓"魔鬼"(以蛇为象征)，从而得出了一种"下行"的"三位一体"——"圣子—魔鬼—圣父"。荣格认为，只有结合了双重的三位一体，方能构成完整的个性化过程，也就是他所谓的"四位一体"。

眠，回答说，古时候医生们都做梦，知道会不会发生战争，是不是要下雨，应该把牲口群往哪儿赶。他的祖父也做过梦。可是，自从白人来到非洲，就谁也不做梦了。老医生继续解释说，不再需要梦了，因为英国人知道一切！老医生的话表明，在那里，医生已经失去了存在的价值，他们曾具有的权威已被英国人的权威所取代。在这位老医生身上，荣格看到了一个已遭破坏的、过时的、无法复原、日益加剧解体的世界。

沿着艾尔贡山南坡继续徒步旅行，荣格一行进入布吉苏地区，继而到达姆巴拉拉，然后到达维多利亚湖畔的金贾。在从阿尔伯特湖到苏丹境内路上的一个村子里，荣格目睹了一次盛大的社交性集会。大约六十人，雄赳赳地全身披挂着闪闪发光的投枪、木棒和刀剑。跟在他们身后不远，依次而来的有妇女和儿童，还有背着婴儿的母亲。人们点起大火，妇女和儿童围着篝火坐成了一个圆圈，男人们在外围又组成一个圆圈。男人们跳着舞前进，挥动着武器，接着后退，伴随着野性的歌唱、鼓声和号角声再趋步向前。荣格也加入到了这个队伍里，他挥舞着仅有的武器——犀牛鞭，和他们跳在了一起。

在非洲之旅行将结束的时候，荣格渐渐猜测到，这次非洲探险有着一种隐秘的目的，即逃避欧洲及错综复杂的问题。后来荣格在讲到心理能量的时候曾经提到，当人们的心理能量由于受到外在的刺激而无法平衡的时候，可以隐居或者离开生活环境一段时间以恢复心理的平衡。或许，荣格这次前往非洲，正是为了恢复内在平衡。

沿着尼罗河顺流而下，航行到苏丹的首都喀土穆，再往北就是埃及了。荣格对埃及文化中复杂的亚洲因素的兴趣不如对含米特人[1]对它的贡献的兴趣大。沿着尼罗河的地理流向，也按照时间的前进，荣格受到的重大启发是，在艾尔贡人中间发现了霍卢斯原理[2]。荣格认为，霍卢斯神话是关于神性光明新生的古老故事，这个神话反映的是人类文化亦即意识，首次把人从史前时代的黑暗中解放出来的情形。或者可以说，人类正是从艾尔贡走向埃及的过程中，实现了由史前蒙昧到人类文明的转变。这一次旅行，荣格正是沿着这条路前行的，对于他个人而言，似乎也是一次心理光明重新诞生的象征之旅。

---

[1] 含米特人（Hamite），旧译含族，又称哈姆人。在非洲学中，含米特人一般分为北支和东支：北支指柏柏尔人，东支指古埃及人、科普特人和库希特各族。

[2] 霍卢斯原理：在古代埃及，国王用霍卢斯的神话来比喻自己，霍卢斯的一只眼睛曾被敌对的神赛特坏成了碎片，靠着托特神的帮助，又得到了复原；王国就像霍卢斯的眼睛。

（四）访问印度

1938 年，应英联邦之邀，荣格前往印度参加加尔各答大学（University of Calcutta）建校二十五周年纪念活动。此前，荣格曾读过有关印度哲学和宗教史的许多书籍，对东方智慧的价值深信不疑。此时，荣格正热心于炼丹术的研究，于是他便携带了一本 1602 年出版的《炼丹术大全》与之同行。

在印度，荣格首次体验到了一种生疏的、有高度差异的文化。幸运的是，荣格有机会与迈索尔的马哈拉贾的宗教师 S. 苏勃拉马尼亚·伊埃尔进行了多次谈话，进而有机会将印度思想和欧洲思想进行比较。

荣格最为关注的还是印度精神中关于"恶"的心理性质问题。通过和一位有教养的东方人谈话，荣格进一步明确这样一个意象：印度人善于在不"丢脸"的情况下把所谓的"恶"同化。荣格认识到，对于东方人来说，善与恶包含在自然之中，意义深远，在不同层面上甚至可以算是同一事物。荣格看到，在印度，神性所包含的善与恶一样多。基督徒追求善而屈服于恶；印度人则追求超脱善与恶，并且力求通过沉思或瑜伽来实现这个超脱善恶的境界。这让荣格感到，印度的神性缺乏善恶观，或者因为负担太重而需要超脱，即脱离对立物，脱离万事。印度人的目标不是道德的完善，而是超脱的境界。

在康纳拉克，荣格在一位彬彬有礼的梵学学者陪同下参观了神庙和大神系列。有一座塔，从塔基到塔顶全部布满了做工精细的淫猥雕刻。梵学学者告诉荣格这正是净化心灵的一种手段。当荣格指着一群以艳羡之情观看这些交合形象的青年农民，提出自己的反驳意见时，那位梵学学者的回答是："如果他们不完成自己的羯磨①，又怎么能够受到净化呢？这些明明白白的淫猥形象的目的正是唤醒人们认识自己的法，不然这些潜意识的小伙子们会把法忘记的。"（刘国彬、杨德友译，2009，240 页）这位梵学学者认为，青年男子像动物一样是潜意识的，正需要通过告诫，使他们的潜意识进入到意识中来。荣格对这一说法感到十分新奇。

在参观佛讲经的桑奇佛塔的时候，荣格感受到了一种强烈的情绪波动，这是每当他遇到还意识不到其意义的一件事、一个人或一个思想时，就会出现的波动。荣格分析，这种激动心情表明，桑奇山对于荣格而言是某种中心。佛教的一个新的侧面在那里向他展现出来，他捕捉到了作为自性实现的佛的生命。

---

① 羯磨，梵文"karma"的音译，意为"业"或"办事"。

印度的桑奇佛塔①

在荣格看来，对于佛来说，自性高于一切深得，自性是一个统一的世界，代表了人类经验的整体和世界的本质；自性包含了"固有存在"和"可知性"两个方面。

荣格认为，相比较而言，基督像佛一样，也是自性的体现，不过含义完全不同。两者都旨在征服现世：佛是出自理性的顿悟，而基督则是命中早已注定的牺牲者。在基督教中，痛苦更多；而在佛教中，则所见所做的更多。后来，佛教和基督教一样，经历了变迁：佛变成了自性发展的形象，变成了人所效仿的楷模。同样，在基督教中，基督是一个榜样，是每个基督教徒完整人格的象征。但是，东方人模仿佛，西方人模仿基督，而个人并不选取自己的通向人格完整的道路，某种意义上与佛和基督所倡导的理念背道而驰。基督曾对犹太人大声呼吁："你们是神。"(《约翰福音》)也就是说，人们要想达到自己的人格完整，只有走自己的人生道路，而不是去模仿别人，包括佛或者基督。

在印度，荣格获得了三个名誉博士的头衔。离开印度之后，荣格到达了锡兰(斯里兰卡的旧称)，这是一个不同于印度的地方，它有着某种南海风情，有几分像天堂，人们在此莫不流连忘返。荣格参观了佛牙寺②，并在寺中的藏经室逗留了相

---

① 世界古文明的璀璨明珠桑奇佛塔，位于印度中部，距今约2300年前建造，遗址内总共有51个大大小小的塔寺遗迹，包括佛塔、塔门、寺院、僧院、石柱等。

② 斯里兰卡坎底市(Kandy)的马拉葛瓦寺(Malagawa)，因其中供奉有佛陀牙齿，故称"佛牙寺"。

当长一段时间，与僧人谈话，观瞻刻在银叶上的佛经。在那里，荣格目睹了一次难以忘怀的晚祷：青年男女把大堆大堆的茉莉花撒在祭坛前面，同时轻声吟唱。陪同的僧人告诉荣格："佛已经不在了，我们不能再对他祈祷。他们的唱词是：'今生像美丽的花一样短暂，愿提婆①与我共享这一奉献的福祉。'"

初春季节，荣格踏上了回国的旅途。

斯里兰卡佛牙寺里孩子们在撒茉莉花

(五)终未成行的罗马之旅

尽管荣格经常访问邻国，并对基督教的历史及其发展有着深厚的兴趣，但他一生中却从未去过罗马。他觉得那个举世无双的地方的气氛对他来说是过于强烈了。坦率地说，他接受不了对罗马产生的联想。荣格认为，罗马依然弥漫的灵魂在人们每走一步都会影响到到访者。

1949 年，荣格想要补上罗马之行这一课，但是在买票时突然昏倒。此后，前往罗马的种种计划就再也没有得以实现。

七、几个重要的女性

尽管在荣格的自传里，他对于自己的家庭生活、爱妻以及子女们只字未提，但是不可否认的是，家庭生活或者情感生活在荣格生命中是十分重要的。

---

① 提婆，梵语"Deva"的音译，意译为天(乃天人之天，非天空之天)，又称圣天。

据说，荣格一生中曾有九个启迪、激发他的女性①，在这里，笔者仅介绍其中几位。或许通过对这几位女性的了解，可以让我们看到一个关于荣格的更加丰满的形象。

(一)爱玛·罗森巴赫·荣格

对于荣格而言，身边最重要的人物当然是相伴 52 年的妻子爱玛。爱玛·罗森巴赫·荣格(Emma Rauschenbach Jung，1882—1955)出生于德国边境附近的沙夫豪森城(Schaffhausen)，她的家族拥有瑞士著名的手表公司(IWC)，是一个很富有的家庭。

大约在 1896 年左右，爱玛不到 15 岁，荣格第一次见到爱玛的时候，便认定她就是自己命中注定的伴侣。7 年后，也就是 1903 年 2 月 14 日，爱玛与荣格结婚，并迁居到荣格那时供职的伯戈尔茨利精神病院的一个公寓内。爱玛家的财富帮助他们在苏黎世湖边的库斯纳赫特修建了一所大房子，爱玛和荣格正是在这

荣格和爱玛，1903 年

里度过了余下的生命。爱玛和荣格一共生了五个孩子，包括四个女孩和一个男孩。

1910 年，荣格给爱玛做了几个月的精神分析，当时弗洛伊德赞同这个做法，但是警告过这会给私人关系带来危险。当弗洛伊德与荣格的冲突在 1911 年升级的时候，爱玛私下以她的名义给弗洛伊德写信，请他原谅荣格。爱玛试图调解两人的关系，但最终没有取得成功。

爱玛要面对的另一个困难是荣格与托尼·沃尔夫(详见下文)的婚外情关系，这种关系大约开始于 1913 年。他们三人之间到底如何就此事进行了讨论已经无从得知，但结果却是荣格依然和爱玛在一起，而爱玛也接受了托尼。托尼成了荣格家庭中的一分子，在各种专业和社交场合中，他们三个人都常在一起，直到托尼 1953 年去世。

---

① 分析心理学巨擘——荣格. 安妮·凯斯门特. 廖世德译. 上海：学林出版社，2007.

当分析心理学俱乐部于 1916 年成立的时候，爱玛被任命为第一任主席。但一年后她辞去了这个职位，随后由托尼担任主席多年。在很长一段时间里，接受荣格分析的很多人都会去见爱玛。直到 20 世纪 30 年代末，大多数与荣格一起分析的外国学生还都把爱玛作为第二分析师。爱玛写了关于阿尼玛和阿尼姆斯的专论并于 1941 年出版，这是荣格心理分析师的早期经典著作之一。但同时，爱玛也在按照自己的思路写自己的著作——《圣杯传奇》(*The Grail Legend*)，但没有完成，直到她去世后才由玛丽-路易斯·冯·弗朗兹完成。

爱玛 1955 年 11 月 27 日死于胃癌。爱玛唯一的儿子弗朗兹·荣格曾经提到，是母亲维系了整个家庭，也只有她才使荣格得以完成他的工作。爱玛的去世对荣格而言是一个重大的打击，许多亲朋好友都认为他无法从爱玛的死亡中恢复过来。幸运的是，荣格做到了。

(二)托尼·沃尔夫

荣格最久的婚外情关系是托尼·沃尔夫(Toni Wolff, 1888—1953)。托尼并非仅仅是以情人的角色出现在荣格的生活中，她还对荣格的学术产生了深远的影响，而且她本人也是一个出色的分析心理学家。

托尼 1888 年 9 月 18 日生于苏黎世。托尼也出身名门，其家族自 14 世纪以来就一直住在苏黎世，并且很有名望。1910 年，托尼的父亲去世，母亲把她送到荣格那儿接受抑郁症治疗。荣格很快就觉察到她具有分析的天赋，并于 1911 年邀请托尼和爱玛、莫尔泽小姐一起参加精神分析大会。

当荣格在与弗洛伊德决裂之后受到潜意识意象困扰的时候，托尼是他的求助对象。荣格和托尼一起分享了他的梦和各种意象，这些都记载在"红皮书"(Red Book)里。托尼在心灵方面成为荣格的灵魂伴侣，而这是爱玛所做不到的。她在荣格的生命中曾长期保持这样的作用。不过，20 世纪 40 年代末，他们的关系逐渐淡薄下来。1953 年托尼猝死，荣格也没有参加她的葬礼。

1916 年分析心理学俱乐部成立的时候，托尼是创始人之一。1928—1945 年，她一直担任俱乐部的主席。1958—1952 年，托尼是俱乐部的名誉主席，而俱乐部也是她一直工作的领域。

托尼从 20 世纪 20 年代成为荣格的专业助理。大多数接受荣格分析的人会见到她。托尼被认为更实际，更擅长对接受分析者的个人方面做工作，而荣格则主要处理原型的问题。她喜欢用"情结心理学"来命名荣格的心理学。当荣格学院成立的时候，她希望把它命名为情结心理学研究院。托尼的主要著作是《女性心灵的结构形式》，此书 1951 年以德文出版。

在个性方面，托尼通常被描述为非常高雅和戏剧化的人，并且嗜烟，喜欢鸡尾酒却从未饮过。她一生未婚。直到 1953 年 3 月 21 日因心脏病突发而去世那天，托尼还在工作。

荣格和托尼的关系一直存在争议，因为托尼是荣格的病人，这种关系显然违背了心理治疗的伦理原则。但这似乎并未最终成为荣格的污点，甚至于荣格的家人、学生以及病人都接受了这样的一个关系。有些人试图模仿荣格(托马斯·B. 科茨著，古丽丹等译，2007，9 页)，却没有一个是顺利的。现在，分析心理学的工作者更多地认识到了这种移情—反移情的破坏作用。

(三)其他几位女性

除了爱玛和托尼，玛丽-路易斯·冯·弗朗兹(Marie-Louise von Franz, 1915—1998)作为荣格分析心理学的传承者之一也曾和荣格有着密切的交往。玛丽-路易斯 18 岁在学校课堂见习时遇到了荣格，她想接受荣格的分析，却付不起钱，于是她翻译了荣格研究炼丹术所需的资料。玛丽-路易斯最后成为世界闻名的荣格的追随者，并成为荣格去世后传播荣格思想的雄辩代言人。人们可以把玛丽-路易斯·冯·弗朗兹与荣格的关系比作安娜·弗洛伊德与她父亲的关系。

安妮拉·亚菲(Aniela Jaffé, 1903—1991)则主要是与荣格的工作紧密联系，1937 年，她接受荣格的分析，1947 年成为苏黎世荣格学院的秘书，之后又成为荣格的私人秘书。安妮拉·亚菲曾与荣格一起完成了《荣格自传——回忆·梦·思考》这本书。

1912 年，荣格再次访问美国，他结识了石油大亨约翰·洛克菲勒的女儿艾迪丝·洛克菲勒。艾迪丝患有空旷恐惧症，便建议由她提供设备让荣格在美国开业，但是荣格却反过来建议她来苏黎世。结果艾迪丝真的于 1913 年来到苏黎世。第一个分析心理学俱乐部，就是由艾迪丝赞助成立的。

八、晚年生活

1922 年，荣格在苏黎世湖畔的波林根买下了产权属于自己的一块土地，并在这里建立了一所避暑别墅。第一座圆形的房屋是 1923 年竣工的；1927 年它又被增加了一个中央性的结构和一些塔形的附属建筑物；1932 年塔形建筑物又被进行了扩建。4 年后，荣格又依其设想给整个建筑添加了一个庭院和一个靠近湖边的凉亭。塔楼的二楼是荣格私人的起居室。事实上，在荣格老了之后，他每年几乎有一半的时间要留在许宁根的塔楼里工作和休息。

1944 年，荣格摔伤了腿，之后又发作了一次心脏病。在休养的几个月里，他经历和体验了无数的幻觉。这次病后，荣格明白了承认自己的命运是多么重要。这样，我们就锤炼出来一个在不解之事发生时不会折断的自我；这个自我经受得住真实，也有能力对付世界和命运。从另外一个方面，荣格还认识到，人必须接受作为自己现实一部分的自己内在的、独自形成的思想。思想的存在比我们对它们的判断更重要，不过我们也不应对这些判断进行压制，因为它们也是我们思想的一部分。

1955 年，荣格的妻子去世后，他又在塔楼上加盖了一层，凸显出来，以代表自己。用荣格的话说，他在妻子去世之后内心产生了一种恢复自己本来面目的想法，而许宁根这座塔楼显得藏而不露，将自己隐藏在了"母性"和"精神性"的后面了。于是，荣格在这个部分的上方添加了一层，用以代表自己，或者说代表其自我的人格。

荣格的妻子去世后，他的女儿们轮流陪伴和照料他。荣格忠实的秘书亚菲帮助他处理来自世界各地的大量信件。亚菲是荣格不可缺少的朋友和助手，她一直留在荣格身边，直到 1961 年 6 月 6 日荣格与世长辞。

荣格是一个非凡的心理学家。他身材高大，思维活跃，举止优雅，凡是和他有所交往的人都认为他具有开朗的性格和无与伦比的幽默感。荣格往往被看做分析心理学的创始人，是弗洛伊德的弟子和精神分析学派的叛逆者，但显然这是不够全面的。C. S. 霍尔在其《荣格心理学入门》一书中曾这样评价荣格：

> 从他受的教育看，他是一个医生，然而他却不曾有过一般意义上的医疗实践，相反倒是作为一名精神病医生，先是在精神病院和诊所里看病，而后自己开业。此外他又是一个大学教授。多年以来他一直属于弗洛伊德的精神分析学派，后来与弗洛伊德关系破裂，他又形成和发展了自己的一套心理分析理论。最初，他把自己的理论称为情结心理学，后来又称为分析心理学。这套理论不仅包括一整套概念、原理，而且包括治疗心理疾患的方法。荣格并不把自己的职业活动限制在诊所里，他还运用自己的理论，对大量的社会问题、宗教问题和现代艺术思潮作批判的分析。他是一个学者，有着惊人的渊博知识，能够像阅读自己的母语——德语一样流畅地阅读英语、法语、拉丁语和希腊语著作。他还是一个很有天赋的作家，曾于 1932 年获苏黎世城文学奖。此外，他又是慈爱的父亲，是见多识广的瑞士公民，政治上主张思想自由和政治民主。（冯川译，1987，26 页）

　　这一切，荣格无疑都当之无愧。但他首先作为一位心理学家，也就是一个不懈探索人类精神的人，被人们永远铭记。

　　荣格去世后，他的影响越来越大。阅读他的著作的人比过去更多了，他的文集被编成 19 大卷，并被翻译成英文。荣格的理论和治疗方法也被广泛传播。荣格曾暗示说，科学探索的更高、更复杂形式，将来总有一天会使他的最为抽象的概念体系得到证实。荣格还认为，我们目前所认识的科学事业将为一种创造性的突破所改变。或许，未来的变化能够印证荣格的观点。

第二章
思想渊源与基本假设

　　任何一门学问的产生都是有其历史背景的，而心理学尤其如此。譬如，弗洛伊德创建精神分析理论，很大程度上受到了当时正流行的进化论的影响。事实上，心理学理论的诞生除了会受到历史背景的影响之外，还会与这个理论流派创始人的个人经历和个人思想有着重要的关系。本章将从社会历史背景和荣格本人的哲学思想渊源两个角度讨论一下分析心理学是如何创建出来的。

一、社会历史背景

在荣格所处的时代(1875—1961),西方工业社会高速发展,生产技术与自然科学日新月异。从这方面看,社会更加重视和强调人的智力和理性。正是凭借着人的理性意识的发现,当时的社会才创造出大量的物质财富和高度的社会文明。

但是,这一时期阶级不断分化,出现了多种阶层。伴随着制度化的宗教的衰败,特别是第二次世界大战,以希特勒为首的纳粹分子的出现,人们普遍感受着精神困境的来临;而改良主义消极的结果,使人们又觉得工业社会不能保障个人的自我实现。在这样的社会背景下,重视意志愿望的非理性主义得以产生和发展。德国哲学家叔本华(Arthur Schopenhauer,1788—1860)就认为意志是绝对的、根本的;智力只不过是满足意志需要的一种手段。叔本华还试图证明:没有必要把意志看成是一种有意识的机能(林方译,1980)。这种要求重视非理性,要求召回心灵深处的情欲本能,这也成为西方一代哲学家叔本华、尼采等人的主导思想。

荣格所处的西方社会这样一个理性与非理性对立、冲突加剧的时代,正是叔本华、尼采时代的延续。荣格和叔本华、尼采等人思考问题的角度也就具有一致性和继承性。凯德勒(Kendler,1987)在《现代心理学历史基础》一书中说,荣格曾深受歌德、叔本华和尼采的著作的影响。可以认为,荣格一生专心致志于潜意识的研究,并强调心灵深处情结的探讨,在一定程度上都与他所崇拜的叔本华、尼采的思想有关,也与当时社会要求非理性的时代精神相吻合。

二、哲学渊源

(一)对荣格产生重要影响的哲学家

荣格的思想深受先哲的影响。如果按他们生活的年代来排,第一个对荣格思想产生影响的是赫拉克利特①。荣格十分喜欢赫拉克利特,并从他的哲学思想里获得了诸多启发。这些哲学思想包括"二元对立"概念等。但是,对荣格思

---

① 赫拉克利特(Heraclitus,约前530—前470),是一位富有传奇色彩的哲学家。

想影响更为深远的可能是以下一些重要人物。

1. 柏拉图

柏拉图(Plato，约前 427—前 347)，古希腊伟大的哲学家，也是全部西方哲学乃至整个西方文化最伟大的哲学家和思想家之一，他和老师苏格拉底，学生亚里士多德并称为古希腊三大哲学家。柏拉图出身于雅典贵族，青年时师从苏格拉底。苏氏死后，他游历四方，曾到埃及、小亚细亚和意大利南部从事政治活动，企图实现他的贵族政治理想。公元前 387 年活动失败后他逃回雅典，在一座被称为阿卡德米(Academy)的体育馆附近设立了一所学院，此后执教40 年，直至逝世。他一生著述颇丰，其教学思想主要集中在《理想国》(*The Republic*)和《法律篇》(*The Laws*)中。

柏拉图认为，自然界中有形的东西是流动的，但是构成这些有形物质的"形式"或"理念"(idea)却是永恒不变的。柏拉图指出，当我们说到"马"时，我们没有指任何一匹马，而是称任何一种马。而"马"的含义本身独立于各种马("有形的")，它不存在于空间和时间中，因此是永恒的。但是某一匹特定的、有形的、存在于感官世界的马，却是"流动"的，会死亡、会腐烂。由此出发，柏拉图认为人的一切知识都是由天赋而来，它以潜在的方式存在于人的灵魂之中。因此认识不是对世界物质的感受，而是对理念世界的回忆。

柏拉图

荣格说，集体潜意识中的"原型"一词就是柏拉图的这种"理念"。理念是一种形式、一种范型，具有先验的、抽象的、共相的性质。荣格则认为原型作为集体潜意识的内容，从来没有在意识中出现过，因而不是通过个体经验得来的。可见荣格的"原型"理论与柏拉图的"理念"理论，在内涵上和形式上都有高度的相似性。

柏拉图在《理想国》中所表达的政治理想和对于相应的灵魂的三等分的思想，体现了他在整体中追求各组成部分的协调、和谐及平衡的思想，这对于荣格也是有所启发的。荣格往往以潜意识为基础，并重视潜意识与意识的协调平衡。荣格的理论，如心理类型功能的全面发展，追求理智与情感欲望的平衡，以及恢复心理疾病患者心理健康的治疗观等方面，都可以追溯到古希腊哲学

王国。

可以说，在处理理性与非理性对立冲突的时代，荣格选择了柏拉图的哲学，吸取其理念的精神来面对时代，并在柏拉图的理想国中寻求到了共鸣。

2. 亚里士多德

亚里士多德(Aristotle，约前384—前322)，古希腊斯吉塔拉人，世界古代史上最伟大的哲学家、科学家和教育家之一。他是柏拉图的学生，亚历山大的老师。公元前335年，他在雅典办了一所叫吕克昂(Luceion)①的学校。马克思曾称亚里士多德是古希腊哲学家中最博学的人物，恩格斯称他是古代的黑格尔。

在人的精神领域，亚里士多德认为人有三种灵魂：理性灵魂、非理性灵魂和植物性灵魂。理性灵魂主要表现在思维、理解、判断等方面，是灵魂的理智部分，又称为理智灵魂，是最高级的灵魂。非理性灵魂主要表现在本能、情感、欲望等方面，是灵魂的动物部分，又称为动物灵魂。植物灵魂主要体现在有机体生长、营养、发育等生理方面，是灵魂的植物部分。动物灵魂是中级的，植物灵魂是最低级的。低级的灵魂含有的质料多，形式少；高级的灵魂含有的质料少，形式多。亚里士多德认为，人人都具备这三种灵魂，且从出生到成人依次呈现出植物灵魂、动物灵魂、理性灵魂。即儿童出生前后主要是身体的发育、生长，到了稍大一点时就表现出他的本能需求及情感需要，到了成人时才有思维、理解、判断等能力的出现。

亚里士多德

在逻辑学方面，亚里士多德和柏拉图一样，认为理性方案和目的是一

---

① 亚里士多德所创办的学校。因校址临近吕克昂神庙(即阿波罗神庙)而得名。亚里士多德亲自主持该校至公元前323年，后由其弟子接办，一直存在到公元529年。吕克昂是逍遥学派的活动中心，也是古希腊罗马科学发展的中心之一。

切自然过程的指导原理。可是亚里士多德对因果性的看法比柏拉图的更为丰富，因为他接受了一些古希腊时期对这个问题的看法。亚里士多德指出，因主要有四种，第一种是质料因，即形成物体的主要物质；第二种是形式因，即主要物质被赋予的设计图案和形状；第三种是动力因，即为实现这类设计而提供的机构和作用；第四种是目的因，即设计物体所要达到的目的。举个例子来说，制陶者的陶土为陶器提供其质料因，而陶器的设计样式则是它的形式因，制陶者的轮子和双手是动力因，而陶器的用途是目的因。亚里士多德本人看中的是物体的形式因和目的因，他相信形式因蕴藏在一切自然物体和作用之内。开始这些形式因是潜伏着的，但是物体或者生物一旦有了发展，这些形式因就显露出来了。最后，物体或者生物达到完成阶段，其制成品就被用来实现原来设计的目的，即为目的因服务。他还认为，在具体事物中，没有无质料的形式，也没有无形式的质料，质料与形式的结合过程，就是潜能转化为现实的运动。

根据亚里士多德的看法，一切生命——包括人类——都有与生俱来的目标。亚里士多德这种目的论背后的潜在模式，在荣格的"个性化过程"的观点之中重现。

3. 叔本华

亚瑟·叔本华(Arthur Schopenhauer，1788—1860)是德国哲学家，通常被视为悲观主义者。他的思想广泛地影响了哲学、心理学、音乐和文学等领域。

1819 年叔本华发表了《作为意志和表象的世界》(*The World as Will and Representation*)，从而奠定了他的哲学体系。他为这部悲观主义巨著做出了最乐观的预言："这部书不是为了转瞬即逝的年代而是为了全人类而写的，今后会成为其他上百本书的源泉和根据。"然而该书出版十年后，大部分是作为废纸售出的，极度失望的叔本华只好援引别人的话来暗示他的代表作，说这样的著作犹如一面镜子，"当一头蠢驴去照时，你不可能在镜子里看见天使"。

叔本华是唯意志论哲学的创始人，他抛

亚瑟·叔本华

弃了德国古典哲学的思辨传统，力图从非理性方面来寻求新的出路，提出了生存意志论。叔本华赞成悲观的哲学主义，把生命视为不幸的、无意义的、充满痛苦的，而且一个人所感受的痛苦与他的生存意志的强度成正比。生存意志越强，人就越痛苦。要摆脱痛苦的途径只有一条，就是抛弃欲求，否定生存意志。他认为一个人可以通过艺术创造和欣赏来暂时解脱痛苦，但最根本的解脱办法是，进入佛教的"空、无"的境界。

荣格曾说过："心灵上，研究康德与叔本华是我最大的历险。"由此可见这两个人对荣格的重要性。叔本华曾说：

> 一般而言，从外界得来的资料，在心灵暗昧深处进行反思；这样的反思进行时，就如同营养转换成液体、体质一样，几乎是不知不觉的。正因如此，我们往往说不出自身深处思想的起源。我们奥妙的内心生活，就是从这里诞生的。判断、思想、目的无可预料地从那里生起，令我们惊异……意识只是心灵的表面；正如地球一样，我们不知地球的内部，只知道地壳。（叔本华，1883，328 页）

荣格关于潜意识的观点显然与叔本华的这一观点十分相像。另外，叔本华还有几个观点也可以从荣格的著作中发现，譬如，对人来说，只要是根本的事物，就如同自然力一样不知不觉地进行；如果全世界只剩下一个人，那么这个人将拥有世界全部的存在，丝毫不减。

4. 尼采

弗里德里希·威廉·尼采（Friedrich Wilhelm Nietzsche，1844—1900），德国著名哲学家。西方现代哲学的开创者，同时也是卓越的诗人和散文家。他最早开始批判西方现代社会，然而他的学说在他的时代却没有引起人们的重视，直到 20 世纪，才激起深远的调门各异的回声。后来的生命哲学、弗洛伊德主义、存在主义、后现代主义都以各自的形式回应尼采的哲学思想。

尽管人们对尼采十分熟悉，然而对尼采思想的研究却缺乏足够的共识。人们可以容易地看出尼采提出的主要概念，但这些概念背后的真正含义以及这些概念的重要性都是相当具有争议的。尼采曾提出了广为人知的"上帝已死"的主张，而这种观点要么形成了激进主义观点，要么就让人认为"真相"永远是既定的。尼采也区分了主人、奴隶道德说，主人的道德是来自于对生命的颂扬，而奴隶的道德却是来自于对前者的愤恨。这种区分方式直接指出了"好与坏"与"善与恶"两种道德标准的冲突，更重要的是，在主人道德中的"好"却在奴隶道德中被视为是"恶"。

荣格受尼采的影响极深，所以他的文集里处处可见尼采之名。尼采很多观点都是心理分析学的先驱。荣格对于尼采关于"超人"的概念很感兴趣，这个概念在德文中是没有性别区分的，荣格觉得这一点和他的个性化过程理论很接近。尼采超人概念的灵感来自于波斯先知查拉图斯特拉①。查拉图斯特拉与基督有很多共同之处，生存年代在公元前7—9世纪，教导人每隔一段时就会出现救世主，给人类带来启示。

弗里德里希·威廉·尼采

（二）神秘主义思想带给荣格的灵感

荣格思想的灵感有些是来自神秘主义教派的，这或许也正是他受到批评的主要原因。这些神秘主义教派主要包括诺斯替教、炼金术、卡巴拉教等。

1. 诺斯替教（Gnosticism）

诺斯替教源于公元1世纪，比基督教的形成略早，盛行于2—3世纪，至6世纪消亡。主要由东方宗教与古希腊罗马哲学中的唯心主义成分杂糅而成。该教认为物质和肉体都是罪恶的，只有领悟神秘的"诺斯"（希腊文"gnosis"，意为"真知""灵知""直觉"），才能使灵魂得救。掌握这种真知的人叫做"诺斯替葛"（希腊文"gnostikoi"，意为"真知者""灵知者"）。该教有些派别曾吸收某些基督教观念而形成"基督教诺斯替教派"，后被基督教正统派斥为"异端"。

1945年，埃及尼罗河流域的西岸，可能邻近于古代城邦旧址的纳克·罕玛狄（Nag Hammadi）地区，一个阿拉伯农民到荒山里采肥料，无意发现了一些藏在罐子里的蒲草纸残片。经专家鉴定，这些残片竟然是近两千年前受迫害基督教诺斯替教派人用的经书。残片上的内容显示古代基督教会曾发生重大的分裂。一部分诺斯替教徒否认基督复活，而是指派彼得为继承人。多数诺斯替教派的教徒都挑战僧侣的权威，相信神存在于人的自身里面，所以救赎之道

---

① 查拉图斯特拉（约前628—前583），是琐罗亚斯德（英文：Zoroaster）的别名，他是琐罗亚斯德教，又称拜火教和祆教的创始人。

在于自我认知(self-knowledge)。荣格之所以对诺斯替教如此关注，主要原因可能也正是在这一方面，也就是说，荣格也有一种"诺斯替心态"。持这种心态的人总的来说就是对现在的世界不满意，认为世界是可以改善的；人可以创造这种改变，而改变的关键在于"诺斯"。

荣格在为自己的潜意识体验寻找历史前例时，发现了诺斯替教。不过对于荣格而言，诺斯替教显得过于遥远了，因为那个时候已经很难找到这个神秘教派的文字资料。后来，荣格在炼金术中找到了诺斯替教思想的影子，认为炼金术把诺斯替教"无形"的焦点和现代人之间物质的转化结合在了一起。因此，相对于纯属精神领域的诺斯替教而言，炼金术离现代的人们更近一些。

1916年，尚处于心理黑暗期的荣格花了三个晚上写就了《向死者的七次布道》，可以看做是荣格自己的诺斯替神话。这篇文章中的"死者"来自于荣格的一次幻象经验。有一天，荣格听到基督徒亡灵闯进他的家中，这些亡灵声称，他们死后才发现自己没能从主流基督教会那里获得满意答案。于是荣格对他们进行布道。

《向死者的七次布道》是荣格日后创建自己理论流派的思想基础。但是，荣格拒绝他人有时候用"诺斯替"称呼他，因为他不是玄学家，而是经验科学家。

2. 炼金术(Alchemy)

炼金术是中世纪的一种化学哲学的思想和始祖，是化学的雏形。其目标是通过化学方法将一些基本金属转变为黄金，制造万灵药及制备长生不老药。现在的科学表明这种方法是行不通的。但是直到19世纪之前，炼金术尚未被科学证据所否定。包括牛顿在内的一些著名科学家都曾进行过炼金术尝试。现代化学的出现才使人们对炼金术的可能性产生了怀疑。炼金术曾存在于古巴比伦、古埃及、波斯、古印度、中国、古希腊和古罗马以及穆斯林文明，然后在欧洲存在直至19世纪。

西方炼金术认为金属都是活的有机体，逐渐发展成为十全十美的黄金。这种发展可加以促进，或者用人工仿造。所采取的手段是把黄金的形式或者灵魂隔离开来，使其转进贱金属，这样贱金属就会具有黄金的形式或特征。金属的灵魂或形式被看做是一种灵气，主要是表现在金属的颜色上。因此贱金属的表面镀上金银就被当做是炼金术者所促成的转化。炼金术士相信，"炼金术"的精馏和提纯贱金属，是一道经由死亡、复活而完善的过程，象征了从事炼金的人的灵魂由死亡、复活而完善，炼金术能使他获得享福的生活、高超的智慧、高尚的道德，改变他的精神面貌，最终达到与造物主沟通。

炼金术在中国古代叫炼丹术。秦始皇在统一六国之后，曾派人到海上求仙人不死之药。汉武帝也热衷于神仙和长生不死之药。到了东汉炼丹术得到发展，出现了著名的炼丹术家魏伯阳，著书《周易参同契》以阐明长生不死之说。继后，南北朝炼丹家陶弘景著《真诰》。到了唐代，炼丹术跟道教结合起来而进入全盛时期，孙思邈著有《丹房诀要》一书。这些炼丹术著作都有不少化学知识，据统计共有化学药物六十多种，还有许多关于化学变化的记载。

荣格曾经做过几次主题一样的梦，他认为这些梦都预兆了他发现炼金术的事情。在这几次梦中，荣格都梦见他们家旁边的一栋房子，虽然他一直知道那房子在那里，还是觉得房子很奇怪。后来他又梦到自己走进了那栋房子，结果发现里边有很多书，出版日期大概是十六七世纪。其中几本里面有很多铜蚀版画，里面是一种奇怪的字体和很多他未曾见过的符号。他后来才知道，原来这些都是炼金术的象征。大概 15 年后，荣格自己建造了梦中的那一间图书室。

在刚做过这些梦时，荣格遍翻宗教与哲学典籍，找不到任何东西帮他解这些梦。1928 年卫礼贤送他前文提及的《金花的秘密》。荣格认为这本书帮助他发现了和他的患者心理发展过程一样的东西。在他看来，炼金术从基本金属萃取黄金，在心理层面，就是从潜意识基本金属萃取潜意识黄金，也就是实现心灵的升华。荣格说，西方心灵与中国心灵不一样，西方心灵已经脱离了自己的潜意识源头，变为片面偏颇。也就是说，西方人过度强大的意识，已经使他们疏离了潜意识；中国人比较强调感受，意识与潜意识比较容易整合。

读过《金花的秘密》之后，荣格开始寻找炼金术书，后来找到了一本 1593 年的著作——《炼金术卷二》。一开始，他对这本书还有抗拒，甚至觉得太过荒唐。最后他却发现，炼金术士用来著述的符号，竟然和他著述神话与原型的符号一样。而且，令荣格兴奋的是，在原型转化方面，他的观念和炼金术的观念也极为接近。有了这样的发现，荣格开始沉浸在炼金术的典籍里面，一研究就是十几年。

3. 卡巴拉教(the Kabbalah)

卡巴拉教是犹太教中神秘的一支，著名女歌星麦当娜·西科尼和莎拉·布莱曼，就是卡巴拉教的忠实信徒。作为犹太教的一个分教，深奥的卡巴拉教的起源可以上溯到 12—13 世纪，它要求信徒坚持艰苦的冥想过程和严格的苦行生活方式。卡巴拉最初是来源于犹太教的见神论、哲学、科学、魔法及神秘学中的一种理论体，是依靠希伯来语在老师与学生之间秘密口头传承的。

虽然卡巴拉是以摩西五经、犹太圣经和其他宗教学著作为基础的，但它不

是作为智力训练而存在的，并且它的神秘之处也不仅是在于它孤独的实践过程，它是被用做开启人类的仁慈和博爱之用的。

卡巴拉的许多基本思想和原理在诺斯替教中也能找到。因为这两者在基督时期的东地中海一带相距是很近的。

荣格的观点在女性原理和男女二分方面，与卡巴拉的精神相一致。荣格和卡巴拉教徒一样，认为女性"常常和黑暗、消极乃至邪恶连在一起"。在卡巴拉教的一份手稿《巴希尔》(*Bahir*)当中称，上帝的花园先有九棵男性树，然后才有一棵女性树，以便上帝的花园可以长久。荣格把这个概念加到基督教会的"三位一体"概念上面。"三位一体"原本是纯灵性的，也就是纯男性的，然后必须找空间给女性，于是"三位一体"就加上了女性这个第四者，因此也就加上了邪恶的可能。他认为这一女性就像是"歌中之歌"(Song of Songs)里的苏拉米特，虽然黑，但很美。

(三)科学思想对荣格的影响

除了哲学思想外，科学思想也影响着荣格分析心理学的理论框架。例如，荣格曾用物理学、力学中的能量定律和熵定律来类比力比多及心理能的活动规律。但是对荣格影响最深的还是生物进化方面的理论。其中关于生物的进化机制，当时有一种看法认为前一代通过经验所获得的特征能够遗传给下一代，而不需要下一代的重新获得。这就是所谓的习性成为本能，被称为获得法则，或拉马克学说①。另一种观点认为，进化是通过基因变异而进行的，有利于个体对环境适应的变异，倾向于代代相传；而不利于适应生存和再生的变异，则被淘汰了。

荣格综合了两种进化机制(观念)的认识，指出一代或数代获得的经验能够通过沉淀为原型遗传给后代。而变异或一系列变异会导致和增强一种原型存在的可能和现实性，这样在基因变化上可以传给延续的后代。总之，原型的产生和发展是可以得到机体进化的同样解释的。

---

① 拉马克学说(Lamarckism)：法国博物学家拉马克 1809 年在《动物学哲学》一书中最先提出生物进化学说，提出器官用进废退，获得性状的遗传理论，后被称为拉马克学说，与当时占统治地位的物种不变论者进行激烈争论。

三、心灵的整体性

荣格的论著多数都比较抽象，且晦涩难懂。但是这些著述中多贯穿着一条思想主线，也就是在几个基本假设之下展开的。如果能够了解荣格理论探讨上的一些基本假设，就有助于读者更容易读懂荣格。

在荣格的分析心理学中，我们常说的人的心理（psyche）并不用"心理"二字表述，而是用"心灵"或者精神来表述，这当然是我们中国心理工作者在翻译荣格理论的时候采用的一种更贴近荣格本意的表述方法。按照汉语字面意思理解，"心理"讲究的是"心之理"，这个词强调"理"，用心理学的说法就是强调意识，而缺乏对潜意识的表述。国外也越来越多地把"psychology"（心理学）理解为"science of mind"（意识的科学），这样的理解比较符合行为主义或认知流派的理论，但是却不能包含分析心理学或者精神分析这些强调潜意识的心理学流派。因此，在荣格分析心理学中，我们采用"心灵"来替代"心理"二字。按照拉丁文"psyche"的原意来讲，它本身就包含"spirit"（精神）和"soul"（灵魂）两个含义，所以"心灵"的说法更符合"psyche"的本意。

荣格认为，心灵包含所有的思想、情感和行为，无论是意识到的，还是处于潜意识的。心灵作为人格的整体，就像一个指南针，调节和控制着个体。正如荣格所说："心理学不是生物学，也不是生理学；也不是其他种类的科学，而恰恰是这种关于心灵的知识。"（荣格文集，第九卷，30页）

荣格一度被"完人"（full person）①这一概念所迷住，认为所有个体都是它的反映。在这个整体的背景下，心灵也是整体性的。心灵的整体性可谓是荣格研究中遵循的重要原则之一。荣格认为，个体并不是部件的组装，他的心灵并非是通过经验和学习逐渐获得的，而是一开始就是一个单一的整体。这与其他心理学理论不同，众多的心理学理论认为，人的个性是后天一部分一部分逐步获得的，只有在此之后，一种内聚的有机化的整体才会出现。荣格旗帜鲜明地驳斥了这些观点，他认为，人类根本不需要为获得人格的整体性而奋斗，因为

---

① 古希腊罗马伦理思想中的一种理想人格，指个人道德完善的最高境界。亚里士多德认为，"完人"是集众美德于一身之人，或者是与神最相近的人；当理性中的纯粹理性（玄想理性）不依赖外物而自我活动，人集中思想于"大自我"，处于一种"神心"状态，即可达到一种神圣的"完人"境界。

他业已具备了这种整体性，这种整体性是与生俱来的。

荣格说，一个人的整个生命过程中，他所应该做的是，发展这种固有的人格整体，使之达到可能的、最大限度的分化、聚合和协调一致的和谐。除此之外，他还应该保护人格的整体性，避免它四分五裂，变成种种独立存在的、相互冲突的结构系统。分裂的人格是畸形的人格。作为心理治疗者，其主要任务就是帮助病人重新获得他们失去的人格的整体性，强化他们的心灵强度，使之能够抗御未来的分裂。由此可见，荣格分析心理学框架下的心理治疗的终极目标就是精神整合。

简单地说，荣格认为心灵生来就是统一的整体，后天的发展促使这一整体产生分化，个体的任务就是努力实现心灵分化后各部分之间的协调统一。此外，荣格认为，在心灵的整体中存在两种力量，一种是分裂的倾向，另外一种则是统一的趋势。两种力量之间互相作用，形成一种张力。由于这一张力，对立物不仅不会分离，而且会出现统一的倾向。

四、心灵的客观性

荣格认为，在科学唯物主义的影响下，一切看不到的或者不能被实验证实的，似乎都成了虚无的东西，都是被怀疑的。在心理学领域也盛行着这样的思潮，心灵被看做是物质的副现象，也就是说，心灵是在物质的基础上产生的。于是，心灵的形而上学逐渐被物质的形而上学取代，人们把心灵动向低估成腺体活动现象，把思想看做只是大脑的分泌物，如此一来，心理学变成了荣格所说的"没有灵魂的心理学"。

古代社会却不是这样，在古希腊、罗马和中世纪，人们普遍相信灵魂是一种实体。整个人类从诞生之日开始、的确一直保持这样一种信念。古老的观点认为，灵魂本质上是身体的生命，是生命的呼吸，或者一种生命的力量，它或者是在受孕的时候，或者是出生时，获得空间和肉体的形式，并在人死后离开死亡的身体。灵魂没有广延，而且由于它在具有肉体形式之前和之后都存在，因此它是永恒的和不朽的。原始人会认为灵魂与名字是同一个东西，个人的名字就是他的灵魂，因而出现了这样的风俗：使用祖先的名字以使祖先的灵魂在新生的幼儿中得到重生。

受到这些观念的启发，荣格认为，心理学家所诉诸的实体物是心灵实体物。心灵实体物在外部观察看起来是主观的因素，如果从内部观察——即对于感知者本身而言——是非常真实的，正如我们观察外部世界那样真实。举例而言，不论是我们画一辆我们想买的汽车还是看到真实的汽车，或者说，不论我们只是想象去世的亲人的灵魂出现还是他的灵魂真的出现，这些引起我们心灵的感受都是一样的。由此可见，不论外在事实还是与我们有关的思想，它们都是心理实在。

荣格是一个相对主义者，对他而言，绝对的事物几乎是不存在的，主观与客观是相对的，心理事实虽然主观但是很真实，因此，他更看重和挖掘个人的心理事实，而非拘泥于理论和方法。荣格认为，患者无论是富有的还是贫穷的，是有家庭的还是没家庭的，是有社会地位的还是没有社会地位的，事情都是一样的，外在的东西永远不能给他生命的意义。

在其他心理学家指责精神分析或分析心理学家的主观性太强、暗示性太强的时候，荣格认为只要能诉诸主观心理的感受而引起病人心态改变的，即使是暗示性的，也是真实存在的，这种效果甚至是无法用言语能清晰表达明白的，但它确实是发生了。不过，荣格所谓的暗示，不是指治疗者将个人意愿运用一定的技巧强加给病人(像催眠那样)，这暗示性效果来自病人本身，来自其集体潜意识原型中所包含的治愈性因素。

五、意识产生于潜意识

弗洛伊德把心理划分为意识和潜意识两部分。荣格则认为心理(心灵)是一个整体，这个整体由互相作用的系统和层次组成，我们可以从中区分出三个层次：意识、个体潜意识和集体潜意识(内容详见第三章)。

荣格和弗洛伊德对心理的理解有其不同之处，也有不少相似的地方。相同之处在于，二者都把心理分为意识和潜意识部分。不同的是，弗洛伊德认为潜意识的全部内容都是由个体出生后经历的事件潜抑形成的；而荣格认为个体出生后的经历所形成的潜意识并不是潜意识的全部，而是个体潜意识，在个体潜意识之下，由于遗传而得来的潜意识部分为集体潜意识。弗洛伊德有个著名的比喻，那就是把心理比喻成浮在海平面的冰山，意识不过是冰山一角，潜意识是海平面以下的大部分。荣格也有个类似的比喻，他认为心理犹如一个部分露出水面的小岛，露出水面的那部分是意识，水面以下的部分是个体潜意识，而联结在不同岛屿之下的海床则是集体潜意识。集体潜意识是荣格最大的创见，也是分析心理学中最基本的假设之一。

弗洛伊德认为潜意识是由于外在事件引发的，也就是说，潜意识的内容是

 心灵深处的秘密
荣格分析心理学

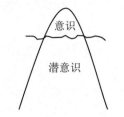

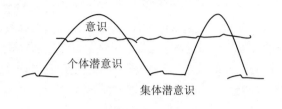

弗洛伊德关于心理划分示意图　　　　荣格关于心理划分示意图

弗洛伊德和荣格心理划分的区别

曾经经过意识层面的，只是因为潜抑机制，才把这些内容压抑到意识之下的潜意识的。荣格不完全赞同这个观点，他认为弗洛伊德的解释只有在个体存在和意识也存在的时候才可以说得通。荣格认为，潜意识总是作为从原始初期遗传来的心理功能而预先存在着。意识是潜意识的后裔。从这里可以看出，荣格所说的潜意识和弗洛伊德所说的潜意识是不一样的，荣格说的正是他所谓的集体潜意识，弗洛伊德所描述的则是个体潜意识。荣格的观点是，人的心理在出生那一刻就已经具备了一部分内容，这部分正是遗传于祖先的心理功能。在这部分心理功能的基础上，个体出生后逐渐出现和发展意识部分以及个体潜意识部分。

荣格认为，潜意识是知识的来源，有些潜意识内容如果能被意识到，会给智慧带来不可估量的增长。对一些动物的研究丰富了人类的经验材料，如人们从蝙蝠那里受到启发发明雷达一样。这一点正好说明假如我们能获得动物的一些能力，我们将会更加具有智慧。虽然我们不能说动物具有意识知识，但是它们的这些潜意识行为模式事实上也是一种心理的功能。与之相似，人的潜意识同样容纳着所有从祖先遗传下来的生活和行为的模式，所以每一个婴儿一生下来就潜在地具有一整套能够适应环境的心理机制。这种本能的、潜意识的心理机制始终存在和活跃于成人的意识生活中。一切自觉意识到的心理功能都事先存在于潜意识的心理活动中。

六、对立原则

所谓对立原则(principle of opposites)，是指人格的每个组成部分都有一个与之相反的对立部分。在分析心理学的理论体系中，每个概念都有一个与之对立的概念，如意识与潜意识、内倾与外倾、女性对男性、肉体对心灵、诱发性

对目的性、进步对退步、思维对情感、感觉对直觉、理解对直观等。荣格在《分析心理学的基本假设》一文中曾表示：

> 自然与精神之间的冲突，不过是精神生活固有矛盾的反映。由此所揭示的物质的和精神的方面之所以显得相互冲突，归根结底是因为我们不懂得精神生活本身具有的性质。无论什么时候我们凭借我们人类的理解力，想要说明某种我们迄今尚未掌握并且也不能掌握其最深根源的东西，我们就不能不——如果我们真诚的话——心甘情愿让自己自相矛盾。我们必须把这种东西放在相互对立的方面加以考察，以便能够完整地把握它。（关群德译，2010，241页）

荣格的理论体系中对立概念的出现，绝非一种偶然巧合，他似乎与牛顿的"作用力与反作用力相等"的物理学密切相关。很显然，对立原则在荣格的理论体系中的运用是基于他对精神生活的一种辩证的理解，也可以认为是他在分析心理学体系中融入了牛顿及黑格尔的科学哲学思想的结果。荣格认为，生活的目的是为了在这些完全对立的事情中寻求一种平衡，并使它们在一生中得以表现，这是一个说来容易做来难的任务。这种对立的综合是人们一直梦寐以求的，然而很少有人能够做到。关于这些对立的重要性，荣格是这样说的：

> 令人悲哀的事实是，人类现实生活是由各种无情的相互对立的合成物构成的——白天与黑夜、诞生与死亡、幸福与痛苦、善良和邪恶等。我们甚至还不能确定哪一种会必然战胜另一种，是善良必然战胜邪恶呢，还是快乐必然战胜痛苦。生活是一个战场，它一直而且永远是一个战场。一旦它不再是这样的话，那就意味着生命的终结。（文一等编译，1988，34页）

七、人的历史性

围绕着心理的主题——人，从弗洛伊德、阿德勒到荣格，每个人都有自己独特的理解。弗洛伊德把人看做生物的人，以性本能为驱动人活动的基础；阿德勒批判弗洛伊德强调生物性与本能决定论过于窄化，而把人的本质看做是一个社会的个体，突出人的社会兴趣的地位和价值。

荣格不反对人的生物与社会方面的观点，但更注重人的历史性。个人生命的经历与记录，当然是个体的历史，但荣格不止看重人的这种个体的历史性，

他更看重作为世代相传的人的生前的、祖祖辈辈的历史性。正是这种先验的、遗传的、历史的积淀，构成了荣格的集体潜意识的原型。从另一方面看，荣格不仅重视值得回顾的个人的历史性，也重视可供个人前瞻的未来愿景。所以，在荣格看来，作为心灵主体的人，正是处于这种无穷历史长河中承前启后的中介，既继承了久远的祖先，同时发展着目前的自身。

掌握了荣格关于人的历史性的基本观点，他著作中的玄虚神秘的色彩，也许就会变得没有那么浓重了。

第三章
人格结构

　　任何完整的人格理论都应该能够解答下述三方面的问题：组成人格结构的要素是什么，这些成分彼此之间如何相互作用，它们和外部世界如何相互作用？激发人格的能量源泉是什么，能量在上述种种成分之间怎样分配？人格是怎样产生的，在个体的生命过程中它会发生什么样的变化？三个方面的问题可以分别称为人格结构问题、人格动力问题以及人格发展问题。针对这三个问题，我们将分别在下边的四个章节中介绍分析心理学给出的答案。

　　我们已经介绍了，荣格用"心灵"（psyche）来表示我们常说的"心理"，而且荣格强调心灵的整体性，而不是像弗洛伊德那样将其划分为本我、自我、超我三个部分。但是，荣格认为心灵既是一个复杂多变的整体，又是一个层次分明相互作用的人格结构，意识（conscious）、个体潜意识（personal unconscious）和集体潜意识（collective unconscious）是心灵相互联系、相互作用的三个层次。本章将主要介绍意识和个体潜意识的有关内容，以及集体潜意识的内容。

一、意识

(一)意识的概念

分析心理学中，意识(conscious)就是人直接经验的东西，是人的心灵中唯一能够被个体直接感知到的部分。如果按照心理内容与自我的关系来看，能被自我所知觉的就是意识，相反，不能为自我所知觉的就是潜意识。

意识在生命中出现较早，有可能在个体出生之前就已经出现了。观察幼儿时会发现：儿童辨别和确证父母、玩具和周围的事物都运用着自觉意识。据研究，在怀孕期间，父母经常跟胎儿说话，孩子出生后会更容易辨别父母的声音，由此证明胎儿确实存在一定的意识。这也是从古至今人们都强调胎教的原因之一。

意识这一心灵现象具有某种狭隘的性质，在给定的某一时刻，它只能包容很少同时并存的内容。通过意识的连续运动，我们才能对意识世界获得一种行进感，获得一种一般的理解或感知。意识完全是对外部世界的知觉和定位的产物。荣格认为，最初的东西显然是潜意识，意识是从潜意识状态中呈现出来的；天性的最重要的功能是潜意识，意识不过是它的产物；意识是一种需要做出极大努力来加以保持的状态，意识差不多是一种不自然的努力。

(二)意识的功能和心态

荣格把心理功能看做一种在各种情形下仍保持同一性的某种确定的心理活动形式。从能量的观点来看，功能(function)便是力比多的表现形式，它在理论上是永恒不变的。在相当大的程度上与物理力可以被看成是物理能量的形式或暂时的显现一样，功能可以被看做意识的形式或显现。

在分析心理学中，意识功能由思维、情感、感觉、直觉四个部分组成，意识伴随着四个部分功能的应用而逐渐增长。儿童并不是平均地使用这四种功能；他一般较多地利用某种功能而较少地利用其他功能。四种功能中某一种功能的优先使用，把一个孩子的基本性格同其他孩子的基本性格区分开来。举例来说，如果一个孩子首先是思维型的，他的性格将必然不同于一个主要是情感型的孩子。

除了四个基本功能之外，还有两种心态(attitude)决定着自觉意识的方向。这两种心态分别是：内倾和外倾。外倾心态使意识定向于外部客观世界，内倾

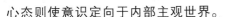

心态则使意识定向于内部主观世界。

意识的四种功能和两种心态结合起来，就形成了八种人格类型，具体内容将在第八章详细介绍。

（三）自我

荣格用自我（ego）来命名自觉意识的组织，它由能够知觉到的知觉、记忆、思维和情感等组成。尽管自我在全部心理总和中只占一小部分，但它作为意识的门卫却担负着至关重要的任务。某种观念、情感、记忆或知觉，如果不被自我承认，就永远也不会进入意识。自我具有高度的选择性，它类似于一个进行蒸馏的地方，许多心理材料被送进来，却只有很少一点被制作出来，达到自觉意识水平。我们每天实际上有数不清的体验，但其中绝大多数都不可能被意识到，因为自我在它们到达意识之前就把它们淘汰了。这是一种重要的功能，因为不如此，我们就会被无数希望挤入意识的心理内容所压倒和淹没。

自我保证了人格的同一性和连续性，因为通过心理材料的选择和淘汰，自我能够在个体人格中维持一种持续的整合性质。正是由于自我的存在，我们才能感觉到今天的自己同昨天的自己是同一个人。

是什么东西决定着自我允许哪些和不允许哪些心理内容进入意识呢？

首先是记忆和知觉。有一些事我们不必去记住，比如早上起床后是先穿袜子还是先穿鞋；而另一些事，我们之所以会记不得是因为它触到了我们心中的某些情结，不去记住这些事并不是一种故意的行为，它是在潜意识里发生的。知觉也同样，只是它更难以察觉，某些时候当你只是看着一棵树或是一个站牌的时候，时间停止了，在那一瞬间，很多东西飞过你的大脑，它们穿梭而过，那一刻，你的自我并不在，潜意识接管了你。

其次，在一个人心中占主导地位的心理功能决定自我允许哪些东西进入意识。一个情感型的人的自我将允许更多的情绪体验进入意识，而如果一个人是思维型的，那么思想将比情感更容易被允许进入意识。这也部分地取决于一种体验唤起的焦虑程度，凡是唤起焦虑的表象和记忆的体验都容易被拒绝在意识的大门之外。这还取决于一个人个性化①的程度，一个高度个性化的自我将允许更多的东西成为意识，个性化本身就意味着意识的扩展。最后，这也部分地取决于体验本身的强度，强烈的体验可以攻入自我的大门，而微弱的体验可能

---

① 个性化（individuation）是荣格分析心理学的重要概念，是指个体不同于别的个体的程度。

轻而易举地被击退。

弗洛伊德的理论中也有"自我"(英文也是"ego")的概念，二者似乎区别不大，都是意识层面的。不过，弗洛伊德的"自我"其德文原意即是指"自己"，是自己可意识到的执行思考、感觉、判断或记忆的部分，自我的机能是寻求"本我"冲动得以满足，而同时保护整个机体不受伤害，它遵循的是"现实原则"，为本我服务。

二、个体潜意识

在分析心理学中，个体潜意识是心灵的第二个层次。个体潜意识的内容主要是情结，情结对个体生活具有至关重要的影响。

(一)个体潜意识的概念

个体潜意识(personal unconscious)是位于潜意识的浅层部分，临近于意识自我的区域。其内容包括个人生活中从意识境界被压抑下去的所有记忆、冲动、欲望以及模糊的直觉等。举例而言，某个母亲，女儿在一场事故中丧生，一开始这位母亲悲痛欲绝，但是一周之后，情绪迅速恢复，似乎忘记了女儿亡故这个令其悲伤的事件。事实上，这并非彻底走出悲伤的阴影，恰恰是将这件事情及其带来的悲伤压抑到了潜意识之中。像这个事例一样，一些不适于觉醒意识的痛苦意念和思想就会被压抑或被忽略于个体潜意识之中。由于个体潜意识存在于潜意识的浅层，所以来自个体潜意识的偶发事件随时有进入意识层面的可能。不仅如此，个体潜意识与意识自我之间有大量的交互作用。

(二)情结

情结(complex)是分析心理学中的一个重要概念，1904—1911 年间，荣格通过其语词联想测验的研究，提出了他的关于情结的心理学理论。在正式定名"分析心理学"之前，荣格曾用"情结心理学"(complex psychology)来标示他的理论体系及其与弗洛伊德精神分析的区别，由此可见"情结"在分析心理学中的地位非同一般。

1. 情结的概念

个体潜意识是发生于个体身上的个体经验，它的内容是情结。对于情结的一般解释是：潜意识内挟有情感力量的观念集团(唐钺，1982，255 页)。但由于情结的复杂性，要对它下一个十分确切而又简洁的定义是很困难的。荣格曾称："情结这东西，……是一种非常隐匿的，以特定的情调或痛苦的情调为特征的内容的聚集物。"(成穷、王作虹译，1991，49页)荣格在塔维斯托克(Tavistock)的讲演中对情结又作了如下表述："情结是联想的凝聚——一种多少具有复杂心理性质的图像——有时具有创伤的特征，有时具有痛苦的和不同凡响的特征。"(成穷、王作虹译，1991，76页)这种凝聚现象由心理结构的特殊性，即同一情调的某些观念参与到某些基本核心中来的倾向所形成的。换言之，心理结构中，某些基本核心容易吸引同一情调的某些观念，这些观念的聚集逐渐形成了情结。

简而言之，情结是指被压抑或被忽略的情绪性的意念(例如忧伤情绪的意念)；此等意念平常存在于潜意识境界，一旦表现于行为，多带有反常的性质。情结往往是由个人情感经验中的一个重大伤害而产生的。这种伤害被埋进潜意识中，会在人的意识中固着于一个特殊的观念形式上。这些观念变得充满情绪色彩，并总是影响他的思想、感觉和生活。当我们说某人具有某种情结时，意思是指他执意沉溺于某一课题，如权力、成就、名望、追求完美等，并将大量的时间、精力花在这一课题甚至与此课题有关的活动中无法自拔，如恋母情结、性爱情结、权力情结等。

情结就像完整人格中的一个个彼此分离的小人格一样，它们是自主的，有自己的驱动力，而且可以强有力地控制到我们的思想和行为。个体人格大多是由其所具有的各种内容、强度、来源等不同的情结所决定的。荣格认为，心理治疗就是要帮助患者从情结的束缚下解放出来。但是，他后来认为，情结不只是消极的，实际上它常常是灵感和创造力的源泉。一个为某种强烈的情结所控制的艺术家是偏执的、自负的，甚至是疯狂的。任何人都会想到凡·高，他把他生命的最后几年完全献给了艺术，他就像被某种东西支配着，牺牲了一切(包括自己的健康甚至生命)去绘画。荣格谈到艺术家这种"对创作的残酷的激情"，认为"他命中注定要牺牲幸福和一切普通人生活中的乐趣"。

2. 情结的提出及产生原因

1904—1911年间，荣格通过其语词联想的研究，提出了他的情结心理学理论。在词语的联想测验中荣格发现，当刺激词与病人心目中一些不愉快的事物联系时，回答的反应时间就会延长。这时若将病人延续做出反应的几个词选出来分析，就会发现其潜藏在表面下的深层含义；换句话说，就会发现一种充满着激情的"情结"。于是荣格认为，人类潜意识中一定有成组的彼此连接的情

感、思想和记忆(即情结),而任何接触到这一情结的词语,都会引起一种延迟性反应。

情结主要由早期的冲突经验引起。童年是个体人格发展的关键时期。当某种早期经验反复持续强化,而又没有合理的内外消解契机的时候,便可能产生长期后果。荣格认为,人的精神冲突,无论是伦理和性欲之间,个人欲望和集体欲望之间,还是自然和心理之间,都是生命和发展过程中不可避免方面。这些冲突可能具体化为个人的痛苦、担心、害怕等各种由欲望压抑而导致的情绪表现。当冲突发生时——无论其对自我的压抑合乎道德与否——若个体尚处于一种劣势情境,无力对抗这种冲突,那么为了补偿心理冲突的不平衡,作为心理自卫的一种应激反应,情结的产生便起到了一种防御机制的作用。

防御机制是个体习惯性的一种带有潜意识的反应方式,其目的在于防止自我因挫折冲突引起焦虑的压力。弗洛伊德曾提出过自我防御机制的几种基本类型,包括压抑、升华、否认、投射、反向形成等。而荣格的情结原理则主要以内容分类,从发生学的角度研究防御机制的形成及作用方式。譬如说,一个孩子可能突然会被迫与自己的母亲分开,分离的经历会导致一种持久的恋母情结的出现,作为一种对于失去母亲的补偿。后来,随着研究的深入,荣格提出,每一种情结不仅有个人经验作为其存在的基础,而且都有一个集体潜意识原型的核心。来源于个人经验的情结携带着一定数量的心理能量,但若这种情结和原型联系起来,它就能携带更多的心理能量,从而具有更强的动力作用。

在荣格看来,意识的自我也包含情结。这样,情结的概念便随之扩大。也就是说,从理想类型上讲,情结应该包括意识和潜意识两种在内。事实上在两者之间,不一定有明确的界限,只是有着不同的等级:从意识到相对潜意识,到相对独立和自主状态,一直到那些确实着魔,即完全潜意识的状态。潜意识程度愈高,情结就越难加以改正和控制。可以说,情结的心理能量值或强度同情结的深度呈一种类似正比例的线性关系。但荣格认为,大多数情结是潜意识的;且意识情结比较简单,而潜意识情结又比较麻烦。因此,从本质上说,情结是潜意识的。

3. 情结的特点

情结是个体潜意识内的感情、思想、知觉和记忆等一组组心理内容的丛集,是一个有组织的集合体;它有自己的驱力,可以强而有力地控制一个人的思想与行为,能干扰意志的意向,搅乱意识的过程。例如,我们在关键时刻往往犹豫不决,遇到重大问题迟迟不敢做出决定,这都是情结的干扰。情结的行为有如独立体，它们能自由决定出现或消失，可以在短时间内困住意识，或是用潜意识来影响言谈与行动。情结具有磁性作用，可使许多有关的经验附着于其上，形成强大的力量，甚至可以像单独的人格一样作用："是一种类似自我的东西，有某种意志力。"（成穷、王作虹译，1991，77页）

安东尼·斯托尔（Anthony Storr）认为：情结概念的重要之处，在于它孕育着荣格关于精神可以分裂为不同人格部分的思想。他指出："孩提时期，荣格就认为他母亲和他自己至少拥有两种人格。现在通过研究病人，他得出了'每个人都有很多人格'的结论。"他进而指出：通过情结的考察，"荣格意识到，精神分裂症患者的思想和概念丧失了两种意义的黏着力：既不能在意识中凝聚，又断绝了与环境的联系"（陈静、章建刚译，1989，31页）。

4. 情结的种类

(1) 急性情结和慢性情结

荣格认为情调情结①是精神背景的核心要素。从对精神病的研究中，荣格觉察到情结是真正的病态起因。很多病例中，精神分裂症具有反常的强烈情感内容，它们对精神生活有一种明显的群集效果，在发病时就变得稳定下来。

荣格认为，只有高强度情结才具有创伤的特性。"它缺乏真正的人的标记，它失去平衡和理性，是打破人的正常秩序的一种自然现象。"（陈恢钦译，1989，16页）凡牵涉到强烈情感的情结，总会引起意外和无法估量的效果，这在包含着个人的完整思想和感情状态中表现得特别真实。人格中的变换常常后果严重，主要表现在精神功能受阻以及兴趣下降。情结可以变得如此难以抑制以致它同化了更多的联想，并常把自我纳入其支配之下。"凡不适合情结的东西都一掠而过，……只有适合情结的东西才产生情感，并被精神所同化。"（陈恢钦译，1989，17页）

我们知道强烈的情感有时可由急性事件所引起，如危险的恐惧感威胁、意外的死讯等。与急性状态相关的情感强烈的情调情结，可称为急性情结（acute complex），往往具有创伤的特性。

荣格通过幻想和宗教体验发现了另一种情结，它们的显著特征就是长期效应以及持续很多年的情感稳定性，也就是有一个连续主动的情调，这就是慢性

---

①　情调情结（feeling-toned complex）：最初荣格用"情调情结"一词专指"潜意识中具有情感色彩的观念集团"，后来把这个词缩短为"情结"。在这里使用情调情结一词，是为了突出情结的感情性质，以便说明急性情结和慢性情结。

情结(chronic complex)。这对荣格来讲是一种实质性的观察，并使他认识到经验情结和内容的性质及情结的情感性质是情感的决定性方面。这种认识的意义在于它为潜意识现象的经验主义研究提出了崭新的观点，从此经验的内在内容被认为是重要的。荣格认为主体的整个情感状况、他的心理架构及特殊心理对于引起特定病理后果是极为重要的。

（2）意识情结和潜意识情结

荣格认为情结也有能被意识到的，这时我们就能觉察到它，并可通过意识行为对其进行改正和控制。荣格认为，比觉察更为重要的，是努力（无论它有多大成效）将情结引进意识之中。所谓"努力"，就是指意识和潜意识的一种互相渗透。

荣格认为，意识情结比较简单，而潜意识情结比较复杂。潜意识情结是潜伏的、被隐藏的，对它的存在我们全然不知。荣格也像弗洛伊德那样，认为情调情结多数是潜意识的。不过荣格认为潜意识不一定完全是由于对以前意识内容的压抑，它也可能是由新近的内容在潜意识背景下被聚合的。

有不同等级的潜意识存在，从相对潜意识到相对独立和自主状态，一直到那些确实着魔，即完全潜意识状态，事实上有一大群潜意识情结存在，而且错综复杂。潜意识程度越高，情结就越难以改正和控制。人们更为关注的显然是潜意识情结，它的表现好像一个独立自主的存在。

（3）个人情结和非个人情结

全部个人内容是对生命期间所发生事件的回忆录，它们与个人的生命过程密切相关。情结中与个人内容有关、依赖个人经验的情结就是个人情结(personal complex)。在荣格语词联想测验中所发现的个人情结都是很好的例证，这些被个人压抑的情结都反映了他们过去的经历。

非个人内容主要产生于精神的永恒原始根源，完全独立于自我及个人记录，与可以归因于个人经验的回忆录相对应。这些非个人的内容对所有的人都有相同的意义，具有时间的无限性。它们与意识相分离，由于它们陌生、稳定不变、迷惑、强烈等特性，似乎属于远远超出了个人生活领域的深层。它们不依赖于个人经验。情结中与非个人内容有关且超越了个人生活领域的情结，称为非个人情结(impersonal complex)。对此，荣格曾经如此描述：

> 它们是从创造性的精神生活领域中产生的，在那儿个人转瞬即逝的心灵就像植物一样生长、开花、结果和生籽，然后枯萎和死亡。观念产生于某种大于个人的东西。人不能创造他的观念；而我们可以说，人的观念创

造了他。（陈恢钦译，1989，32 页）

这些非个人情结隐藏在人类的潜意识之中，以我们难以觉察的方式影响着我们的生活。

情结的治疗可通过心理医生的帮助来解决；而非个人情结则超出了个人生活领域的深层，它不依赖于个人经验，主要产生于集体潜意识中的原型。

5. 情结聚合力的测定

情结是由一个居中的或核心的心理要素组成的。围绕着这一要素聚集了大量次要的联想。这些联想的数量，便是测定情结的聚合力或群集力的尺度。聚力越大，情结所具有的精神能量或心理值就越大。举例来讲，如果某人有做"铁腕人物"的情结，那么这一情结的核心，即统治他人的需要，就会把许多相关的经验和联想聚拢起来。这一聚拢来的心理将包括英雄崇拜，以名人自居，承担别人不愿承担的责任，寻求赞助，事必躬亲，尽力表现自己等。每一新的经验都要被这一领袖情结所同化。如果某一情结具有比另一情结更强的同化力，这一情结就具有较高的心理值。

荣格认为可采用三种方法来测定情结的聚合力：直接观察和分析推论、情结表征以及情绪反应。

(1)直接观察和分析推论

一种情结并不总是通过有意识的行为来展示其特征。它可以通过梦的形式来显现，也可以通过伪装的形式来显现。因此有必要注意搜集有关的旁证以便揭示其真实意义，分析推论的意义就在于此。例如，某人在与他人相处时可能显得非常卑微恭顺，但人们不久就注意到，这样一个人却似乎总能够达到自己的目的。他属于那种口头上说"不要为我操心"，其结果却是让大家都来为他操心的人；或者他总是说"要是不可能都去的话，那我就待在家里你们去"，其结果却是人人都极力让他去而把其他人留了下来；或者像这样一位母亲，她先是为了家庭而牺牲自己，接着就因为自己健康不好而受到家人的照顾。这些人就是以这种微妙的方式达到了控制别人（权力情结）的目的，而又可以不遭受任何批评指责，因为他（她）们总是那样富于自我谦让和自我牺牲精神。

又如，一个人大喊大叫地对某一事物表示强烈反对时，很可能恰好隐藏着对这一事物的强烈兴趣。一个口头上说"我最讨厌背后说人闲话"的人，很可能自己正是最爱背后说人闲话的人。那些口头上说"我不计较报酬，我只是喜欢这工作"的人，很可能也正是首先抱怨薪水太低的人。分析心理学家懂得，不能完全听取那些表面上冠冕堂皇的话，而应该看见隐藏在背后的东西。

所以说，直接观察与分析推论相结合才容易掌握情结，并测出聚合力的大小。

(2)情结表征

任何行为的反常都可能标志着某种情结，这种反常可视为情结表征(或情结指标)。例如，有人可能会把一个他非常熟悉的人的名字叫错。当一个人错用母亲的名字来叫自己妻子的时候，这就是提示我们，他的母亲情结已经吞噬和同化了他的妻子。情结也可以表现为对某些非常熟悉的事情丧失记忆。被压抑的记忆因为同一种潜意识情结有某些联系而沉没在潜意识之中。此外，对于某种情境的过分夸张的情绪反应，也标志着这一情境与某种情结之间存在着一定联系。

荣格运用语词联想的测验，试图在实验条件下，诱发出情结的表征。通过对某一语词的迟缓反应，根据这一反应的特点，就可以推算出某种情结在心理值上的强度。

荣格说，如果一个人出现过度补偿，这时候要发现其隐蔽的情结就比较困难。所谓过度补偿，是说一种核心情结被另一种暂时拥有更高心理能量值的情结所掩盖。而这种情结之所以拥有更高的心理值，是因为这人故意把他的心理能从"真正的"情结转移到另一种"伪装的"情结上。例如，一个人因为自己缺乏男性气概而有一种自卑情结，为此他可能产生一种过度补偿，这种过度补偿表现为锻炼和展示自己强健的肌肉，夸耀自己的男子汉气质，吹嘘自己的性爱功夫，以及对任何在他看来显得女人气的东西表示反感。这个人属于那种因自己身上的女性气质而自卑，因此就对别人身上的女性气质非常敏感和过分指责的人。

过度补偿的另一种表现是：一个人因为有强烈的内疚情结而故意去犯罪。这种人总是渴望被人惩罚和逮捕，甚至为此而精心策划，以便最终能被逮捕并受到惩罚。这种惩罚的意义在于缓解他的内疚情结，至少是暂时地使他那种犯罪感得到缓和。这种情形常常发生在孩子们身上，他们故意做错事情惹大人生气，但真实的动机与其说出于好斗挑衅，不如说出于一种受惩罚的需要。

真正的情结一旦被确证，也就不难得以治愈。如果始终着眼于治疗那个"伪装的"情结，那当然不会有什么成效。

(3)情绪反应

情绪反应是指某种情绪状态所引发的机体内部与外部的变化。如上文所述，过分夸张的情绪反应往往标志着一种潜在的情结。荣格在实验的条件下研究过这些情绪的表现。结合语词联想的测验，他同时还作了脉搏变化的测验、呼吸波动的测验，以及由于情绪性出汗而造成的皮肤导电率改变的测验。当上述变化在给出一个词的同时被测出，这就表明这个词已经接触到某种情结。这时候，测试者就会用属于同一范畴的其他词来继续进行测验，看看是否也能唤起同样的情绪反应。

除了上面讲过的那些测试、实验、分析和观察，还有另外一种发现情结的方法，这是一种天生的和自发的能力。这种能力每个人都具备，并用它来察觉别人身上发生的哪怕是最轻微的情绪变化和波动。这种能力就是直觉。直觉在某些人身上特别发达，而在另一些人身上则可能很不发达。我们同一个人的关系越亲密，对他的直觉也就越敏感、越准确。两个人之间如果存在着一种紧张、热烈的关系的话，那么，当其中一个人陷入某种情结，另一个人马上就可以发觉。

6. 情结的价值意义

荣格是在研究神经症的过程中提出情结理论的。情结的病理学意义表现在：高强度的情结由于在某方面集聚了过多的心理能量，扰乱了人格结构的相对平衡，从而成为神经症潜意识后果的促发因素。荣格发现，病人们的情结深深地缠绕在他们的神经机能病的病情里面。"不是人占据了情结，而是情结占据了人。"换句话说，当一个人身上的心理能量被情结激活之后，这个人就会有一种失去控制的感觉，一种完全身不由己的感觉。分析治疗的目的便在于解开种种情结，把被情结占据的人从它们的暴戾恣睢下解放出来。

但常态的情结却并不一定是个体调节中的障碍。荣格将潜意识的情结视做一副毒剂，它使情结的保有者与自我疏远。这种毒剂在大剂量的时候可使人致病；而在小剂量的时候却可以是一副无价的良药，甚至是人格分化的必要准备。荣格认为，凡使人致病的因素中往往包含着治愈的种子。苦恼情感的经验、精神创伤，总之与情结相关的生活心态，这些都可以当做有利条件来加深个人见识，使之变得更清醒以及完善他的人格。这样，当情结作为人的心理能量和动力的起点时，它便成了灵感和创造力的源泉，引导人在事业上有所成就。因此，情结固然反映出一种广义的自卑，但有情结并不一定非得表明自卑。它只表示存在着某种不协调的、未被同化的和对抗性东西，也许它是一种障碍，但也是一种做出更大努力的诱因，因而也许是一种获得新成就的诱因。从这个意义上说，情结更多地反映了精神生活的焦点或节点。甚至实际上我们也无法缺少它们，否则，精神活动就会产生致命的停滞(张敦福等译，2001，156 页)。

荣格指出，我们的意识活动以原型(本能)为基础，并且从原型中获得了关于它的动力机制和观念化形式的基本特性。因此，基本上可以说，人类的知识就在于不断地调节我们生而俱有的、原始存在的观念模式。这些模式需要不断地加以适当调整。这是因为，就其原始形式而言，他们只适用于古老的生活方式，而根本不符合如今各个领域均已分化的与古代社会大相径庭的人类环境的需要。因此，"如果我们生活中的本能力量能够得到维持——这对我们的生存是绝对必要的话，那么，我们就必须重新塑造这些原始形式，从而使它们成为足以应付当今世界时代挑战的各种观念"(张敦福等译，2001，47页)。

从历史的角度看，情结属于本能与文明间的博弈。弗洛伊德以其生物人的视角提出了"人类越文明，人类也就越不幸"的悲观主义观点。而与弗洛伊德不同，荣格指出，"没有什么能把我们从这种联系当中解脱出来，除非生活中那个与之相反的冲动——精神。我们现代人面对着重新发现精神生活的必要性；我们必须自己重新去实验。只有通过这种方式，我们才能打破把我们束缚于生物学事件的循环之中的魔咒"(张敦福译，2001，196页)。

尽管荣格为人类提供了解决情结问题的方向，但却没有方法。精神分析学包括分析心理学的相关进展，目前也不足以完全医愈情结问题。也许正如荣格所言，眼前的现实与实现这一希望之间还有一条鸿沟，现在还没有找到能跨过它的桥梁，我们必须一块石头一块石头地把这座桥梁建起来(张敦福等译，2001，132页)。

在我们的生活中，还存在泛化使用情结概念的现象。"正是由于荣格，情结一词才变成了我们的日常生活用语的一个组成部分。我们谈论人有自卑情结，有性的情结，有钱的情结，有'年轻一代'的情结，我们谈论人有的几乎一切情结"(张月译，1987，29页)。行业词汇转化为全民性的语词主要是通过泛化的方式。当前在情结概念泛化的过程中，由于过度使用等原因，一些与情结词义相近甚至形似而实异的所指也被冠之于情结的名下，从而导致了语义混淆现象的出现。比如，人们会把对某种东西的偏爱认同为具有某某情结，如"名牌情结""卡通情结"等；或者会把对某种事物的认同作为情结，如"精英情结"等；还有的把具有某种理想认为具有某种情结，如"飞行员情结""明星情结"等。这些情结泛化的概念，事实上与心理学中的情结是不同的。

7. 常见情结的表现

个体有很多种情结，每一种情结都会有自己的表现形式。在这里，笔者结合荣格的描述，简要介绍一下两种常见的情结的表现。

(1)母亲情结

母亲原型构成了母亲情结(mother-complex)的基础。母亲对于孩子的心理健康始终都有着重要的作用,所以个体很容易具有母亲情结。

母亲情结在男人和女人身上的表现是有所不同的。在男人(儿子)身上最典型的影响是引发同性恋及唐根症候群(Don Juanism,又译作唐璜症候群)①,有时也造成性无能。荣格曾对一个具有母亲情结的男性案例进行过描述。被强烈的母亲情结主宰心灵的人对于其母亲所说的一切、所感受到的一切皆具有一种神经质的敏感,母亲的形象在他的心目中总是具有至高无上的地位。在每一次可能的谈话过程中,无论是否相干,他都会向他人介绍自己的母亲,或者讲述与母亲有关的某种事情。他会偏爱那些母亲在其中扮演主角的故事、电影和事件。他不是期待母亲节及母亲生日的到来,就是盼望任何他能够赋予他母亲荣誉的时刻到来。他会根据母亲的兴趣和爱好来效法母亲。除此之外,他还会迷恋母亲的朋友们。他宁愿与年龄较大的女人做伴,而不愿意与自己同龄的女人做伴。童年时代,他是"妈妈的好孩子",长大以后,他依然被"系在妈妈的围裙带上"。

对于女性而言,母亲情结的表现则会有所不同,一般会有四个方面的表现:

第一,具有母亲情结的女人会母亲元素过度膨胀。对具有母亲情结的女人而言,丈夫很显然是次要的;丈夫首先是生育工具,她仅仅视他为一个需要照顾的对象而已,有如孩子、可怜的亲戚、小猫、小狗及家具。具有母亲情结的女人首先是生孩子,以此实现与孩子联系在一起,对她们而言,没有了孩子,便没有了任何形式的存在。然而,尽管这类女人不断地"为他人而活",但实际上不能做出任何牺牲。因为这类女人比任何母亲更具有控制子女的权力欲,这种潜意识的权力欲会对孩子们造成很大的伤害。

第二,具有母亲情结的女人会表现性欲过度发育。对于有母亲情结而言的

---

① 唐璜症候群:唐璜是十七世纪西方骑士小说中的一个知名人物,他风流倜傥,到处留情,很多男士将他视为"出类拔萃的诱奸者及性欲强烈的运动健将"而暗中美慕着。在精神医学里,有一个非正式的诊断名称就叫做"唐璜症候群",也被称为"男性淫乱症"("satyriasis",语出希腊神话中好色而神勇的半人半羊之神"Satyr")。这些"唐璜"虽然对和他们的猎物上床很有兴趣,但讽刺的是,研究显示他们在这方面的表现并不像"Satyr"那样神勇;相反的,经常是不济事,"中看不中用",无法从频繁的性行为中获得满足。

女性，对母亲的嫉妒和打败母亲的欲望成了生活的主旋律，当然这些都是潜意识层面的。这样的妇女为喜欢而喜欢那些烂漫美妙之事，感兴趣于已婚男人，这与其说是喜欢那些男人本身，还不如说喜欢那些男人"已婚"这一事实。但是，一旦目标实现，她的兴趣就会因为母亲本能的缺失而蒸发，然后转移到下一个男人身上。

第三，具有母亲情结的女人会表现为对母亲的认同。如果一个女性身上的母亲情结没有产生过度发育的性欲，它就会导致对母亲的认同以及对女儿的主动权的麻痹。然后她的性格就会被完全投射到母亲身上，因为她无论是对自己的母亲本能还是对自己的性欲，都缺乏意识。令她想起母亲之道、责任、人际关系、性需求的一切，都会引发自卑感，迫使她逃回到母亲那里，在女儿看来，母亲完美生活中的一切似乎都是不可企及的。

第四，具有母亲情结的女人还有可能表现为对母亲的抵制。如果母亲情结没有发展为对母亲的认同，就有可能发展到另外一个方向——对母亲的抵制。这些女性的座右铭就是：任何东西都好，只要它不像母亲。事实上，这种抵制，恰恰表明母亲在其心目中强大的地位。对于这样的女性而言，也许婚姻的唯一目的就是摆脱母亲，但事与愿违，也许她的丈夫却具有其母亲同样的性格。对母亲的抵制还会表现在生理上的问题，比如月经失调、受孕失败、厌恶怀孕、孕期出血及过度呕吐、流产等。这一切不过是为了摆脱成为母亲角色的命运而已。

(2)上帝情结

如前所述，情结的内核有的是原型。那么上帝情结则是由上帝原型演化发展而来的。上帝原型像其他型一样，最早存在于集体潜意识中。当个人感受体验人世生活之际，那些与上帝原型相关的种种生活经验、感受便会向上帝原型靠拢，形成上帝情结。上帝情结凭借新的材料的积累渐渐变得越来越强大，直到它能够凭借强力进入意识之中。如果这一情结具有了压倒一切的力量，那么，个体大量的生活经验以及其行为方式就会被这种情结所控制。他会根据善与恶的标准去感受一切，判断一切。他向人布道，乞求地狱之火和诅咒降于邪恶之徒，鼓吹有德之士升入永恒的天堂。他谴责在罪恶之中的人们，要求他们忏悔自己的罪恶。他相信自己是上帝的预言家，甚至他会相信他本人就是上帝，相信只有他才能给人类指出通向正义和解放的道路。这样的人会被看做是偏执狂，或者患有精神病。他被自己的情结俘获，情结控制了他的整个人格。

这是以一种极端的、漫无节制的能量形式操作的例子。假如这个人的上帝情结没有控制他的整个人格，而只是作为他的人格的一部分起作用的话，他很可能会造福于他人。

三、集体潜意识

恩格斯指出：

> 正如母体内的人的胚胎发展史，仅仅是我们的动物祖先以蠕虫为开端的几百万年的躯体发展史一样，孩童的精神发展则是我们的动物祖先、至少是比较晚些时候的动物祖先的智力发展的一个缩影，只不过是更加压缩了。（马克思恩格斯选集，第4卷，1995，383页）

美国心理学家霍尔(G. S. Hall)接受了进化论和"人类胚胎发展史是动物进化过程的复演"这一说法(复演说)，并将这些思想运用到个体心理发展的学说上来。霍尔提出了应该把个体心理发展看做一系列或多或少复演种系进化历史的理论。他认为，从种系进化史的角度看，在个体生活的早期所表现出来的遗传特征比以后表现出来的遗传特征古老。

恩格斯的思想和霍尔的理论与荣格的集体潜意识概念有不少相似之处。简单地说，集体潜意识就是人类进化过程中心理经历的缩影遗传给每个个体的那部分。反过来说，每个个体具有集体潜意识，因此其心理的这一部分也蕴藏着整个人类心理智慧的结晶。相比较弗洛伊德提出的潜意识而言，集体潜意识则更深入了一层。

荣格庞大的思想体系正是构建于集体潜意识学说之上的，那么什么是集体潜意识呢？

(一)集体潜意识的定义

荣格是通过与个体潜意识的比较来定义集体潜意识的(collective unconsicious)。在弗洛伊德的理论里，人的心理活动可分为意识和潜意识两个层次。在此基础上，荣格又把潜意识心理活动分为两个层次：第一个层次就是弗洛伊德所说的潜意识，它是与个人生活经验相联系的不被人所意识到的心理活动，如遗忘的记忆、不愉快的经验、潜抑的愿望与动机等。这种潜意识荣格称为个体潜意识；第二个层次，与个体潜意识相对应，在人类的潜意识中还有一部分是，超越了个人后天生活经验的，不依赖于个人经验而存在的，带有超越个体乃至民族、种族的，具有全人类的普遍性与集体性的心理活动，这就是集体潜意识。

对此，荣格是如此描述的：

　　集体潜意识是精神的一部分，他与个体潜意识截然不同，因为它的存在不像后者那样可以归结为个人的经验，为个人所获得。构成个体潜意识的主要是一些我们曾经意识到，但以后由于遗忘或压抑而从意识中消失了的心理内容；集体潜意识的内容并非是在意识中出现过的，所以也从未为个人所获得过，它们的存在完全得自于遗传。个体潜意识主要是由各种情结构成，集体潜意识的内容则主要是原型。

　　原型概念对集体潜意识的观点是不可缺少的，它指出了精神中各种确定形式的存在，这些形式无论在何时何地都普遍地存在着。（冯川、苏克译，2011，61 页）

　　集体潜意识是一种更深层次的潜意识，是指人类个体从祖先那儿通过遗传而继承下来的共同的潜意识心理要素。集体潜意识类似于本能，对个体行为和社会文明起着制约和推动作用。当一定的情景与祖先们所经历的大致相同时，这种要素便被激活，发挥先天模式的作用，就像祖先的行为一样对周围的事物做出反应。如人们常常对黑暗、蛇等有一种天生的恐惧感而并不需要后天经验的获得，就是因为我们的祖先在长期生活经验中形成的对黑暗与蛇的恐惧遗传给了我们，这就是一种集体潜意识的表现。集体潜意识是人类祖先世代共同积累的经验，经过不断重复的积淀，浓缩，再积淀，再浓缩，以痕迹的形式埋藏于大脑结构中的心理内容，是大脑结构中的一部分，是人类心理结构的一部分，是由遗传而留下来的普遍性的精神机能，说到底，就是普遍的先天反应倾向、图式。

（二）集体潜意识提出的背景

　　但凡一个理论学说的形成和发展，总有一定的社会、科学、主观及其他的背景，荣格集体潜意识理论的形成和发展，同样有自己特定的社会历史等背景。

　　第一，弗洛伊德的精神分析心理学。在影响荣格提出集体潜意识理论的众多因素中，弗洛伊德的精神分析学当推首位，对此，荣格本人也认可。荣格是在弗洛伊德研究的基础上，借鉴了他的潜意识理论，采纳了精神分析的方法（梦的解析法、自由联想法和自我分析法），把精神分析研究的领域，向前推进了一步。

　　第二，社会背景。荣格所处的时代，是人类文明极大发展的时代，物质文明和精神文明的共同进步，使人类面对现实开始反省过去探索人类灵魂的真谛。所以说社会、时代的因素对荣格的思想、研究起的作用也是很大的。

第三，科学和哲学背景。19世纪以来社会人文科学得到了极大的发展，如生命科学、文化学、人类学等。当时拉马克的获得性遗传学说以及达尔文的生物进化论广为流传，荣格不仅继承了拉马克的获得性遗传学说[①]理论，而且吸收了达尔文的自然选择的进化思想。

第四，个人主观因素。像精神分析学家弗洛伊德、阿德勒的学说都离不开他们的个人主观因素和生活经历一样，荣格集体潜意识的理论，也离不开他的个人主观因素。荣格父母婚姻破裂，感情扭曲的阴影，无人过问、难于相处的家庭生活，造就了他孤独、内向、自信、内心情感丰富的性格特征，这使他后来在研究上更加重视主观的世界和各种内心神秘的体验和梦幻。在非洲深处的考察，是他第一次接触到了原始民族的原始心理，对于原始民族的初民心理和集体潜意识有了切身的感受。

第五，职业因素。荣格的职业对他来说也具有重大意义，它不仅为他提供了大量接触患者的机会和研究集体潜意识的条件，而且使他分析了大量的梦、幻想、移情等现象，接触到了集体潜意识的真谛。

(三)集体潜意识的主要内容

集体潜意识的内容主要是各种原型。原型，实际上是心理活动的基本模式，它是人类远古社会生活的遗迹，是人们在社会生活中重复了亿万次的那些典型经验的积淀和浓缩。人继承了与祖先相同的把握世界和做出反应的先天倾向。这种先天倾向通过脑组织世代相传。荣格称之为"原始意象"或"心灵的虚像"，正如我们的生理结构带有许多祖先遗传下来的痕迹，我们的心理结构同样如此。人类心理的发展实际上就是意识从集体潜意识中逐渐升起并不断扩展的过程。

荣格非常重视对原型的研究，试图通过对原型的考察来揭示隐藏在意识背后的潜意识特别是集体潜意识的秘密。集体潜意识的原型是非常多的，荣格认为"人生中有多少种典型情境就有多少种原型"。

---

① 拉马克(Jean-Baptiste de Lamarck，1744—1829)是法国伟大的博物学家，较早期的进化论者之一。拉马克有两个主要观点，其一是，生物经常使用的器官会逐渐发达，不使用的器官会逐渐退化，这就是"用进废退说"。另外一个观点是，用进废退这种后天获得的性状是可以遗传的，因此生物可把后天锻炼的成果遗传给下一代，这就是"获得性遗传学说"。

(四)集体潜意识的表现形式

集体潜意识存在于人类精神生活的最深处与最底层,因而在人的一生中很难被意识到。但它仍然可以通过各种形式表现在个人生活与社会文化中。下面就简要谈谈集体潜意识的基本表现形式。

首先,集体潜意识可以在神话与童话中表现出来。神话是处于启蒙期的原始人类意识状态的真实写照,那时人类的意识刚刚从潜意识中诞生,潜意识的力量仍相当强大并直接影响人类的意识。所以未经过后人加工处理的原始而质朴的神话往往是人类潜意识,特别是集体潜意识的直接表现。

其次,集体潜意识可以通过人的梦表现出来。梦是通向潜意识深处的一扇窗户。梦中的内容往往是潜意识的直接表现,其中就包括集体潜意识。

此外,集体潜意识还会在某些精神分裂症患者身上表现出来。精神分裂症实际上是一种意识状态的瓦解,潜意识的内容不受阻碍地汹涌而出,并主宰了个体的人格与行为,其中就有许多集体潜意识的内容。

以上几种是集体潜意识较为典型而直接的表现形式,其实集体潜意识的表现形式是多种多样的。它存在于人类社会生活的各个角落,例如,在古老民族与原始部落的文化与传统仪式中,在各种文学与艺术作品里,在形形色色的宗教象征与仪式上,还有世代相传的口头传授等,我们都可以发现集体潜意识的影子,它潜藏于每个人的精神深处与整个社会文化的深处。

(五)集体潜意识的验证方法

根据集体潜意识的表现形式,荣格提出了三种可以验证集体潜意识存在的方法。

其一,通过对梦的分析来验证集体潜意识存在。梦的特点是它们是不自主的,是自发的,其性质没有被任何意识所歪曲,因而是纯粹的潜意识心理的产物。通过对梦的分析发现,梦中的有些母体是做梦者从未接触过的东西,也就是说,不是他曾经经历过或了解过的内容。这些内容虽然不为做梦者所知,但却仍旧在他的梦中起作用,这些内容就是来自集体潜意识的。

其二,通过对积极想象内容的分析来验证集体潜意识的存在。所谓的积极想象,荣格就将其描述为"蓄意专注状态产生出来的一系列幻想"(冯川、苏克译,2011,68 页)。积极想象中出现的一系列幻想把潜意识释放出来,并表达了集体潜意识的内容。

其三,在妄想狂的妄想中,在恍惚状态的幻想中,以及在 3—5 岁的儿童早期的梦中，也可以发现集体潜意识的内容，从而验证集体潜意识的存在。

（六）集体潜意识的例证

1. 太阳和风——一个精神病人的幻象

荣格曾经讲述过一个病例，由此来介绍他是如何意识到集体潜意识的存在的。大概在 1906 年，荣格接触了一个被关押多年的妄想性精神分裂症患者。病人从青年时就患上了这种病，无法治愈。一天，荣格发现他站在床前，摇头眨眼地看着太阳。荣格问他看见了什么，他说："你肯定能看到太阳的阴茎——我把头从一边摇向另一边时，它也跟着我摇，风就是从那地方产生的。"尽管荣格对此并不理解，但是他还是将这件事记录了下来。

四年后，当荣格进行神话研究时，他偶然读到已故的著名语言学家阿尔布莱特·狄尔特里西的一本书。这本书出版于 1910 年，是专门研究巴黎国立图书馆里的一部希腊抄本的书。在狄尔特里西所研究的抄本中可以读到这样一段话：

> 从阳光里吸取空气，你尽力地呼吸三次，就会感到自己升了起来，走向那高度，你会觉你就在天的中间。……那些看得见的诸神的道路将经过太阳的圆盘而出现，那太阳是我的父亲上帝。它同样也将通过所谓的管子而出现，那是助人之风的风源。你将看到从太阳的圆盘上垂下一段像管子一样的东西，它向着天的西边摇晃，就像吹着无穷的东风一样。但如果有西风往东边吹来，你同样可以看见它向东边摇晃的景象。（冯川、苏克译，2011，70 页）

经过分析，荣格于 1906 年遇到的那个精神病人不可能会读到这篇文章，也不可能会接触到相关的描述，而荣格本人那时也未曾接触到这样的东西。而那个病人和狄尔特里西的描述作为两个孤立的例子却不是纯粹的巧合，与上帝或太阳相联系的风管的观念是独立存在于这两个例证之外的，在其他地方和其他时代也同样有这样的观念。实际上，中世纪就有图画描绘一根管子或水龙软管从上帝的宝座上垂下来，伸进了玛利亚①的身体，使她怀了孕。我们还可以看到一只鸽子，也许是儿童时的基督，飞下这条管子。鸽子代表着生育天使，代表着那圣灵之风。所以，可以由此而验证，那个病人的幻觉是属于集体潜意

---

① 圣母玛利亚（Blessed Virgin Mary），《圣经》新约和《古兰经》里耶稣（尔萨）的生母。新约称玛利亚还是处女时受圣灵感应而怀孕。

识的内容，而不是他所经历过的。

2. 一个小女孩的几个梦

荣格还有一个关于集体潜意识的例证，那是一个 10 岁女孩的一系列怪诞玄秘的梦。梦中有极古怪不可思议的形象和主题。她把这些梦画成了画册，画册上画了这样一些画面：

(1)"邪恶的动物"。一条长着很多犄角的蛇形怪物，杀死并吃掉其他动物。但上帝从四个角落里出来，事实上它们是四位独立的神，让所有死去的动物再生。

(2)升天，天堂里正举办异教徒的舞会。下地狱，地狱里天使们正在做着善事。

(3)一群小动物恐吓她，小动物变大，其中一个吞吃了她。

(4)蠕虫、蛇、鱼和人钻进了小老鼠的身体里，最后小老鼠变成了人。这幅图画形象地表现出了人类起源的四个阶段。

(5)透过显微镜看一滴水，她看到水中有许多树枝。这描绘了世界(或者说生命)的诞生。

(6)一个坏孩子拿着一块土，他一点点扔向过路人，过路人便都变成坏人。

(7)一个喝醉了酒的女人跌进水中，她从水中出来时头脑清醒，面貌焕然一新。

(8)在美洲，许多人在蚁堆上滚并被蚂蚁攻击，一害怕，这个小女孩掉到河里。

(9)月亮上有个沙漠，做梦人陷入沙漠之中。她陷得很深很深，一直陷进地狱。

(10)在这个梦里，小女孩梦见一个闪光的球。她用手触摸着球，蒸气从球中散发出来。一个男人来了，把她杀死。

(11)她自己病危。突然肚子里生出鸟来，把她盖住了。

(12)大批蚊子遮住了太阳、月亮和星星，唯一一个没有被遮盖的星星落到她身上。

在这本小画册中，每一个梦都以古老的神话语言开始："很久很久以前……"荣格认为，小女孩的梦具有一种明显的奇异特征，梦的主导思想具有一种观念上的非同寻常的哲学意味。这十二个梦中，有九个梦都深受毁灭和复活的主题的影响。这些梦中没有一个梦显示出任何具体的基督教教育或者影响的迹象。相反，它们倒是与原始神话更为紧密地联系在一起。第四、五个梦包

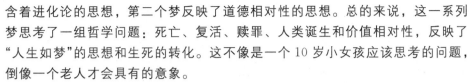

含着进化论的思想，第二个梦反映了道德相对性的思想。总的来说，这一系列梦思考了一组哲学问题：死亡、复活、赎罪、人类诞生和价值相对性，反映了"人生如梦"的思想和生死的转化。这不像是一个 10 岁小女孩应该思考的问题，倒像一个老人才会具有的意象。

那么，一个 10 岁的女孩子怎么可能懂得这些呢？又怎么会想到这些呢？荣格认为，她能懂，是因为世世代代祖先的思考，已通过原型遗传给了她。她现在之所以要思考这些，是因为她面临了这个问题：她可能就要死了。这个做梦的女孩，当时虽然没有病，却在不久后因为被传染而病故。

从这个案例中，荣格得出结论：犹如本能一样，人类心理的集体思想类型是遗传的、与生俱来的。每当时机到来，它们便会以一种多少相同的方式，在我们所有人的内心中产生作用。

（七）集体潜意识的心理学意义

荣格克服了弗洛伊德学说的局限，将心理学研究与社会因素、历史文化研究结合进行，取得了许多重大的理论创获。对于荣格的学说，虽有人指责他增添了精神分析的神秘色彩，不过大部分人承认荣格的理论是许多原始概念的摇篮。在精神分析的领域内，荣格直接影响和启发了他的追随者。他们继承和发展了荣格心理学的主要思想，特别是他关于原型的观点，并形成了一个具有广泛国际影响的后荣格学派，成为当代西方心理治疗的一股主要力量。荣格的影响并不局限于精神分析领域，他还深深影响了目前盛行的后现代思潮。

集体潜意识深刻地影响着个人与社会。对于个人而言，集体潜意识是古老的祖先留给我们的精神财富，它决定着我们看待世界、把握世界并对世界做出各种反应的方式；对于社会而言，集体潜意识是每一种时代精神的源泉，任何一种时代精神，不论是好是坏，无不对应着集体潜意识中的某种原型。当社会中大多数人集体潜意识深处的某种原型被激活，人们就会表现出某种高度一致的行为与思想观念，这就构成了某种时代精神。个人和社会的发展同样受着集体潜意识的影响。自性原型或许会使个人走向人格的成熟与完满，使社会走向和谐与统一，但在这过程中也存在着受到其他原型（如阴影）破坏性甚至毁灭性的影响。从这个角度讲，人类的命运其实掌握在自己手中，其答案就在于那至今无法认识的精神的最深处。所以，认识集体潜意识的存在及其意义对于人类自身的发展无疑是有积极意义的。

尽管人们对荣格集体潜意识理论日益关注，而且广为接受，但是对这一理论的批评也同样的多。其中最常见的批评就是称荣格的集体潜意识理论是拉马

克主义。这一批评要从生物学领域的研究说起。生物学家们对进化的机制提出了两种不同的观点。一种观点认为前人通过经验而习得的东西，不需要重新学习就可以遗传给后代，习惯逐渐转变为本能。这种观念更新被叫做获得性遗传理论或拉马克主义。另一种被生物学家们广泛接受的观点则认为，进化的程序是由胚质(germ plasm)中发生的变异(所谓突变)完成的。那些有利于个体适应环境，增加生存机会和繁衍机会的突变，容易一代一代地传续下去，而那些不利于适应生存和繁衍的突变，则会被淘汰和消灭。

荣格采用的恰恰是并不流行的拉马克主义的解释，如对于蛇或黑暗的恐惧，由一代人或几代人通过经验学习获得后，可以遗传给后代。荣格为此受到了批评和抵制。但是这不足以埋没荣格智慧的光芒，一方面，考察人的心理完全按照自然科学或者生物科学的方式进行本身就存在不足，所以不能用生物学的理论来评价心理学的概念；另一方面，集体潜意识的内容，比如对蛇的恐惧，即便使用突变论和自然选择论也可以予以解释。这就是说，一种或一系列突变，可以导致一种怕蛇的先天倾向。既然原始人暴露在毒蛇的伤害之下，他对蛇的恐惧可以使他小心警惕着不被蛇咬伤。那么，导致这种恐惧并因而导致这种小心警惕的突变，就可以增加人的生存机会，这样，基因胚质中这种变异就会传给后代。也就是说，我们对集体潜意识的进化也可以像对人体的进化那样来说明和解释，因为大脑是精神最重要的器官，而集体潜意识则直接依赖于大脑的进化。

四、原型

(一)概念

在《集体潜意识的原型》中，荣格指出原型(archetype)一词最早是在犹太人斐洛①谈到人身上的"上帝形象"时使用的。他认为原型是一种原始意象，代代相传，成为人类积累的经验。此等种族性的经验，留存在同族人的潜意识中，成为每一个个体人格的结构的基础，面对类似情景时，大家都会不自觉地

---

① 斐洛·尤迪厄斯(Philo Judeaus，约前20—前40)，生于亚历山大城的犹太哲学家和政治家。斐洛第一个尝试将宗教信仰与哲学理性相结合，故在哲学史和宗教史上有独特地位，更被视为希腊化时期犹太教哲学的代表人物和基督教神学的先驱。他的哲学对犹太教和其后的基督教发展有极深远的影响。

以类似的方法去反应。荣格表示：

> 原型这个词就是柏拉图哲学中的形式（理念）。为了我们的目的，这个词既适宜又有益，因为它向我们指出了这些集体潜意识的内容，并关系到古代的或者可以说从原始时代就存在的形式，即关系到那些自盘古时代起就存在的宇宙形象。（冯川、苏克译，2011，53页）

原型应该具有如下两个内涵：

第一，原型是一种反应倾向，具有形式意味。

荣格认为，原型是集体潜意识的内容。其存在并不取决于个人后天的经验，它在人的一生中是从不会被意识到的。通过遗传，每个人都可以从他的祖先那儿继承原型，但并不是说个人可以有意识地回忆或者说拥有他的祖先曾拥有过的那些意象，而是说，它们是一些先天倾向或潜在的可能性，即人类采取与自己的祖先同样的方式来把握世界和做出反应。

此外，当种族分化出现以后，不同种族的集体潜意识也显出基本的差异。由此，原型在荣格理论里首要的含义就是一种反应倾向或领悟模式，是潜意识中的一种"形象构成倾向（image-forming tendency）"。许多学者都认识到了这一点。如劳承万说："原型即是人的意识库中的族类规定，它以一种潜能的纯形式性，潜藏于大脑的族类结构中，这种大脑中的族类结构，既是思维活动的方式，又是情感的发生模式，它是'情感—思维'混沌一体的原生物。"朱立元主编的《西方现代美学史》这样评说："在荣格看来，原型是一切心理反应的普遍一致的先验形式，这种先验形式是同一种经验的无数过程的凝缩和结晶，是通过大脑遗传下来的先天的心理模式。"以上两种见解都言简意赅，大致抓住了荣格原型的部分内涵。

也就是说，原型只是一种形式，是一种没有内容的先天倾向，这种倾向是遗传下来的。原型在能够被我们意识到其存在的时候已经被赋予了非常多样化的内容。一个特定的原始意象虽然都会引起我们的共鸣，但在我们每个人心中激起的反应都是有一些差异的，这也就是我们对一个具体作品为何各有各的看法的原因。

第二，原型还具有内容的含义。

原型是一种能形成具体意象的活形式，一种具有生成力的形式，而非定了形的死框子。它类似于"晶体"，发挥着好比是磁石的作用，把与它相关的经验吸引到一起形成一个情结。情结从这些附着的经验中获取了充足的力量之后，就可以进入意识。也就是说，原型是具有形成具体意象（即内容）能力的形式。

在形成具体意象前，它是具体意象的构成倾向。从这种渗透着无限可能性的倾向中，可以衍生出丰富多彩的表象。表象形成后，面对多彩的现实世界，我们又能通过它摆脱表面细节的种种羁绊，把握根本的东西。国内有学者已经认识到荣格原型的这种丰富内涵，如张辉曾说："原型与形式的关系在荣格的理论中，至少具有下列两层含义：当它们都反映共相、反映先验的人类精神群像时，它们几乎是等值的，而当原型体现在艺术作品中时，这个层面上的形式就又分化成两重含义，其一它是原型的载体；其二，它是原型的实现方式。"正是在强调原型的内容含义时，荣格又用了一个原型的等值词"原始意象"。

朱立元（1993）认为，从荣格对它们所包含的意思的阐述看，原型和原始意象在荣格那里实际上是一个概念，因为它们都为人类祖先的无数类型的经验提供形式，是同一类型的无数经验的心理残迹，它们也都植根于潜意识深处。荣格有时还将原型、原型意象、原始意象并用，都将它们看做属于集体潜意识领域的东西。

原型拥有生成具体意象的能力，生成具体意象后才会被意识所察觉。原型可以生成丰富多彩的表层，也就是我们在文学作品中看到的意象了。但是透过这些细节化了的意象，我们又可以把握住抽象的东西——原型。荣格几乎把他整个后半生都投入有关原型的研究和著述之中。在他所识别和描述过的众多原型中，有出生原型、再生原型、死亡原型、力量原型、巫术原型、英雄原型、儿童原型、孩子原型、上帝原型、魔鬼原型、智叟原型、大地母亲原型、巨人原型，以及许多自然物如树林原型、太阳原型、月亮原型、风原型、水原型、火原型、动物原型，还有许多人造物如圆圈原型、武器原型等。荣格说："人生中有多少典型情境就有多少原型，这些经验由于不断重复而被深深地镂刻在我们的心理结构之中。这种镂刻，不是以充满内容的意象形式，而是最初作为没有内容的形式，它所代表的不过是某种类型的知觉和行为的可能性而已。"（张月译，2009，35页）

荣格认为，原型"不是以充满内容的意象形式，而是最初作为没有内容的形式，它所代表的不过是某种类型的知觉和行为的可能性而已"。原型不同于人生中经历过的若干往事所留下的记忆表象，不能被看成是在心中已充分形成的明晰的画面。母亲原型并不等于母亲本人的照片或某一女人的照片，它更像是一张必须通过后天经验来显影的照相底片。荣格说："在内容方面，原始意象只有当它成为意识到的并因而被意识经验所充满的时候，它才是确定了的。"原型是普遍的，也就是说，每个人都继承着相同的基本原型意象。全世界所有的婴儿都天生具有母亲原型。母亲的这种预先形成了的心象，后来通过现实中的母亲的外貌和举止，通过婴儿与母亲的接触和相处，而逐渐显现为确定的形象。但是，因为婴儿与母亲的关系在不同的家庭中，甚至在同一家庭的不同子女间都是不同的，所以母亲原型在外现过程中也就出现了个性差异。

原型虽然是集体潜意识中彼此分离的结构，它们却可以以某种方式结合起来。例如，英雄原型如果和魔鬼原型结合在一起，其结果就可能是"残酷无情的领袖"这种个人类型。又如巫术原型如果和出生原型混合在一起，其结果就可能是某些原始文化中的"生育巫师"，这些巫师为年轻的新娘们履行仪式，以保证她们能够生儿育女。既然原型能够以各种不同的组合方式来相互作用，因而能够成为造就个体之间人格差异的因素之一。

(二)原型的实现

荣格的"原型"与柏拉图的"理念"的不同之处在于，原型具有动态的、寻求目标的属性。随着生命周期在环境的背景中展开，原型积极地在个体的人格和行为中寻求实现，所谓实现，荣格也称之为唤起(evocation)和群集(constellation)。

原型的实现遵循相似律和接近律。以儿童为例，其个人精神中要求实现的最重要的原型是母亲原型。在儿童的生活中，女性照看者的行为和个人特征与儿童内在的母亲原型结构足够相似，使得儿童能够将她作为"母亲"来感受和体验。由此，母亲原型在儿童的精神中得以实现。然后，随着依恋关系的发展，该原型就在儿童的个人精神中以母亲情结的形式活跃起来。与此同时，通过相似性和接近性，婴儿在母亲身上群集起幼儿原型。

最近四十年来，一些与荣格的看法非常相似的观点流行起来。其中，行为生物科学的研究发现，每一个动物物种都具有一全套的行为技能。这套行为技能所依赖的那些结构早已由进化建构到该物种的中枢神经系统之中。习性学家们称这些结构为先天释放机制。每一个先天释放机制事先已做好了准备，一遇到环境中适当的刺激(称为信号刺激)便被激活。当这样的刺激物出现时，先天机制得到释放，动物便以特定的行为模式做出反应；这种行为模式是通过进化适应环境的结果。例如，当一只母野鸭看到一只公野鸭漂亮的绿脑袋时就会发情，绿脑袋就是信号刺激物，它使得母野鸭的中枢神经系统中的先天机制得以释放，而这种先天机制导致了与母野鸭的求偶相联系的特定的行为模式。

这样的观点类似于荣格所设想的原型在人类身上发挥影响的情况。荣格说，一个原型不是"一个遗传的观念"，而是"一种遗传的功能方式，它与小鸡钻出蛋壳、鸟儿筑巢、某种黄蜂专蛰毛虫的运动神经节、鳗鲡找到前往百慕大

的道路的先天方式是一致的。换句话说，它是一种'行为模式'"。荣格得出结论认为，"原型的这个方面，这个纯粹生物学的方面，是科学心理学应该关注的"(杨韶刚译，2007，229页)。从某种意义上来说，可以把习性学和荣格心理学看做是一枚硬币的两面：就好像习性学家们致力于对原型进行外倾的探索，而荣格学者们则致力于对先天释放机制进行内倾的考察。

(三)原型理论的流行

　　许多其他学科都提出过与原型假设类似的概念，但通常都没有提到荣格。例如，法国人类学家克劳德·列维-施特劳斯(Claude Lévi-Strauss，1908—2009)和法国的结构人类学学派认为，潜意识的基础结构是人类所有习俗和制度产生的缘由；语言学家们认为，虽然语法彼此不同，但他们的基本形式(诺姆·乔姆斯基①称之为深层结构)是普遍的，也就是说，在最深的神经与精神层面，存在着一种普遍的(或"原型的")语法，所有个别语法都以此为基础；社会生物学也认为，所有社会物种(包括人类)所特有的行为模式依赖于遗传的反应策略，这些策略旨在使有机体最大限度地适应其进化环境；以习性学为方向的精神病学家们开始研究他们所谓的心理生物学反应模式和深刻同源的神经结构，他们认为，这些模式和结构是个体在对社会环境的变异产生健康和不健康的适应模式的原因。所有这些概念都与荣格早在几十年前就提出的原型假设相符合，但荣格的假设在当年却受到了几乎所有人的冷遇。

　　为什么荣格的原型理论并没有受到热情欢迎呢？原因有两个：其一，荣格人生的成熟期，正是行为主义大行其道的时候。行为主义轻视先天的或遗传的因素，倾向于把个体视为一块白板，其发展几乎完全依赖于环境因素。荣格则认为，婴儿来到这个世界上就带着一幅完整的生命蓝图，其后它通过与环境的相互作用得以执行。荣格的这种看法与当时的时代精神不相一致，所以自然会受到不友善的对待。其二，荣格没有以一种清晰的、可以检验的形式来阐述他的理论，也没有提供充分的有说服力的证据。荣格的著作多数都晦涩难懂，充斥着神话的解释，所以很少有人能读懂。这是荣格的理论遭受冷遇的另外一个重要原因。

---

① 诺姆·乔姆斯基(Noam Chomsky，1928—)，麻省理工学院荣誉退休教授，其《句法结构》被认为是20世纪理论语言学研究上最伟大的贡献。

(四)原型理论的哲学意义

荣格的全部目的在于整合健全的人格，以此来拯救面临危险的"现代人"。荣格认为现代人是"伫立在高岗上，或站在世界最边缘的人，他眼前是茫茫一片未来的深渊，顶头上是苍穹，脚底下是其历史笼罩着一层原始雾的全体人类"。荣格说："就整体上而言，我相信，如果说，现代人所受到的心理打击是致命的，因而最后已陷入迷惑的深渊，我并没有夸大其词。"显然，荣格认为现代人正处于世界的最边缘，战战兢兢，如临深渊，如履薄冰。这一危机的根源在哪里？荣格认为在于现代人失去了原始神话、原始意象和集体潜意识——而这些在荣格看来正是人类的"灵魂"存在的根基。所以说，失去了原始神话，对于现代人的生存来说是最严重的生存问题："一个族类的神话集是这个族类的活的宗教，失掉了神话，无论在哪里，即使在文明社会中，也是一场道德灾难。"

这一思想同尼采在《悲剧的诞生》中关于现代人失掉酒神精神的分析是相近的。那么，人类的出路在哪里呢？与尼采高扬酒神精神(悲剧精神)以便使人类获得"自救"不同，荣格是启发人们跟随他去寻找、追求原始"灵魂"——原始意象。他的一本名著就定名为《寻求灵魂的现代人》(*Modern Man in Search of a Soul*)，从书名中已足见其用心。

荣格认为，伟大艺术的奥秘在于从潜意识中复活原始意象，并从而使我们有可能寻到一条返回生命的最深源泉的途径。艺术的社会意义正在于此，它不懈地致力于陶冶时代的灵魂，巫术般地唤回这个时代最匮乏的形式。艺术家那不得不满足的渴望，一直追溯到位于潜意识深层的原始意象，而正是这些原始意象，极好地叙述了我们时代的片面和匮乏。

这些内容明确说明了荣格原型理论的宗旨，就是通过对原始意象的追寻，为现代人找到一条返回人类生命和人类感性的最深源泉、最原初根基的途径。所以在荣格那里，"原型"作为一个中介，不仅仅是手段，更是目的。

(五)主要原型

我们曾经介绍过，荣格称世界上有多少情景，就会有多少个原型。但是在这众多原型中，有一些原型对形成我们的人格和行为特别重要，荣格对此给予了特殊的注意。这些原型是人格面具、阿尼玛和阿尼姆斯、阴影以及自性。

1. 人格面具

人格面具(the persona)这个词的本义是使演员在一出剧中扮演某一特殊角

色而戴的面具。由同一词源演化而成的词还有"person"(人、个人)和"person-ality"(人格、个性)。在荣格心理学中，人格面具的作用与此类似，它保证一个人能够扮演某种性格，而这种性格却并不一定就是他本人的性格。人格面具是一个人公开展示的一面，其目的在于给人一个很好的印象以便得到社会的承认。它也可以被称为顺从原型(conformity archetype)。

一切原型都必须是有利于个体也有利于种族的，否则它们就不可能成为人的固有天性。人格面具对于人的生存来说也是必需的，它保证了我们能够与他人，甚至与那些我们并不喜欢的人和睦相处。它能够实现个人目的，达到个人成就，它是社会生活和公共生活的基础。试想，有这样一个在大公司工作的年轻人，他为能够在事业上有所成就，就必须首先弄清公司对他有什么期望，他应该在其中扮演什么样的角色。这很可能包括某些个人特征如修饰、衣装、风度等，当然肯定包括他与上司的关系，或许也包括他的政治见解，他的寓所和邻居，他所驾驶的汽车的型号，他的妻子，以及许多被认为对公司的形象十分重要的事情。当然，他首先必须把自己的工作做好，他应该勤勤恳恳、任劳任怨、认真负责、积极可靠，但这些品质也不过是人格面具的一部分。一个年轻人如果不能够扮演他所在的公司要他扮演的角色，那他就注定了不可能升职加薪，甚至还可能被解雇。

人格面具的另一个好处是，它所换得的优厚的物质报酬，可以被用来过一种更舒适，或许也更自然的个人生活。一个公司的雇员一天只需要戴八小时的面具，当他下班以后，他就可以从事更能满足他愿望的活动。例如奥地利著名作家弗兰茨·卡夫卡①，他白天在国家保险公司里勤勉工作，夜里却在写作，从事文学活动。他多次说他讨厌自己所从事的工作，但他的上司却从未能从他的工作态度上发现他对自己的工作深藏着厌恶之情。许多人像卡夫卡这样过着双层生活：一种受人格面具的支配，另一种则用

中国川剧中的变脸

———————————

① 弗兰茨·卡夫卡(Franz Kafka，1883—1924)，20世纪德语小说家。

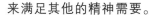

来满足其他的精神需要。

　　每个人都可以有不止一个面具。上班的时候戴的是一副面具，下班回到家戴的是另一副，当与朋友一道玩高尔夫球、玩扑克牌的时候，他很可能又戴上另一副面具。但不管怎样，所有这些面具的总和，也就构成了他的"人格面具"。他不过是以不同的方式去适应不同的情境罢了。诚然，人们早就把这种看做是社会生活的重要条件，但在荣格之前，却没有任何人提到，这种适应机制实际上乃是一种与生俱来的原型的表现。

　　人格面具在整个人格中的作用既可能是有利的，也可能是有害的。如果一个人过分地热衷和沉湎于自己所扮演的角色，如果他把自己仅仅认同于自己扮演的角色，人格的其他方面就会受到排斥。像这种受人格面具支配的人，就会逐渐与自己的天性相异化而生活在一种紧张的状态中，因为在他过分发达的人格面具和极不发达的人格其他部分之间，存在着尖锐的对立和冲突。一个人自我认同于人格面具而以人格面具自居时，这种情况被称为"膨胀"（inflation）。一方面，这个人会由于自己成功地充当了某种角色而骄傲自大。他常常企图把这种角色强加给他人，要求他人也来充当这样一种角色。如果他有权有势，那些在他手下生活的人，就会感到痛苦不堪。有时候父母也会把自己的人格面具强加给子女，从而导致不幸的结局。那些与个人行为有关的法律和习俗，实际上乃是集体人格面具的表现。这些法律和习俗企图把一些统一的行为规范强加给整个集体，而根本不考虑个人的不同需要。这些都说明，人格面具的过度膨胀给人的心理健康带来的危害是显而易见的。另一方面，那些人格面具过度膨胀的人本身也是受害者，当达不到预期的标准和要求时，他会受自卑感的折磨，也会自怨自艾。其结果是他可能感到自己与集体相疏远，并因而体验到孤独感和离异感。

　　荣格有充分的条件和大量的机会，研究过度膨胀的人格面具所造成的不良影响。因为他的许多病人就是这种过度膨胀的人格面具的受害者。这通常都是些有很高成就的社会名流，却突然发现自己的生活异常空虚和没有意义。在分析治疗的过程中，他们逐渐意识到多年来他们一直在欺骗自己，意识到自己的情感和兴趣完全是虚伪的，自己不过是对自己完全不感兴趣的东西做出一副感兴趣的样子罢了。经常，他们都已人到中年时，才突然感到过度膨胀的人格面具所带来的危机。治疗的宗旨是不言而喻的：过度膨胀的人格面具必须受到抑制，以便使一个人天性中的其他部分赢得自己的地位。当然，这对于一个多年来一直以自己的人格面具自居的人来说，是一件十分困难的事情。

　　从过度膨胀的人格面具的教训中，我们可以获得这样的启示：正像欺骗自

己比欺骗他人更愚蠢一样，做一个糊里糊涂的伪君子也比做一个自觉的伪君子更不利于心理的健康。当然最理想的是，不应该有任何形式的虚伪和欺骗。然而，不管是好是坏，人格面具的存在却是人类生活中的一个事实，并且还必然要寻求表现，所以最好还是采取一种较为有节制的形式。

总的来看，人格面具是使个体更好面对社会、面对他人的一个原型，因此它所适应的也是社会的要求。这一点有点类似于弗洛伊德所说的人格中的"超我"部分，它是以社会规范为行为准则的。当一个人受控于人格面具，就会超我过强，而本我(或者荣格说的阴影)就会被压抑。其结果就是，本我的需求得不到满足，生命便失去了活力。

2. 阿尼玛和阿尼姆斯

正因为人格面具是一个人公开展示的一面，荣格才把它称为精神的"外部形象"(outward face)，而把男性的阿尼玛(anima)和女性的阿尼姆斯(animus)称为"内部形象"(inward face)。阿尼玛原型是男人心理中女性的一面；阿尼姆斯原型则是女人心理中男性的一面。每个人都天生具有异性的某些性质，从生物学的角度看，男人和女人都同样既分泌男性激素也分泌女性激素；从心理学角度考察，人的情感和心态总是同时兼有两性倾向。

千百年来，男人通过与女人的不断接触而形成了他的阿尼玛原型，女人也通过同男人的接触而形成了她的阿尼姆斯原型。通过千百年来的共同生活和相互交往，男人和女人都获得了异性的特征。这种异性保证了两性之间的协调和理解。因而，与人格面具一样，阿尼玛和阿尼姆斯原型也有重要的生存价值。

要想使人格和谐平衡，就必须允许男性人格中的女性方面和女性人格中的男性方面在个人的意识和行为中得到展现。如果一个男人展现的只是他的男性气质，他的女性气质就会始终遗留在潜意识中而保持其原始的未开化的面貌，这就使他的潜意识有一种软弱、敏感的性质。正因为这样，所以那些表面上最富于男子气的人，内心却往往十分软弱和柔顺。而那些在日常生活中过多地展示其女性气质的女人，在潜意识深处却十分顽强和任性，具有男人通常在其外显行为中表现出来的气质。

(1)阿尼玛

阿尼玛是男人潜意识中的女性性格与形象，是每个男人心灵中都有的女性成分。荣格说：

> 每个男人心中都携带着永恒的女性心象，这不是某个特定的女人的形象，而是一个确切的女性心象。这一意象根本是潜意识的，是镂刻在男性

有机体组织内的原始起源的遗传要素，是我们祖先有关女性的全部经验的印痕（imprint）或原型，它仿佛是女人所曾给予过的一切印象的积淀（deposit）……由于这种心象本身是潜意识的，所以往往被不自觉地投射给一个亲爱的人，它是造成情欲的吸引和拒斥的主要原因之一。（冯川译，1987，54 页）

荣格这里说的是，男人天生就禀赋有女性心象，据此他不自觉地建立起一种标准，这种标准会极大地影响到他对女人的选择，影响到他对某个女人是喜欢还是讨厌。

在一个男人的生活当中，只有通过与女人的实际接触，心象才能够变成有意识及有表现性的。男人对女人的最初经验始终是最重要的，这就是他对自己母亲的经验；是她把他养育成人，并对他有最显著的影响，甚至有些男人一辈子都不能成功摆脱母亲的吸引力。但是，每个孩子心目中形成的母亲的形象并不是母亲形象的精确复制，这个形象是由阿尼玛的天赋能力构成和渲染的。

在这之后，男人把阿尼玛原型投射到其他不同的女性身上。这样就会产生一种误解，大部分男人并不知道自己之所以喜欢某个女人，是由于把自身的阿尼玛原型投射到那个女人身上，而那个女人却并不一定真的符合他内心的阿尼玛原型。于是，男人就可能会喜欢上本来不喜欢的女人，从而导致恋爱或者婚姻的失败。阿尼玛作为集体潜意识原型，具有集体的特点，这些特点是恒定的，比如年轻、聪慧、美貌等。阿尼玛最具特征的一面，是智慧。"尽管它是生活混乱的促动力，但某种奇怪的意义附在它身上。这是种神秘的知识或者潜藏的智慧"（冯川、苏克译，2011，81 页）。阿尼玛是"智慧的女人"，在它的背后隐藏着"一种生活之律的优越知识"。由于阿尼玛拥有的精神价值和智慧，在一个男人生活中，阿尼玛不仅仅表现在对女人的投射上，还表现在创造性活动中，更表现在那些幻象和幽默、预感和激情的爆发当中。

但是，由于现代文明中，人们总是过分强调男人应具有男人的特点，所以我们在男孩子很小的时候就会灌输给他们要成为一个真正的"男人"的观念，当外界的抑制力过于强大时，阿尼玛就无法获得正常的发展，而保持在原始的状态。这样的话，阿尼玛就不再是智慧的女人，而是会以色情、肉欲为主要特点的女人，像中国的妲己等。具有原始状态阿尼玛的男人则有可能会过多地关注色情相关的东西，甚至会出现性侵犯、性暴力等犯罪行为。

阿尼玛除了有高级形式和原始形式之外，还会有正面和负面之分。一般来说，男人最早接触到的女性是自己的母亲，母亲往往是男孩的阿尼玛的化身。

如果一个人的母亲对他有负面的影响，如暴躁、抑郁沮丧、优柔寡断、担惊受怕、神经过敏，那么儿子的阿尼玛就经常表现出那些负面成分。如果母亲的影响基本上是正面的，那么其阿尼玛就被内化为自己梦寐以求的异性的形象。一个男人内心的阿尼玛是正面的，那么一位具有仙女般特质的女子，会对这个男人具有强大的吸引力。当正面阿尼玛投射于某位女子身上，男人将感觉到这位女子如梦如幻的光芒，如天使呵护、如女神召唤，进而产生强烈依恋和爱慕感觉。如果一个男人内心的阿尼玛负面因素投射于一个女人，他就会感觉到她妖精般的魔力，欲罢不能。他将成为自己负面阿尼玛的附体，为她迷惑，为她丧失理智，有毁灭性后果。

(2) 阿尼姆斯

阿尼姆斯是女人身上的男性特质，是女人身上与男人身上阿尼玛相对的原型，与阿尼玛相似。阿尼姆斯源自女人由遗传获得的关于男人的集体形象，是女人在生活中与男人们接触所获得的男性的经验，是她自己身上潜在的男性本源。

女人身上的阿尼姆斯在非常局势下(如战争中、突发灾难中)会有积极表现，妇女们会理所当然地代替男子承担起大部分属于男子的职能。在家庭环境中，妇女的这种活动表现得更加完善。妇女对人际关系的把握一般来说是男子所不及的。

对女孩子来说，父亲是阿尼姆斯形象的化身，而这种联想对她的精神产生了深刻而持久的诱惑。她在思考和行动的时候，会不断引用父亲的话，并照着他的方式来行动，有时候一直持续到成熟年龄。女孩子在找男朋友的时候，也会不由自主地将男朋友与自己的父亲相比较，这也是阿尼姆斯在起作用的表现。

在正常的发育过程中，阿尼姆斯被投射在几个男性形象上面，而这种投射一旦实现，一个女人便把某人看做确实是她所认为的那样一个人，即使这个人实际上完全不是她预期的那个样子。阿尼姆斯能够被人格化为各种男性形象，从最低级的一直到最有才智的，这要取决于妇女自己的心理成长程度。

跟男性的阿尼玛不同，女性有多个阿尼姆斯，或者叫阿尼姆斯们。他们以不同形象出现，通常是一群，有海盗、凶徒、王子、青蛙、宰相、术士、弓箭手，甚至能以死神面貌出现。阿尼姆斯们共存于一位女性的潜意识中，虽然在不知不觉中左右和支配女性的情感，但众多阿尼姆斯导致了女性的情感处于一种奇怪的麻木和瘫痪状态，导致女性的不安全感、万物皆空的伤感。阿尼姆斯们在女人的心灵深处悄声秘语："你希望渺茫，何必还要去费劲？简直就没有值得去做的事情。"

　　阿尼姆斯也有着正负两面。如果是负面的，阿尼姆斯将扮演强盗、凶手、恶神，甚至还会以死神的面目出现。另外花心男子也是负面的例子，负面的阿尼姆斯对女性有致命的吸引力，会带来毁灭性的后果。娶一个杀一个的蓝胡子①是典型的负面阿尼姆斯。喋喋不休的女性是负面的阿尼姆斯在作祟。如果是正面的，那么其阿尼姆斯就被转化为"白马王子"的形象。高雅而随和、坚强且温存，善良而幽默也是受正面阿尼姆斯影响的结果。

　　阿尼姆斯会诱惑女人脱离现实，甚至是脱离同一切真实男人的交往。她的阿尼姆斯像一个由虚幻、幻想织成的茧，里面尽是一些"应该是这样的，应该是那样的，这样不对，那样不好"的指示，经常将女人从现实中割裂出去。如果女人能摆脱这个茧，阿尼姆斯就可能转变成一个内心良伴，他们可以赋予她进取心、勇气、客观、智慧等男性的品质，他们会给女人坚毅的信念，虽然是看不见的暗中援助，却补偿了女性外表的柔弱。处在最高发展形式的阿尼姆斯，能把女人的思维同她的时代精神进化（新事物接受能力）联系在一起，从而使她在接受新异的、有创意性的能力方面甚至超过男人。于是，女性得以通过创造性活动与自性沟通。

　　有关阿尼玛和阿尼姆斯，应提到斯托尔的看法。他认为，阿尼姆斯是不易界定的，原因有二：荣格自己是男人；阿尼姆斯是以多重而非单一的男性形象显现自身的。斯托尔认为阿尼姆斯和阿尼玛的完全投射要求与投射对象保持一定的距离。另外，他指出："荣格没有说明，他的描述仅仅来自并适用于那些与异性隔绝或从来没有成功地与异性建立联系的人们"（陈静、章建刚译，1989，69 页）。斯托尔的这些看法对于我们了解阿尼玛和阿尼姆斯、潜意识是有参考价值的。

3. 阴影

　　如同我们讲过的那样，阿尼玛和阿尼姆斯心象总是投射到异性身上，并决定着两性之间关系的性质。除此之外，还有另一种原型，这种原型代表一个人自己的性别，并影响到这个人和与他同性别的人的关系。荣格把这种原型叫做阴影（the shadow）。

　　阴影比任何其他原型都更多地容纳着人的最基本的动物性。由于阴影在人

---

① 蓝胡子（Bluebeard）是法国民间传说中连续杀害自己六任妻子的人，他家道富有，长着难看的蓝色胡须。后人用其指代花花公子、乱娶妻妾和虐待老婆的男人。

类进化史中具有极其深远的根基，它很可能是一切原型中最强大最危险的一个。它是人身上所有那些最好和最坏的东西的发源地，而这些东西特别表现在同性间的关系。

为了使一个人成为集体中奉公守法的成员，就有必要驯服容纳在他的阴影原型中的动物性精神。而这又只有通过压抑阴影的显现，通过发展起一个强有力的人格面具来对抗阴影的力量，才能够得以实现。一个成功地压抑了自己天性中动物性一面的人，可能会变得文雅起来，然而他却必须为此付出高昂的代价，他削弱了他的自然活力和创造精神，削弱了自己强烈的情感和深邃的直觉。他使自己丧失了来源于本能天性的智慧，而这种智慧很可能比任何学问和文化所能提供的智慧更为深厚。一种完全没有阴影的生活很容易流于浅薄和缺乏生气。

然而阴影是十分顽强的，它不是那么容易就屈服于压抑。下面的例子很可以说明这一点。一个农夫可能受到灵感的召唤，要他去成为一个诗人（灵感往往是阴影的产物），但这个农夫根本不认为这种灵感的召唤是能够实现的，很可能正因为他作为一个农夫的人格面具过分强大，所以他总是一再拒绝这种内心的呼声。但由于阴影施加顽强的压力，这种内心的呼声不断地扰乱他的心情，这种情形一再发生，他总是不予理睬。直到最后有一天，他终于不得不做出让步，拿起笔来写诗。当然，肯定还会有一些次要的环境因素推动他做出这一决定，但最强大的影响却必须归功于阴影，因为正是它一次又一次地在这种召唤遭到拒绝时仍然顽强地坚持。甚至那些次要的环境因素也主要是阴影的产物，阴影为它们奠定了基础。就这一点而言，阴影是十分重要和值得重视的原型，它始终坚持某些观念和想象，而这些观念和想象最终将证明可能是对个人有利的。正是由于阴影的顽强和韧性，它可以使一个人进入到更令人满意、更富于创造性的活动中去。

当自我与阴影相互配合、亲密和谐时，人就会感到自己充满了生命的活力。这时候自我不是阻止而是引导着生命力从本能中释放和辐射出来。意识的领域扩展了，人的精神活动变得富有生气和活力；而且不仅是精神活动，肉体和生理方面也是如此。因此，也就不足为怪，为什么富于创造性的人总是显得仿佛充满了动物性精神，以至于那些比较世俗的人往往把他们视为古里古怪的人。在天才与疯狂之间，的确存在着某种联系。极富于创造性的人，他的阴影随时可能压倒他的自我，从而不时地使他显得疯狂。

我们不妨考虑一下存在于阴影中的"恶"的因素。人们很可能认为，一旦恶的因素从一个人的意识中被消灭干净以后，他们也就一劳永逸了。然而事实却并非如此。这些恶的因素只不过是撤退到了潜意识之中。只要一个人意识中的自我仍处于良好的状态，这些恶的因素就一直以潜在的状态停留在他的潜意识中。但只要这个人突然面临人生困境，发生精神危机，阴影就会利用这一机会对自我实施其威力。那些本来已经摆脱了坏习惯的酗酒者，又突然旧病复发，就是一个明显的例子。当他戒酒的时候，那些使他成为酗酒者的因素被迫撤退到潜意识之中，与此同时却随时在伺机反扑；一旦他遭遇逆境，遭受巨大精神打击，面临他所不能驾驭的冲突时，这些潜在的因素也就有机可乘。这时候，由于自我的软弱，几乎完全不能抵抗阴影的入侵，而这个人也就又重新变得嗜酒成瘾。阴影具有惊人的韧性和坚持力，它从来不会彻底地被征服。阴影的这种韧性和坚持力，无论在促使一个人行善还是作恶的时候，都是同样有效的。

当阴影原型受到社会的严厉压制，或者，当社会不能为它提供适当的宣泄途径时，灾难往往接踵而至。1918 年第一次世界大战刚刚结束的时候，荣格在他的文章中写道，当阴影遭受压抑的时候，"我们身上的动物性只可能变得更富于兽性"。接着他又说，"之所以没有任何一种宗教像基督这样被无辜者的鲜血横流所玷污，之所以世界上从未看见过有比基督教各民族所进行的战争更为血腥的战争，原因无疑就在于此"。这些说法含蓄地表明，基督教教义过分地压抑了人的阴影原型。同样，这些说法也适用于第二次世界大战（这次大战甚至比第一次更为血腥），以及这之后的若干战争。在这些战争以及历史上曾进行过的无数次战争中，受到压抑的阴影进行了猛烈的反扑，把许多国家卷入到毫无意义的流血牺牲之中。

我们在前面说过，阴影决定着一个人和与他同性别的人的关系，至于这种关系是友好的还是敌对的，则取决于阴影是被自我接受容纳，和谐地组合到整个精神之中，还是被自我排斥拒绝，放逐到潜意识之中。男人往往倾向于把自己受到排斥和压抑的阴影冲动投射和强加到别的男人身上，因而男人与男人往往处不好。女人的情形也是如此。

阴影中容纳着人基本的和正常的本能，并且是具有生存价值的现实洞察力和正常反应力的源泉。阴影的这些性质在需要的时候对于个人来说意义重大。人们往往面临某些需要人们做出迅速反应的时刻；这时候人们根本来不及分析形势和考虑做出最适当的反应。在这种情形下，人的自觉意识（自我）被形势的突然变化搞得措手不及，而潜意识（阴影）就会以自己特有的方式对此做出反应。如果在此之前，阴影有机会获得个性化，它就可能对各种危险和威胁做出有效的反应。但如果在此之前，阴影一直遭受压抑，始终未能个性化，这种本

能的汹涌宣泄就可能进一步压倒自我，导致一个人精神崩溃而堕入无能为力的境地。

综上所述，关于阴影原型，我们可以说，它使一个人的人格具有整体性和丰满性。这些本能使人富有活力、富有朝气、富有创造性和生命力。排斥和压抑阴影会使一个人的人格变得平庸苍白。

4. 自性

整体人格的思想，是荣格心理学的核心思想。正如我们前面讨论人的精神时指出的那样，人格或精神的统一体，并不是像七巧板那样把各个部分拼凑起来组成的。人的精神或人格，尽管还有待于成熟和发展，但它一开始就是一个统一体。这种人格的组织原则是一个原型，荣格把它叫做"自性"（the self）。自性在集体潜意识中是一个核心的原型，就像太阳是太阳系的核心一样。自性是统一、组织和秩序的原型，它把所有别的原型，以及这些原型在意识和情绪中的显现，都吸引到它的周围，使它们处于一种和谐的状态。它把人格统一起来，给它以一种稳定感和"一体"（oneness）感。当一个人说他感到他和他自己，和整个世界都处在一种和谐状态之中时，我们可以肯定地说，这正是因为自性原型在有效地行使其职能。反之，如果有人说他感到不舒服、不满足，或者内心冲突激烈，感到自己的精神即将崩溃，那就表明自性原型未能很好开展工作。

一切人格的最终目标，是充分的自性完善和自性实现。这不是一件简单的工作，而是一项极其艰巨漫长的事业。几乎没有人能够完全成就这一事业。伟大的宗教领袖如耶稣和释迦牟尼，不过是最接近于这一最终目标而已。正如荣格指出的那样，在中年以前，自性原型可能根本就不明显，因为在自性原型以某种程度的完整性开始显现之前，人格必须通过个性化获得充分的发展。

自性的实现在很大程度上要依靠自我的合作。因为如果自我对来自自性原型的各种信息置之不理，一个人就不可能达到对自性的认识和理解。一切都必须成为自觉意识，这样才能使人格获得充分的个性化。

我们可以通过研究自己的梦来获得对于自性的了解。更重要的是，可以通过真正的宗教体验来理解和把握自性。在东方宗教中，那些用来达到自性完善的宗教仪式，例如瑜伽术、绘制曼荼罗的凝神冥思，使东方人能够比西方人更容易知觉和把握到自性。当荣格谈论宗教的时候，他所涉及的仅仅是精神的发展而不是超自然现象。

荣格告诉我们，不应该过多地强调自性的完满实现，而应该更多地强调对于自性的认识。对于自性的认识才是获得自性完善的途径。这是一个重要的区分，因为许多人一方面渴望完善自己，另一方面对自己又缺乏起码的了解。他们想一蹴而就，立地成佛，渴望有什么奇迹发生，使他们能够转瞬间就达到自性完善的境界。实际上，人格的自性完善，是一个人一生中面临的最为艰巨的任务，它需要不断的约束，持久的韧性、最高的智慧和责任心。

荣格认为曼荼罗是自性的象征

通过使本来是潜意识的东西成为意识到的东西，一个人就可以与他自己的天性保持更大的和谐。他很少有刺激和挫折的体验，因为他知道挫折和刺激的根源就在他自己的潜意识之中。一个并不真正了解其潜意识自性的人，会把他自己在潜意识中受压抑的因素投射到他人身上。他谴责他人的过错，实际上这正是他自己未能意识到的自己的过错。因此，他一面批评指责别人，一面也就在把他自己潜意识中的某些东西投射和宣泄出来。对自性的了解可以揭穿潜意识的投射作用，他就不再硬要去找一个替罪羊来进行谴责和批判。这样他也就不再同别人闹别扭，就会感到与他人、与自己都能相处得更加和谐。

我们可以把自性原型描述为一位内心的向导，它与意识中外在的自我有很大的不同。自性原型可以影响、调节和制约一个人的人格，促使人格的成熟，使它更为灵敏豁达。经由自性的发展，人会更加自觉地发展自己的感觉、知觉、理解力和生命的向度。

自性原型的概念，是荣格研究集体潜意识的最重要的成果。在对所有其他原型的研究和写作都已经完成以后，荣格才最后发现了自性原型。他这样总结说："……自性是我们生命的目标，它是那种我们称之为个性(individuality)的命中注定的组合的最完整的表现。"

(六)其他原型

除了前面所述的四个基本原型之外,人的心理的集体潜意识部分还蕴藏着无数个原型,这些原型也对我们的心理和行为产生着不同程度的影响。学习沙盘游戏、解梦等分析心理学体系下的心理治疗技术,应该尽可能多地了解一些原型的表现。

1. 智慧老人

智慧老人可以看做集体潜意识中人类普遍经验的人格化表现形式。荣格称之为智慧老人(wise old man)或者智慧的原型(archetype of meaning)。在梦中及象征中,智慧老人以英雄、行医人、救星、魔术师、巫师、国王等形式表现。智慧老人具有非同凡响的洞察力、无限的知识和智慧。当人们遇到难以解决的问题或陷入困境时,智慧老人会以象征的形式给以启示和引导。

男性阿尼玛发展最高阶段的索菲亚①形象,女性阿尼姆斯发展最高阶段的赫耳墨斯形象②,都在不同程度上具有这种"智慧老人"的意义。荣格的"斐乐蒙"也就是荣格内在的智慧老人。他可以出现在荣格的梦中,也可以通过积极想象来与荣格直接交流。荣格曾说,他的所有的重要的分析心理学思想,都与他的"斐乐蒙"有着不解的渊源。其实,在我们中华民族传统人物中,像孔子、老子这些先哲们,已经不再只是一个具体人物,早已成为整个民族的智慧老人原型的象征。所以,我们会以他们的格言作为自己行动的指导,在他们的指引下寻找到人生前进的方向,或者从他们那里获得心灵的慰藉。

北京孔庙的孔子像

① 索菲亚(Sophia)在犹太基督教里是指上帝的女性一面,她是聪明和智慧的象征。相传索菲亚有三个女儿:信念,希望和爱。

② 赫耳墨斯(Hermes)是希腊奥林匹斯十二主神之一,罗马名字墨丘利(Mercury),八大行星中的水星。宙斯与迈亚的儿子。他出生在阿耳卡狄亚的一个山洞里,因而他最早是阿耳卡狄亚的神,是强大的自然界的化身。

作为"一切先知之父"的智慧老人以潜意识的方式进行最古老的思维，而且它的最古老的思维形式是一种自主的活动。智慧老人具有两面性，有时智慧老人也代表了对人格的一种严重威胁。在它活跃起来时，一个人会轻易地自以为拥有"玛拉"①这种不可思议的超自然力，并且拥有无限智慧。而事实上并非如此，他并不拥有智慧，这智慧只是潜意识的一阵呼声。如果一个人相信他有此能力，他便面临危险了，人格会受到某种破坏。但他若能心平气和地倾听潜意识，并懂得只是潜意识的潜能在借着他起作用，他便会免受潜意识的欺骗，而能使他的人格得到健康、充分的发展。

2. 母亲

母亲原型像其他原型一样，也都是有多种多样的表现的，在这里只介绍一下母亲原型比较具有代表性的表现形式。首先最为重要的是生身母亲、祖母、继母及岳母，其次是与个体相关的任何女人，比如一位护士或者保姆或者一个远房女长辈；然后是可以在象征意义上被称为母亲的东西，比如西方的圣母玛利亚，中国的女娲、王母娘娘之类。

神话提供了母亲原型的诸多变体，这些变体包括神话中的一些母亲的形象，像巫山神女与楚怀王的神话故事，美貌的巫山神女主动要求与怀王发生性关系，并因此而向怀王承诺保佑他的子孙后代，这个故事中的巫山神女也是一种母亲原型的象征。母亲原型的表现形式也包括那些代表我们渴望救赎的事物，如伊甸园、天国。很多激发我们虔诚或者敬畏的东西，比如教会、大学、森林、大地，还有静水、地狱以及月亮，都可以成为母亲的象征。

母亲原型往往与代表肥沃与富饶的事物或地点相联系：哺乳宙斯的羊角、一块犁过的地、一座花园等。它还可以依附于一块岩石、一个山洞、一棵树、一股清泉、一口深井，或者各种洗礼盆之类的容器，或者容器形状的鲜花，比如玫瑰或者莲花。因为魔圈或者曼荼罗暗示着保护，所以魔圈或者曼荼罗也可以是母亲原型的一种形式。烤箱与炊具之类的中空物体是与母亲原型有联系的；子宫以及任何类似形状的东西，甚至一些动物如奶牛、野兔等，也可以是母亲原型的表现。

所有这些母亲原型的象征都会有一个积极、满意的意义或者一个消极、邪恶的意义。其中，与母亲原型相联系的品质包括很多：母亲的关心与同情，女性不可思议的权威，超越理性的智慧与精神升华；任何有帮助的本能或者冲

---

① 玛拉(mana)：也译做"玛那"，原系大洋洲原始宗教用语，指一种超自然的力量。

动；亲切、抚育与支撑、帮助发展与丰饶的一切。在消极方面，母亲原型可以包括：任何秘密的、隐藏的、阴暗的东西；深渊；贪吃、诱惑、放毒的东西；任何像命运一样不可逃避的东西。

中国神话中的西王母显然是母亲原型的表现形式之一，而她就是一个具有多重的、甚至自相矛盾的身份。她既是一个死亡之神、刑杀之神，执掌瘟疫和刑罚，同时又是一个生命之神、福寿之神。她还是半人半兽的怪神。《山海经·西次三经》记载，西王母其状如人，豹尾虎齿而善啸，蓬发戴胜，是司天之厉及五残。也就是说西王母的形状和神职都是一位凶神，主要掌管瘟疫、疾病和刑杀。但同时她又是生命之神。传说中，后羿正是从西王母这里获得了不死之药，之后才被嫦娥窃取而奔月的。另外关于蟠桃会的传说，更是将西王母与长寿相联系。这些传说表明了母亲原型的多面性。这其实也是与人类的经历相吻合的，母亲在子女的心目中，一方面温柔慈爱，另外一方面也会专横跋扈，母亲的原型自然也就具备了这样的多方面的特征。

虽然显现在民间传说中的母亲的形象具有一定的普遍性，但是当其显现在个人心理之中时，则有显著的变化。在治疗患者的过程中，人们首先是为生身母亲的现在意义所打动，事实上是为之所吸引。不过，荣格认为患者之所以产生心理疾病，其生身母亲的影响是有限的。在荣格看来，不是母亲本人影响了儿子，而是儿子投射在母亲身上的原型。因此，母亲所产生的病因性及创伤性影响分为两组：(1)那些实际存在于母亲身上的性格特征或者心态；(2)那些主要是由于孩子投射而产生幻想的特征。

一方面，我们在儿童的心理问题中确实可以找到母亲自身心理失调带来的影响；另一方面，儿童的心理问题也确实与他的幻想有关，母亲只是充当了这种幻想的附着物而已。之所以会产生这样的幻想，根本上来讲，还是源自儿童内心所具有的母亲原型。当然，原型并非总是带来问题，只有它位置不当时，才会让个体产生如此错位的幻想。

3. 父亲

在源远流长的中西文化传统中，都有关于父亲原型的神话。按照荣格的观点，父亲原型是人类集体潜意识中比较常见的原型之一，它象征着权威、力量和尊严。但是，我们会发现，在人类最初的神话传说中，父亲这个角色是缺失的。在传说中，最初的女神是一批"处女母亲"，是在不知不觉中创造了一批神圣的生命，像中国传说中周朝的始祖后稷就是母亲踩了巨人的脚印怀孕而生的。这些神话反映了母系氏族的特点，即只知有母，不知有父。但是随着社会的发展，父系氏族最终取代了母系氏族，父亲的地位也逐渐占了上风。

《圣经》中也隐约体现着父亲权威。基督教的上帝被说成是"那位原始父亲"，人们称他为天父。他是一个以男性的身份来拯救世俗的生命的。瓦尔特·本雅明[①]认为，父亲是一个惩罚者，他像法官一样来判断是非。而我国神话中开天辟地的盘古、逐日的夸父以及至死不屈的共工和刑天，他们也是父亲原型的象征。和这些神话形象连接在一起而同时闪现出来的，是一些模糊的抽象概念：力量、抗争、追求等。

在父系氏族社会关系确立后，以自我为对象的人类崇拜亦从此发生了根本位移。在远古神话中，父亲原型以及由此演化出的国王、上帝等原型往往是力量、威权和秩序的象征，同时又代表着一种神秘莫测的限制，他始终扮演着保护者和压抑者的双重角色，体现着男权社会的核心。父亲身兼两个角色：作为丈夫，他要求女性对自己的忠诚；作为儿子的长辈，他要求儿子对自己的服从。强制和威严必遭来妻子和儿子的反抗。也就说，父亲的地位是不稳固的，他要承受着来自外界的巨大压力。根据弗洛伊德的解释，最早的人类集体是由一个人对所有其他人的强行统治而建立并维持的，成功地统治着其他人的人就是父亲。在精神分析学说中"父亲"是个不同寻常的概念，绝不仅仅表现了一个男人在家庭血缘中的位置，还意味着在社会文化中所拥有的一切特权：强壮、威严、荣誉、家庭的主宰，父亲象征着权威。人类自身就隐藏着对父亲的敬畏和反抗，"父亲"的定义是经过历史的反复积淀而形成的。

例如《俄狄浦斯王》中不很明显的父亲的形象——失踪的国王的一切都成为国民们遵守的条文。这些条文影响着人们，它是力量和权威的象征，永远是可敬而不可亲，可望而不可即，正体现了父亲这一形象的强大性和不可消除性。追寻原型，目的在于显示人在世界里的生存及其状态。父亲原型就负载着对命运不可捉摸的神秘感和敬畏感，追寻原型响彻着要求生存自由的权利、要求自我独立生存的呼唤。

4. 英雄

世界上最为普遍的、广为人知的神话，是英雄神话。在希腊和罗马的古典神话里，在中世纪的神话里，在东方的神话里，在当代原始部落的神话里，我

---

① 瓦尔特·本雅明（Walter Benjamin，1892—1940），德国人，思想家、哲学家和马克思主义文学批评家，出版有《发达资本主义时代的抒情诗人》和《单向街》等作品。有人称之为"欧洲最后一位知识分子"。

们都可以找到英雄的神话。同样，在我们的梦里也会出现英雄的形象。荣格认为，英雄原型对于个体的心理有着重要的意义。

虽然英雄的形象千姿百态，但是他们之间总是有着诸多相似之处。荣格总结了英雄原型的主要特点：英雄的身世奇妙却又卑微，他早年即具有超人的力量，他很快名扬四方或迅速获得权力，他与邪恶势力搏斗后凯旋；他由于骄傲自大而犯下罪过，他因为被出卖而失势，或者他通过一种"英雄式的"献身来结束自己的生命。除此之外，英雄的早年会有"强有力的、庇护神般的"人物或保护神出现，使英雄的弱小得到补偿，从而帮助他完成凡人所根本无法完成的任务。在中国历史和传说中也有很多英雄的形象，如项羽、关羽、岳飞等都已经成为英雄原型的象征。

荣格认为，这些神一般的人物是整体心灵的象征性意象，是更大的、更全面的人格，它为个体意识自我提供所需要的力量。也就是说，英雄原型的作用在于促进个体意识的发展，帮助个体认识自己的力量和弱点，从而勇于面对生活向他展现的艰巨任务。一旦个体通过了最初的考验而进入成人阶段，英雄的神话也就失去了其关联意义。所以说，只有未成年的个体才格外崇拜英雄，而成人则不然。英雄的象征性的死亡则象征着告别未成年阶段，而进入成年阶段。

民间常见图画：关羽读《春秋》，关羽成为英雄的象征，也是民间保护神之一。

如果从个体出生到死亡整个周期来考察，个体每一个阶段都会有一种独特形式的英雄神话。它们与个体自我意识发展所达到的某个具体点相吻合，与他在特定的时期所面临的具体问题相一致。也就是说，英雄的意象会随着个体人格演进的每一阶段而发生相应的变化。根据拉丹(Paul Radin)对温内巴戈人①神话的研究，荣格认为英雄意象在

———————————————

① 温内巴戈人(Winnebago)是操苏族语言的北美印第安部落。

人的一生中也存在鬼精灵周期(Tricker cycle)、野兔周期(Hare cycle)、红角周期(Red horn cycle)和孪生子周期(Twin cycle)。

鬼精灵周期与生命最原始的、演化程度最小的时期相对应。鬼精灵是一个被生理欲望支配的人物，他有着一颗儿童的心灵。由于他缺乏高于本能需要满足之上的目标，所以他残酷无情、玩世不恭、麻木不仁。

野兔周期相对于鬼精灵周期要前进了一步，虽然其主要特点仍然还是以动物的形象来表示，但是已经开始具有了人类的一些特点。野兔周期中，个体正在演变成社会化的动物，他修正在鬼精灵周期中出现的本能冲动和童年强烈愿望。

红角是一个模棱两可的人，据说是十位兄弟中最年幼的一个。他经历考验，与人比赛获胜，在战斗中证明自己战无不胜，完成英雄原型所需完成的任务。他通过自己的智谋战胜巨人，或用力量战胜巨人，以此来显示自己的超人力量。他有一位威力巨大的朋友相伴，这朋友是被称为"行若霹雳雷电的"雷雨巨鸟，巨鸟的力量补偿了红角可能表现的软弱无力。

孪生子是太阳的儿子，但他们本质上是人类。最初，在母亲的子宫里，他们连为一体，在出生之际，他们被迫分离开来。然而，他们却相互属于对方。他们必将重新结为一体。从这个神话中，我们可以看出人类本性的两个方面：其一是肉体，它驯从、温顺、缺乏主动性；另一方面是精神，它是流变的，富于反抗性。在很长一段时间内，这两位英雄战无不胜：无论他们表现为两个独立的形象，还是表现为合二为一的形象，他们始终所向披靡。但是，他们因为残杀过重而使自己病入膏肓，自他们杀死四个擎举大地的动物中的一个时，死亡成为他们应得的惩罚。

在红角和孪生子周期里，我们都看到了英雄牺牲和死亡的主题，这是对英雄狂妄骄傲的矫正。

5. 成人仪式

荣格认为，个体出生的时候，其心灵是一个整体，意识自我和潜意识自我(自性)没有分离。在这个整体中，意识自我出现，并随着个体成长而发展。意识的发展最终导致了意识自我与潜意识自我(自性)的分离，破坏了心理的整体感。为了维持心灵健康的环境，意识自我必须不断返回，重建它与潜意识自我(自性)之间的关系。

个体只有获得某种程度的自主权，才能够融入到社会环境中。英雄神话可以看做是心灵分化过程的第一阶段，表现着个体意识自我寻求脱离整体本源状

态的过程。但是，英雄神话只是表明个体意识有可能从本原整体中解放出来，但并没有确定这种解放得以发生。成人仪式则确保了这种情况的发生。通过成人仪式，青年男子和青年女子被迫与父母分离，成为他们的部族或部落的成员。在与童年世界的这种分离过程中，本原的父母意象将会遭到伤害，因此必须通过同化进入集体生命的治疗过程使伤害之处得以修复。由此，集体满足了被伤害原型的需要，成为青年的第二父母。

也可以这样说，个体在出生时心灵是整体的，犹如此时母子关系一样，不分彼此。随着个体成长，心灵整体中分化出意识、个体潜意识、集体潜意识不同层次，产生了自我，从而使得原本统一的自我与自性发生分离。这也像母子关系一样，孩子(可以用来代表自我)越来越独立，与母亲(可以用来代表自性)的关系逐渐拉开。这种自我与自性的分离对个体发展是有必要的，就像母子一样，孩子只有离开母亲的怀抱才能成为成人，才能成为社会人。但是，这种分离又是痛苦的，在这个过程里，一些原型(如母亲原型)会受到损伤，为了修复这种损伤，成人仪式就成为必要的心理抚慰方式。因为通过成人仪式，个体虽然脱离了父母，但是融入社会会让他们找到"集体"这个第二任父母。所以说，成人仪式既促使了个体的独立，也抚慰了个体因独立而产生的创伤。

荣格认为，在成人仪式上，激烈的仪式类似于向有可能使青年望而却步的诸力量献祭一般。在神话中，英雄战胜恶龙之类的故事就是这种仪式的表达。所以，我们从青年人中间看到的最为普遍的主题是磨难，或者力量的考验。

当然，成人仪式原型不仅仅表现在个体脱离父母融入社会的那一个时期，而是在每一个生命的关键时期都会被猛烈地激活。这一原型最主要表现的是一种转折。

五、人格结构之间的相互作用

现在我们就要结束关于荣格人格结构理论的讨论了。不难看出，在荣格看来，人格是一个极其复杂的结构。之所以复杂，不仅因为这一结构是由无数的要素(原型和情结的数量是数不胜数的)所组成，而且因为这些要素之间的相互作用也是错综复杂的。当然，事实上任何有头脑的人也从未把人格看成是一种简单的结构。荣格的人格结构理论，正是试图给那些显得复杂混乱的人类精神状态和精神活动提供一种秩序和模式。

荣格关于心理的秩序和模式，可简单地概括为，心灵是一个整体，但是这个整体并非是完全统一的，而是分成了意识、个体潜意识和集体潜意识三个层次。其中，意识面对的是外部世界，是心理的最表层，其核心是自我；个体潜意识在意识之下，由无数个情结组成；在心理的最深层是集体潜意识，是由原型组成的。个体潜意识中的情结多数是由集体潜意识中的原型作为内核所形成的。在众多原型之中，自性原型是一个起着统合作用的原型，它好比太阳系中的太阳，维护着整个内心世界的整体感和统一感。

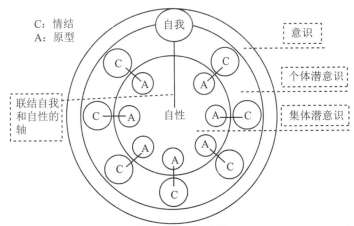

荣格的心理模型①

　　我们这样一个一个地分别讨论荣格的人格结构概念，似乎意味着它们是彼此分离，相互区分的，实际情形却并非如此。在人格结构之间，存在着多种相互作用。一种结构可以弥补另一种结构的不足，一种要素可以反对另一种要素，两种或更多的结构则可以联合起来形成一种综合。

　　互补作用可以用外倾与内倾这两种相反的心态来说明。如果在自觉意识中外倾心态是占主导地位的优势心态的话，那么潜意识就会以压抑的内倾心态来补偿。这意味着一旦外倾心态遭到某种方式的挫折，在潜意识中处于劣势的内倾心态就会跑出来表现在一个人的行为中。正因为如此，所以有的人在一段时间紧张的外倾行为之后，通常紧跟着就变得内倾。潜意识总是补偿着人格系统的不足。

　　互补作用也发生在各种心理功能之间。一个在自己的自觉意识中过分强调思维和情感功能的人，在潜意识中却是一个直觉型和感觉型的人。同样，男人的自我与阿尼玛，女人的自我与阿尼姆斯，彼此之间也存在着一种互补关系。

---

① Jung：A Very Short Introduction. Anthony Stevenson. London：Oxford University Press，1994.

正常男子的自我是男性的，而他的阿尼玛则是女性的；正常女子的自我是女性的，而她的阿尼姆斯则是男性的。互补原理给相反的心理要素之间提供了一种平衡，它避免了人的精神陷入病态的不平衡。

事实上所有的人格理论家，不管他抱有什么样的信念，坚持什么样的主张，都认为人格同时容纳着可以导致相互冲突的两极倾向。荣格也不例外，他深信人格的心理学理论必须建立在对抗和冲突原则的基础上。因而，由彼此冲突的要素所导致的紧张(tension)，正是生命的本质。没有紧张，也就不会有能量，从而也就不可能有人格。

在人格中，对抗是无处不在的：它存在于阴影与人格面具之间，存在于人格面具与阿尼玛之间，存在于阿尼玛与阴影之间。内倾与外倾相抗衡、思维与情感相抗衡、感觉与直觉相抗衡。自我就像一个来回奔忙的人一样，游移于社会的外在需要和集体潜意识的内在需要之间。男人的女性性质与他的男性性质相竞争，女人的男性性质与她的女性性质相竞争。理性的精神力量与非理性精神力量之间的斗争从来没有停止过。冲突是生命的基本事实和普遍现象。重要的问题在于：这些冲突最终将导致人格的崩溃，还是能够被人格所承受。如果是前一种情形，这个人就成为精神病人或神经官能症患者，他变得疯狂或半疯狂。如果是后一种情形，如果冲突能够被人格所承受的话，这些冲突就可以为创造性的成就提供动力，使一个人在生活中显得精力充沛。

那么，一个人的人格就必须是发生冲突与争端的场所吗？荣格不这样认为。荣格著作中的一个突出的主题，就是对立面在任何时候都可能结成统一体。荣格一再提出证据证明：对立的双方可以以各种方式统一和综合起来。对立面通过荣格所说的超越功能而实现其统一。正是这一人人生而有之的天赋功能，将导致形成一种平衡的、整合的人格。

第四章
人格动力观

心灵行为的动力来自于什么，不同的心理学家（主要是心理动力学派）给出了不同的解释，弗洛伊德认为心理的驱动力是性本能（力比多，libido），阿德勒认为心理前进的动力来自于内心的自卑感。荣格虽然也认为人的心理动力是力比多，但是他给这一名词下了一个新的定义。在荣格那里，力比多代表的是包含性本能在内的具有广泛意义的生命能。

荣格认为人的整个人格或心灵是一个相对的封闭系统，且是不断变化的动力系统，其动力源泉则是心理能量。心理能量在整个心灵系统中的分配遵循等值原则、均衡原则。

一、心灵是一个相对闭合的系统

荣格认为，人的整个人格和精神是一个相对闭合的系统。所谓相对闭合，是说精神的能量系统是一个相对完整的系统，这个系统中的能量系统不同于其他能量系统，甚至可以做到独立自足。尽管心灵系统可以从外部环境甚至肉体中获得能量，但是这些能量一旦进入心灵系统就不再是物理能或者化学能，而是与它们截然不同的心理能。

来源于外部世界的能量，主要通过人们所触、所见、所感、所闻的一切事物而获得。所有这些内外的感觉都会对个体产生刺激，而这些刺激会变化成心理能，滋养着心灵。因为如此，人的精神系统总是处在不断变化的状态之中，永远也不可能达到绝对平衡的状态，而只能获得相对的稳定。假如人的精神是一个完全封闭的系统，它就可能获得绝对平衡的状态，因为它不会遭受来自外部世界的干扰。在这种情形下，精神就像一池死水，由于缺乏源头活水而很快腐臭干涸。

很多人有过这样的经验：最初内心是平衡的，但是由于某个事件的发生扰乱了内心的平衡，也就是这个刺激事件造成了心理能系统的失衡，这时如果再有新的哪怕是轻微的刺激也会造成巨大的心理影响。这说明，扰乱人们心理系统平衡的因素最重要的不是新增加能量的总量，而是内在心理系统的平衡状况。对一个不稳定的精神系统说来，往往只需要一点点新增加的能量，就可以对一个人的行为造成极大的影响。例如，一句无关紧要、微不足道的评语，往往可能在它所评论的那个人身上引起极其强烈的情绪反应。

在荣格看来，人不可能时刻准备着应付一切可能的偶然事件。新的人生经验会强行进入人的精神并破坏系统的平衡。正因为如此，荣格主张人应该周期性地退回到自己的内心世界以恢复精神的平衡。返回内心世界的方法之一是冥思或内省，除此之外，暂时离开生活的环境，躲避新的刺激的入侵，到一个不会扰动自己的环境中去，这也是一种使自己内心恢复平静的方法。所以，有的时候当人们内心冲突剧烈的时候，进行一次旅行，往往能平复我们内心的冲突。

还有一种使精神恢复平衡的方法，这个方法是一种极端的方法，那就是完全地和持久地返回到自己的内心世界。也就是说不再与外界进行任何形式的交流，就相当于把自身的精神系统彻底关闭了一样。这样的结果就会使人成为孤独症(autism)或紧张症(catatonia)患者。虽然具有这种精神症状的人是能够彻底抵御一切形式的外来刺激的,但是荣格并不赞同这种方法。不过,这也给了我们一个提示,那就是孤独症患者可能是因其精神系统十分脆弱,无法接纳外界的哪怕很小的能量,所以干脆彻底切断与外界的联系,关闭精神系统的大门,而造成其病患。

与此同时,人本身有对于刺激和新鲜事物的需要。一个人的生活会由于缺乏新鲜体验而变得单调乏味、沉闷懈怠。在这种情形下,来自外部世界的震荡会激发人的精神,唤起一种新鲜活泼的感觉。

如果精神是完全开放的,其结果将是无穷的混乱;如果精神是完全封闭的,其结果则是停滞与僵化。健康而又稳定的人格介乎这两个极端之间,即相对封闭的系统。

二、力比多:心理能

物理事件可以从机械角度和能量角度两方面进行分析,这是广为接受的事实。所谓机械的角度其实是一种因果论,就是认为一件事是另外一件事发生的原因。而能量的观点假定,各种现象的变化是以某种能量为基础的,这个概念不是建立在物质本身之上的,而是建立在物质的关系之上的。

那么心理时间是否也可以采用能量的观点呢?对此一直存在争议。俄国心理学家格罗特是最先提出心理能量概念的人之一,他认为,心理能也像物理能一样有各种大小不等的量以及不同的形式。对于心理能的问题,荣格一方面赞成格罗特的观点,另外一方面又不认同那种把心理能与物理系联系的观点。荣格认为,心灵系统有别于其他系统,是一个相对封闭的、具有其自身特点和规律的系统。

(一)力比多

荣格提出,人的生命能量主要包括身体能量和心理(精神)能量两方面。身体能量蕴含于人的肉体,而心理能量则主要蕴含于人的人格(心灵)之中,两者存在着相互依存和转化的关系。

在荣格看来,人的全部心理活动模式都是由心理能量推动的。荣格也曾用"力比多"一词来称呼这种形态的能量,但荣格并不像弗洛伊德那样,将力比多只限于性的能量。按荣格的解释,天然状态的力比多是种种(本能)欲望(appetite),它既可以表现为食欲、性欲,也可以是情绪的欲望。力比多在意识中显现为努力、欲望和意愿。心理能量主要来源于人所经历的生活经验。犹如食物

被生理性的身体消化，转换成为物理性的或者生命的能量，人的生活经验也同样被心灵"消化"，转换成心理的能量。心理能量以现实化了的力的形态、或是以潜在的力的形态表现自身，去从事心理性的活动。

荣格指出，要科学地证明物理能和心理能之间存在着一种对等关系是不可能的。然而他相信，在这两个系统之间却存在着某种相互影响。也就是说，心理能可以转变为物理能，物理能也可以转变为心理能。一个不容置疑的例证是：能够对身体产生化学影响的药物，同时也能够导致心理功能的变化。另外，思想和情绪也似乎能够影响人的生理机能。心身医学就正是建立在这一基础之上的。而荣格则应该被看做是这一重要的新医学理论的先驱者之一。

(二)心理能的值

心理值(psychic value)是荣格最重要的动力学概念之一。所谓心理值，是用来衡量分配给某一特殊心理要素的心理能的计量尺度。当很高的心理值被投入一种观念或情感时，也就意味着这种观念或情感拥有相当的力量以左右和影响一个人的行为。一个赋予"美"以很高的心理值的人，会投入大量精力致力于美的追求，他会用美的东西来装点他周围的环境，到风景优美的地方去旅游、喜欢美丽的动物、竭力同心灵高尚且相貌美好的人交朋友，如果他有才能的话，他会致力于创作美的艺术品。而一个并不重视美的价值的人则根本不会做上述事情。他可能在审美享受上投入极少甚至根本不投入任何心理能量。与此同时，他可能赋予权力以很高的价值，并在可能使自己获得权力的活动中投入大量的心理能。

投入某一心理要素的心理值不可能绝对地测定，而只能相对地测定。我们可以拿一种心理值同另一种心理值进行衡量和比较，从而决定其相对程度。我们可反躬自问，究竟我更爱美还是更爱真理，更喜欢权力还是更喜欢知识，更热衷于财富还是更愿意交朋友，如此等等。更好的办法是我们不妨对自己或他人作一观察，看看我们自己或别人在各种各样的活动中分别投入了多少时间和精力。如果某人每周用于挣钱的时间达四十小时，而用于欣赏大自然之美的时间才一小时，也就不难判断这两种活动分别具有的相对心理值。测定相对心理值的另一种方式，是让一个人在各种不同的事物中做出选择，注意他最后究竟选择什么。再一种办法就是在他通往某一目标的道路上设置障碍，并观察他在设法克服这些障碍的过程中能够坚持多久。一个在某一目标上只投入极少能量的人将很快放弃克服这些障碍的努力。通过对自己的梦所作的记录，一个人可以相当准确地发现自己的心理值集中的方向。如果他的梦大多与性有关而极少与权力有关，那么我们完全可以相信，在他那里性比权力有更高的心理值。

用来测定心理值相对强度的观察方法，只能用来说明自觉意识所具有的心理值，并不能说明存在于潜意识中的心理值。如果某一意识活动的心理值突然消逝不知去向，而又没有相应地出现另一种意识活动，那么根据系统内能量守恒的设想，这一失去了的心理值肯定是跑到了潜意识之中。

既然对潜意识领域不能作直接的观察，那么为了确定潜意识中的心理值，也就有必要采用一些辅助的方法，方法之一就是测定某一情结的聚合力。聚合力越大，这一情结所拥有的心理力或心理值就越大。例如，如果某人具有做一个"铁腕人物"（strong leader）的情结，那么这一情结的核心，即统治他人的需要，就会把许多相关的经验和联想聚集起来。这一聚集起来的心理结构丛将包括像英雄崇拜、以名人自居、承担别人不愿承担的责任、做出使别人认可和赞同的决定、事无巨细都要亲自过问、在一切可能的场合发表自己的看法、竭力获得别人的尊敬与羡慕，等等。每一新的经验都要被这一领袖情结所同化。荣格认为："如果某一情结有比另一情结更强的同化力，这一情结也就拥有较高的心理值。"

（三）心理能守恒原则

心理动力学关心的是心理能在整个心理结构中的分布配置，以及从某一心理结构向另一个心理结构的转移。荣格的心理动力学在这个问题上运用了来自物理学的两条基本原理，这就是守恒原则（the principle of equivalence）和均衡原则（the principle of entropy）。

守恒原则要说明的是：如果某一特定心理要素原来所固有的心理能减退或消逝，那么与此相等的心理能就会在另一心理要素中出现。也就是说，精神能量是不会白白丧失的，它不过是从一个位置转移到了另一个位置。当然实际上，它也可能是同时分散到几种心理要素之中去了。我们发现，所谓守恒原则，其实就是热力学第一定律或能量守恒定律。

精神活动是不会停下来的，如果它没有做这件事情，那么它就是在做另一件事情。举例而言，男孩子如果对玩具飞机、连环画和警察与小偷的游戏都不感兴趣了，那么这意味着，他的兴趣和注意力将要转移到汽车、小说和姑娘们身上。某种兴趣的丧失总是意味着新的兴趣的产生。即使当我们已经十分疲倦和沉入梦乡的时候，心灵也在不断地制造着种种复杂的幻觉。白天我们用于思考、感受和行动的心理能，一到夜晚就转移到梦境里去了。

有时候，一定的心理能的确仿佛是消失无踪而没有转变为其他活动。在这种情形下，心理能实际上是从意识转移到个体潜意识或者集体潜意识去了。例

如，子女脱离其父母开始独立生活的时候，他的潜意识中就开始了对某个可以代替其父母的人的幻想，并会把这种幻想投射和外化到现实生活中的某个人身上，他可能是一位老师，一名教练或者父母的老朋友。此时，子女放在父母身上的心理能仿佛是消失了，实际上它转移到潜意识，并以幻想的形式获得显现。在这之后，它又因为一个可以代替父母的对象的出现而再次回到意识中来，并且仍然保持着与原来大致相等的心理能。

如果一个人的性格突然发生改变，其原因就在于心理能的重新分配。潜意识心理能对于人的行为的影响通常并不是非常明显的，但这种影响却随时随地在发生作用。它影响到我们做梦的内容，甚至造成恐惧症、强迫症以及幻觉、错觉和逃避现实的极端退缩行为等精神病症状。

心理能的总值是相对不变的，所以人格的各个结构显然要围绕着一定能量展开竞争。如果某一结构得到的能量较多，其他结构所能得到的能量就一定较少。荣格还指出，在能量从某一心理结构转移到另一心理结构的过程中，一种心理结构的特征也部分地转移到了另一种心理结构之中。例如当心理能从权力情结转移到性爱情结的时候，寄托于权力上的心理能的某些特征，就会出现在性爱的心理能中。这时候一个人的性爱行为，就含有希望支配其性爱伴侣的性质。当然，前一种情结的特征并不是全部转移到后一种情结之中，而只是部分转移。

总的说来，守恒原则要说明的是：心理能是守恒的，它不会凭空消失，但是会从一种心理要素、心理结构转移到另一种心理要素、心理结构中，并且在转移时，心理能的值保持不变。当一种心理要素、心理结构的心理能没有全部转移到另外一个心理要素、心理结构时，剩下的部分就会转移到潜意识中去。

(四)心理能均衡原则

守恒原则说明的只是精神系统中的能量交换，并没有说明能量流动的方向。现在我们要问，为什么心理能偏偏从自我转移到人格面具，却没有转移到阴影或阿尼玛呢？下面就来说明这个问题。

在物理学中，能量流动的方向由热力学第二定律即一般所说的熵原理做出了说明。熵原理说的是：在两个不同温度的物体相互接触的过程中，热能将从较热的物体转移到较冷的物体，直到这两个物体的温度完全相等。水在两个容器之间的流动也很能说明这个问题，只要渠道畅通，这时候水的流动方向总是从高位向低位，直到两个容器中的水位完全一样。总之，两个物体一旦相互接近，能量就总是从较强的一方转移到较弱的一方。熵原理的作用总是导致力量的均衡。

熵原理被荣格运用来描述人格的动力状态。这就是：整个心理系统中能量的分配，是趋向于在各种心理结构之间寻求一种平衡。简而言之，如果两种心理值(能量强度)有着不同的强度，心理能就倾向于从较强的一方转移到较弱的一方，直到两方趋于平衡。更复杂一点说，熵原理制约着整个人格系统中的能量交换，其目标是要实现系统内的绝对平衡。当然，这一目标永远也不可能完全实现。应该指出的是：如果这一目标得以实现，也就不再存在什么能量交换，整个精神的作用也就停止了，精神就会出现死寂状态。就像一旦熵的状态完全支配了整个世界，整个世界就会呈现出死寂状态一样。这时候一切生命活动也就停止了。

精神系统内的绝对平衡之所以不可能完全实现，原因就在于人的精神并不是一个完全封闭的系统。来自外部世界的能量，总是不断地加入到人的精神中来。这些新增加的能量不断地打破平衡创造不平衡。当整个人格动力系统由于各结构之间的某种均衡而处于相对静止状态的时候，新的外来刺激可以打乱这种平衡，内心的平静于是被内心的紧张和冲突所取代。紧张、冲突、压抑、焦虑……所有这些感觉都标志着精神的不平衡。

然而正像荣格指出的那样，原来在能量上不等的两种心理结构或心理值(一种能量很高，一种能量很低)，它们在能量上的平衡化可以导致一种强烈持久的综合。这种综合将使得两种心理结构难以彼此分离。试想有这样一个人，这个人的阴影原型比阿尼玛原型更为强大，于是较弱的阿尼玛原型就想从较强的阴影那儿汲取能量。但是就在能量从阴影原型中汲取走的同时，更多的来自外部源泉的能量却又加入到阴影中。于是，这个人的阴影与阿尼玛就会强有力地结合在一起，那么他的心理和行为就会表现出阴影和阿尼玛相结合的特点，他的表现可能不仅是单一的男性气概，而是刚强与温柔、力量和怜悯、果断与伤感的混合。对立面能形成这样一种结合，那倒是一件幸事，不过更多的时候却是冲突始终在进行，对立面也不能达到结合。

阿尼玛和阴影这样一些对立结构之间建立起来的强有力的联合，人与人之间的关系中也有着极其相似的对应物。两个彼此互不相容的人，最后却往往建立起一种牢不可破的友谊。他们可能吵过无数次嘴，打过无数次架，然而最后总有一天，一切纠纷都了结了，他们建立起了一种持久的友谊。同样，这样的结局也是少见的，更多的情形是斗争继续进行，或者更糟，两人之间的关系以完全破裂而告终止。

荣格指出，任何极端的状态都隐含着它的对立面，某种占统治地位的心理值，经常突然转向它的反面。这就是说，一个有很强大的权力情结的人，很可能突然变得非常卑微，恭顺；或者，一个人格面具极其发达的人，可能突然卸

下他的假面具，成为一个对社会有威胁的危险人物。作为一个精神分析专家，荣格有充分的条件和大量的机会，得以从他的病人身上观察到这种人格的突变。一个人的行为和人格发生这种惊人的变化，正是由于均衡原则在起作用。集聚在某一情绪中或某一心理结构中的大量能量突然之间全部枯竭，转移到与它对立的方面。由此可见，过分全面发展的人格往往是不稳定的。

均衡原则在心理结构中的具体体现是自性原型。我们还记得，自性作为最重要的原型之一，它的任务就是把人格的各种结构整合起来。此外，荣格还提出另一种整合即超越作用，这一点我们将在下一章中加以讨论。

三、力比多的疏导

心理能也同物理能一样，是可以疏导、改变和转移的。用荣格的话来说，它可以被导向某种方向。

也许通过与物理能的类比，会更有助于澄清和说明心理能的疏导。例如，瀑布作为观赏的对象是赏心悦目的，而一旦通过向下输送的管道把它引导到电站的涡轮上，它就可以产生电能。电能通过电线的传输又可以适用于种种目的。人类总是通过驯服和驾驭各种能源来为人类服务。这种驾驭能源的方式有时候十分简单，例如利用风力鼓动船帆，利用木材和煤炭取暖和做饭，利用水力转动水轮，等等。另一些方式就要复杂得多，例如利用汽油或别的燃料来发动引擎和蒸汽涡轮，以及近年来核电站对于核能的应用等。我们的身体把从食物获得的能量转变为肌肉的能量，我们的精神也同样在转换和疏导着各种精神能量。

人的自然能量来源于人的本能。本能能量如同瀑布一样，其运动始终沿着它自己固有的方向和坡度进行；而且也同瀑布一样，并不从事任何人类的工作。这种自然能量必须被转移到新的轨道之中，才能从事人类的工作。"正像水电站模仿瀑布并从而获得能量一样，人的心理机制也模仿本能，从而能够将自然能量应用于特殊的目的……本能能量被疏导到本能对象的类似物之中，这样就实现了本能能量的转化。"(荣格文集，第八卷，92页)这种类似物、也就是荣格所说的象征(symbol)。

我们再来看看荣格所说的"工作"(work)究竟是什么意思。一个完全按本能生活的人——与文明人刚好相反的自然人，他的生活同动物一样，完全服从于本能的需要，始终与本能需要保持同步。他饿了就吃，渴了就饮，性欲勃发的时候就交媾，受到惊吓的时候就逃跑，发怒了就拼斗，疲倦了就睡觉。他遵循本能为他规定的方向和轨道，就像河水遵循河床为它规定的方向和轨道流过田园乡间一样。

　　处在自然状态中的人没有文化，没有象征形式，没有技术的发展，没有社会组织，没有学校和教堂，只有当自然能量开始转入文化的和象征的轨道，这时候才有荣格所说的"工作"。那么这种转变要怎样才能发生呢? 荣格的回答是，通过模仿和制造类似的东西。任何一种东西都有与它相似的另一种东西。例如，力的物理学概念就起源于我们对自己肌肉力量的感知。

　　能量疏导的一个很好的例证是澳大利亚土著举行的春天仪式(spring cere-mony)，"他们在地上掘一个洞，周围放上许多灌木，使它看上去仿佛是女人的生殖器。然后他们就围着这个洞跳舞，手执长矛位于身体的前方以代表勃起的阴茎。他们一边围着洞跳舞，一边把手中的长矛掷入洞中，同时口中发出'不是洞，不是洞，是——'的喊叫。……毫无疑问，这是一种能量的疏导，是以舞蹈和模仿性行为的方式，把能量向本能对象的类似物转移。"(荣格文集，第八卷，42—43页)

　　还可以引证许多例子来说明这种能量的疏导。普布洛印第安人(Pueblo In-dians)的野牛舞，是年轻人未来的狩猎活动的准备和预演。澳大利亚阿朗塔斯(Arundas)部落的土著，在他们部落的某一成员被另一部落的人杀死以后，就要举行一种仪式，这时候死者的头发被用来缚住那些已被选中的复仇者的阴茎和口唇。这就使他们分外地愤怒，从而也就更加刺激起复仇的火焰。在原始部落中还有许多这样的仪式，如保证大地丰产的仪式和舞蹈，祈雨的仪式和舞蹈，驱魔的仪式和舞蹈，准备战争的仪式和舞蹈，使妇女多产的仪式和舞蹈，希望获得力量、权力和健康的仪式和舞蹈。所有这些仪式的复杂和烦琐表明: 为了使心理能量从日常生活习惯的自然方向上转移到一种新的活动中来，需要付出多大的努力。这种努力完全可以与修建水电站以获得电力的工程相比较。

　　所有这些原始仪式的意义和价值就在于，它们把人的注意力转移到将要进行的工作和将要完成的任务之中(例如捕杀野牛或种植庄稼)，因而也就增加了成功的机会。这些仪式的作用就像是一种训练和安排，帮助人们做好精神上的准备。

　　荣格认为，象征虽然类似于象征的东西，却不能等同于这些东西。水在河床中流动虽然与电在电缆中流动相似，然而电流毕竟不同于水流。上面说到的舞蹈虽然明显地模仿着性交，然而它毕竟不是性交。钻木取火类似于性行为，然而也毕竟不是性行为。文化的和技术的活动虽然有与本能活动相似的起源，但是一旦它们产生和发展起来，也就有了它们自己独立的性质和特征。

荣格注意到现代人更多地依靠意志而不是依靠仪式，人们一旦决定应该做什么事情，他就径直去做这件事情并学会怎样做好。除非作为娱乐，否则他绝不在舞蹈和颂诗仪式中浪费时间。当然荣格也指出，当对于某种新的冒险缺乏成功的信心的时候，现代人也仍然要借助于仪式甚至巫术的活动。

"意志活动"也同样要制造出原始本能的类似物（象征）。这些相似的对象和相似的活动对于人的想象起一种刺激和鼓舞的作用，因而人的精神总是被它们所吸引、笼罩和占据。这就给人的心灵以一种刺激，使它为这一对象而做出各种各样的努力，从而在它身上获得新的发现。如果没有这种刺激，所有这些发现都是根本不可能的。荣格认为现代科学其实是原始巫术的派生物。科学的时代使人类掌握和驾驭自然现象的梦想变成了现实。通过把能量从人的本能引导到本能的科学象征之中，人类已经能够改造整个世界。如同荣格所说的那样，"我们有一切理由……给象征以应有的尊敬，因为它作为最有贡献的手段，把纯粹本能的活动改造为一种有效的工作"（荣格文集，第八卷，47页）。

在物质的自然中，只有极小一部分自然可以转变为有效的工作能，绝大部分都仍然保持其自然状态。本能能量也是如此：只有一小部分可以被用来制造象征，更大的部分仍然保持其自然趋势以维持生命的运转。只有当我们创造出一种强有力的象征时，我们才能够依靠"意志活动"成功地将一部分力比多（心理能）从自然能转化为心理能。

尽管力比多完全被用于维持人格系统，却仍有一定的能量闲置不用，因而有利于创造新的象征。力比多有这种剩余，是由于人格系统不能成功地在系统内部平衡能量强度所导致的。举例来说，如果心理能由人格面具输送到阿尼玛原型，而阿尼玛原型又不能吸收其全部能量，就会有一些能量剩余出来。正是这些剩余能量最适合被疏导转移来创造新的象征（类似物）。这些新创造出来的象征将引导我们从事新的活动、产生新的兴趣、获得新的发现和走向新的生活方式。这种剩余精力（力比多）使人类能够从自然本能的产物开始，经过迷信和巫术的阶段，走向科学、技术和艺术的现代纪元。当然，有时候这种剩余的能量也被用于破坏的甚至是残暴的目的，可见"意志活动"既可以用于创造也可以用于毁灭。

第五章
人格发展观

　　"世界上最大的幸福应是人格的快乐！"这是荣格在其《人格的发展》一文中引用的歌德的一句诗。这句诗不仅道出了荣格关于人生意义的理解，而且也道出了荣格分析心理学心理治疗的目标——人格的发展。

　　幸福几乎是每一个人所追求的最终目标，然而，怎样才会幸福？这个问题却少有人知。多数人认为拥有了金钱、地位、荣誉或者完整的家庭，就会幸福，事实上，这些还只是一些表面文章，不是幸福的根源。只有人格的完善，才会使人获得真正意义上的幸福。这并不难理解，幸福本来就是一种主观体验，而不是客观事物。我们都知道，有的人在别人看来辉煌一时，幸福无比，但是他们内心却充满矛盾和冲突。所以说，内心如果体验到幸福感，不管外在的物质条件是什么，他都是幸福的。就像颜回一样，一箪食，一瓢饮，在陋巷，人不堪其忧，而颜回不改其乐。虽然吃穿像一个乞丐，但是你能说颜回自己不感到幸福吗？

在荣格看来，世人所说的"成功"，不过是社会功能的部分，是意识层面的。也就是说，金钱、荣誉、地位，这些东西多数都是社会赋予了价值才使得对个体如此具有吸引力，至于是不是个体所真正需要的，则是不确定的事情了。或者说，人们在社会上的角色不过是人格面具部分，而人格面具除了能给个体带来必要的生存满足之外，却是无法满足个体内心(阴影)的需要的。

忽略对人格完善的追求还表现在，过度重视儿童心理的教育。诚然，儿童心理健康是需要关注的，但是，荣格认为，儿童意识尚未完善，对其进行的心理健康培育收效甚微。不仅如此，如果教育儿童的成人(不论是父母还是教师)自己人格不健全，那么又怎么能期望他们能给儿童带来健全的人格呢？现实中，成人们之所以忙于儿童心理的教育，不过是他们逃避自我成长的一种方式而已。

那么，人格发展的最终目标是什么，在人的不同阶段，人格有哪些特点，人们该如何面对自己的内心发展，这些问题将是我们这一章主要解答的问题。

一、人格发展的概念

　　荣格认为，人格发展是经过个性化(individuation)、超越功能(transcendent function)的成长历程。在成长发展历程中，重要的是使两极相对的内在动力，逐渐趋于调和，并偏向比较成熟的一方，如潜意识能量渐减；压抑的情形渐减，升华的情形渐增；非理性的成分渐减，理性的成分渐增。个体发展由内外(意识与潜意识)两极对立达到两极融合的地步，即表示其人格发展臻于成熟。

(一)个性化

　　个性化是荣格分析心理学中的一个重要概念，荣格认为实现个性化是人格发展的终极目标。不过，在中文文献中，对于荣格的个性化却有很多种说法，比如有人将"individuation"翻译成"个体化"。

　　荣格认为，个体的精神在最初的状态就像一粒种子，是一种混沌的、未分化的统一状态。这粒种子在适宜的环境中将会长成参天大树，种子变为参天大树的过程，就是个体的精神发展为充分分化了的(fully differentiated)、平衡和统一的人格的过程。当然，完全的分化、平衡和统一的目标是很难达到的，如同荣格所指出的那样，只有耶稣和佛祖才接近了这种水平，但这毕竟是人格发展的方向。这种自性实现的努力和使人格臻于完美的努力是一种原型，也就是说是与生俱来的先天倾向。没有一个人可以不受这种统一原型的强有力的影响。然而这种原型如何表现，一个人在实现这一目标的过程中能否成功，这就和个人成长经历有关了。

　　至于什么是个性化，荣格是这样说的："我用'个性化'这个术语来意指一个过程，人通过这个过程成为心理学上的'不可分割的'(in-dividual)，换言之，独立的、不可分的统一体或者'整体'。"也就是说，个性化是一个过程，而不是静态的。在这个过程中，各种人格系统会变得越来越富于个性，这不仅意味着每一个心理系统会分化得不同于别的系统，而且更重要的还在于，每一个系统的内部也发生了分化，从单纯的结构成长为复杂的结构。复杂性意味着一种结构能够以多种方式表现自己。举例来说，没有获得充分发展的自我只有很少一点简单的自我意识方式，当它逐渐个性化之后，它的全部自觉行为就大大地扩展了。个性化了的自我能够在它对世界的各种知觉中获得很高的鉴别力；它能够领悟表象与表象的微妙关系，能够深入到各种现象的意义中去。

　　同样，人格面具、阿尼玛、阴影和集体潜意识的其他原型，以及个人潜意识的各种情结，当它们逐渐个性化之后，也会以更加微妙更加复杂的方式表现自己。就像前文所说的英雄原型一样，未发展的英雄原型处于"鬼精灵周期"，而充分个性化的英雄原型就会达到"孪生子周期"。荣格认为，简单的儿歌和游戏能够使儿童满意，却不能满足个性化了的成人。成人需要的是更加复杂的文学、艺术和宗教的象征，以及种种社会机构的象征。这从另外一个方面也说明了，个性化促使个体的追求更加成熟。

　　个性化是一种自律的、固有的过程，这意味着它并不需要外部刺激就可以存在。个体人格注定要个性化，这正像人的身体注定要成长一样不容置疑。但正像身体的健康成长需要一定的营养和锻炼一样，人格也需要一定的经验、一定的教育，才能健康地成长、健康地个性化。而且，正如身体由于饮食不当和缺乏锻炼，可能畸形病态、发育不全一样，人格也同样可能由于经验不足或教育不当而发展得畸形片面。荣格认为，现代世界高度的文明化，使得个体不得不更多地满足社会的期待，而没有给阴影原型的个性化提供充分、适当的机会。具体来讲，儿童身上表现出来的动物本能(阴影原型)通常是要受到父母的惩罚的。但惩罚只是压抑却并不能消除阴影原型——没有什么东西能够使阴影原型彻底消失。受到压抑的阴影原型返回到人格的潜意识领域，并在那里保持着一种原始的尚未分化的状态。这样一旦它突破压抑的屏障——而这一点随时都可能发生——它就会以凶险的病态的方式来表现自己。现代战争的野蛮和肆虐，色情文学的粗俗和淫秽，正是这种未分化的阴影的显现。

　　只有通过自觉的意识，人格系统才能进入个性化。教育的最终目标也许就在于，或者说正应该是，使一切潜意识的东西成为意识到的东西。教育，正如这个词的词源所表明的那样，是从一个人身上发掘出那些已经以萌芽的形态存在于那儿的东西，而绝不是用灌输知识来填补本来是空白的心灵。

　　为了使一个人的精神得到健康的发展，就必须给人格的各个方面以均等的机会去实现个性化。因为如果人格的某一方面被忽略，这个被忽略了的方面就会以一种不正常的方式表现自己。某一系统的过分发展会造就一种褊狭的人格。试想，要是儿童们生活在这样一种环境中，这种环境强调的是传统的行为准则，儿童们在他们不喜欢某种东西时不得不假装喜欢，在他们喜欢某种东西时又必须假装不喜欢。他受的教育使他不能按自己的方式去思想和行动，而必须按传统的价值观念去思想和行动，那么，按荣格的话来说，他就会过分地发展自己的人格面具。这个人的自觉行为就会显得缺少热情、缺少活力、缺少自发的冲动，以致他根本就是一个面具、一个社会的傀儡。

心理治疗本质上是一种个性化的过程。在《心理学与炼金术》一书中，荣格考察了表现在病人的幻觉和梦中的个性化进程。在另一篇题名为《个性化过程研究》(荣格文集，第九卷，一分册)的文章中，个性化过程通过荣格的一位女病人所作的一组水彩画获得了表现。这组绘画表现为曼荼罗形式，对这些图案的分析揭示了这位女子的个性化过程。荣格发现，病人认为画这些曼荼罗图案会产生一种安慰缓和的心理效果。在荣格的《曼荼罗象征考察》一文(荣格文集，第九卷，一分册)中，读者可以看到经过复制的五十三幅曼荼罗图案。

我们再简单总结一下个性化的过程：个体心灵最初是一个混沌的整体，出生后，意识开始获得发展，随着意识的逐渐发展，意识、潜意识实现分化，心灵也不再是一个整体。意识发展的结果，一方面使人格分化成不同部分，带来心灵的分裂；另一方面就是自我(ego)获得了高度发展，进而促使一个人的意识逐渐变得富于个性，变得与他人不同。此后，自我会在内在整合力量的驱使下像自性(self)转化，当转化发生，一个新的人格中心(自性)就会显现，同时自我倾向被减弱。荣格认为这个历程会出现在中老年时期。首先出现的是承认自己的不足与限制，然后惊觉自己的分裂本质(divided nature)，在自性这一心灵整合力量的作用下，最终则将分裂加以统合，从而实现完全的个性化。如果从自性发展的角度来讲，最后这个整合的状态也可以称为自性实现。

(二)超越与整合

人格的整合(integration)在荣格心理学中是最重要的主题之一。人格既然是由许多不同的系统组合而成，其中有些还是彼此冲突的，那么，这种整合又怎么可能呢？例如，阴影与人格面具就很难成为一个统一整体的不同部分。

正如我们已经知道的那样，趋向整合的第一个步骤，是人格的各个方面的个性化。第二个步骤则受荣格所说的超越功能(transcendent function)的控制。超越功能具有统一人格中所有对立倾向和趋向整体目标的能力。荣格说，超越功能的目的，"是深藏在胚胎基质中的人格的各个方面的最后实现，是原初的、潜在的统一性的产生和展开"。超越功能是自性原型得以实现的手段。同个性化的过程一样，超越功能也是人生而固有的。

个性化促使心灵机构分化而富于个性，整合是使得心灵各部分统一为整体。个性化和整合似乎是两个方向，而且好像是不同的步骤，而实际上个性化和整合是并驾齐驱的。也就是说，分化和统一在人格的发展中就成了同时并存的过程。它们齐心协力，共同达到使个性获得充分实现这一最高成就。

　　我们以男人人格中的男性方面与女性方面的整合过程来说明什么是超越。在男人的人格中，男性方面和女性方面都需要通过表现为意识活动而获得个性化，与此同时它们也都倾向于与对方结合为一种统一的形式。这就是说，每一种意识活动都要同时表现男人天性的两个侧面，但不是导致对立与分裂，而是造成和谐的统一。一个把自己的阿尼玛原型和男性心态整合在一起的人，在行为上并不是时而以男性方式，时而以女性方式表现自己，更不是一半男人一半女人，而是对立的两方形成了一种真正的综合，除了生理上的区别，精神的超越实际上已经消除了两性的界限，就像佛教中的佛、菩萨一样，他们本身是不具有性别区别的。

　　当然，完美无瑕的个性只不过是人格全力以赴的一种理想。如果说有人曾经达到过这一理想境界的话，那也是极其罕见的。

　　于是，人们必然要考虑，是一些什么样的因素在妨碍着人格和个性的实现(即充分的分化和充分的整合)。荣格相信，遗传因素可能造成一种特殊的、偏向某一方面发展的人格。一个人可能生来就有外倾或内倾的强烈倾向；他可能注定要成为情感型的人而不是思维型的人；他的阿尼玛原型或者阴影原型可能在天性上就比较强或比较弱。遗传对于人格的影响是一个我们迄今还不甚了解的课题。

佛是高度个性化的象征，也是人格整合的象征，图为洛阳龙门石窟的卢舍那佛像。

　　影响人格发展的另一个重大因素是环境。荣格同所有伟大的心理学家一样，是一位社会批评家。他对各种各样的社会环境因素作了认真的分析，识别出了那些在他看来确实阻碍和扭曲着人格健康发展的因素。当然，环境也同样可能有助于人格的发展，那是当它有利于人的天生素质发育并有助于使它们达到平衡的时候。一旦它剥夺了人们必需的精神营养，或者提供有害的精神食粮，这时候它就必然妨碍人格的成长和发展，这些环境因素主要包括以下方面。

(1)父母的作用

所有研究过人格发展的心理学家都强调这样一个命题：父母对于子女性格的发展起着极其重要的作用。人们因为子女的过错而谴责其父母，有时也因为子女的良好品行而称赞其父母。荣格自然也不否认这一不言而喻的真理。

然而关于父母对子女人格的影响，荣格却提出了某些相当新奇的看法。首先，他认为在儿童生命的最初岁月里，他们还没有独立的个性，这时候子女的精神完全反映着父母的精神。因此，父母的精神失调也必然要反映到子女的心理中来。因此，要想治愈儿童的心理疾病，就必须对父母首先进行心理治疗。荣格甚至说，儿童的梦与其说是反映儿童自己的心理，不如说是反映出他们父母的心理，从这个意义上可以说，儿童的梦就是父母的梦。荣格在对一个病例的描述中讲到，他曾分析过一个父亲的心理，而这种分析是通过这位父亲的年幼的儿子所做的梦进行和完成的。这时候儿子所做的梦就是父亲精神状态的一面镜子。

子女入学以后，他与父母在精神上的同一就开始逐渐减弱，并逐渐形成他自己的个性。当然也还存在着这样的危险，即父母以各种方式继续主宰着子女的精神发展，例如过分的关心和保护，在一切事情上代替子女做出选择和决定，不让他们获得广泛的人生经验，在这种环境氛围下，儿童精神的个性化就会受到阻碍。

如果父母的一方或者双方企图把他们自己的精神发展方向强加给子女，这就会给子女精神的发展造成不良的影响。有时候父母又企图鼓励子女片面发展他们自己所不具备的那些心理素质，借此来获得一种心理上的补偿，这也会给儿童的精神发展带来不良影响。举例来说，内倾的父母可能希望自己的子女像他们一样养成内倾的性格，也可能希望自己的子女与他们不同而具有外倾的性格。不管是前一种情形还是后一种情形，都会导致子女在人格发展上的不平衡。而如果子女成为父母争夺的对象，彼此都想对他施加不同的影响，其结果则只会更加有害。

母亲对子女的影响不同于父亲对子女的影响。男孩子从母亲那儿受到的影响，决定着他的阿尼玛原型的发展方向，他从父亲那儿接受的影响，则决定着他的阴影原型发展的方向。女孩子的情形则刚好相反。无论父亲或母亲，都同时影响着子女人格面具的形成。

(2)教育的影响

荣格在学校读书期间，曾经有过许多不愉快的经历。老师们往往并不理解他，许多指定给他学习的课程内容又往往十分沉闷。也许正因为有那样的学校

生活，荣格在对教育工作者的大量谈话中，反复强调教育者必须懂得青少年的心理发展。他认为教师对于学生人格发展的影响，与教师对学生智力发展和知识积累的影响同样重要。因而，教师对学生所进行的教育也应该包括心理学的内容。更重要的是，应该向那些将要成为教师的人强调，他们必须首先对自己的人格和个性有清醒的认识，否则，当他们走进教室的时候，就会把他们自己的情结和烦恼投射给学生。正像子女的心灵反映着父母的精神状态一样，学生的心灵也反映着教师的精神问题。既然期望每一个教师都事先接受分析治疗是不现实的，荣格因而建议他们对自己所做的梦做一个记录，以便从这些夜间显现的潜意识心理内容中，或多或少地获得一些对自己的认识。

在荣格看来，教师无疑将对孩子们的精神和人格的个性化发挥最大的影响，这种影响甚至比父母的影响还大。教师的任务是使学生身上那些潜意识的东西成为自觉意识到的东西。而学生们通过不断地向教师提供新鲜的经验，提供能够从本能中汲取能量的象征，反过来也扩大和拓展了教师自觉意识的领域。教师的职责是注意和发现孩子们在人格发展上的不和谐，并帮助他们发展精神中薄弱的方面。教师应鼓励那些片面发展的思维型学生表现和发展其尚未分化的情感功能，鼓励那些性格内向的学生发展其外倾心态。对女教师说来，特别重要的一点是掌握男孩子们的阿尼玛原型；而对男教师说来，特别重要的则是掌握女孩子们的阿尼姆斯原型。然而，教师最重要的任务还在于认识每一个学生的个性，从而帮助这些不同的个性获得平衡的发展。

（3）其他影响

社会作为个人生活的环境对于人格的整合也有很大的影响。荣格指出社会风尚的改变同人们对人格类型的选择紧密相关。在某一历史时期，情感可能更为人们所重视；而在另一历史时期，思想则可能较为流行。阿尼玛原型可能在一段时期遭受压抑，而在另一时期则可能受到重视和鼓励。人格的不平衡往往由于这些不断变化的社会风尚所致。20世纪60年代后期，男性的阿尼玛原型和女性的阿尼姆斯原型开始以较大的加速度走向成熟和个性化。与此同时，人格面具却开始削弱和衰落。自觉意识的扩张成为战后出生的一代人追求的目标。

荣格说，不同的文化类型可能喜爱不同的人格类型。例如，在东方，内倾型和直觉型的人更受欢迎；而在西方，外倾型和思维型的人则更受重视。

个性化的过程绝不仅仅发生在个体的身上，也发生在人类的历史长河中，发生在文明人和野蛮人之间。现代人比古代人，文明人比野蛮人是更加个性化了。在实际生活中这意味着旧的思维模式和行为规范不再能够满足现代人的精神需要。用荣格的话来说，现代人需要的是更为复杂的象征，借以表现其更高的个性化程度。文艺复兴是一个翻天覆地的大时代，在这段历史时期，许许多多新的象征被创造出来。荣格断言，我们今天所需要的，是象征的新的复兴。如果找不到更好的象征，所有那些受压抑的和未能得到发展机会的潜意识原型，就会以原始粗野的、自我毁灭的方式发泄和释放出来。

有一段时间，宗教在帮助人们个性的发展和人格的整合方面，发挥过比今天大得多的作用。宗教能够发挥这样的作用，是因为它为个性的实现提供了各种强有力的象征。当教会机构逐渐更多地卷入到如社会改革这样的世俗事务之中，而极少注意保持和发挥原型象征的活力的时候，宗教对于个人精神发展的原有价值就跌落了。荣格撰写了大量有关心理学与宗教的文章，他的观点对一些教会人士已发生了有力的影响。这种影响所产生的结果之一就是牧师咨询的发展。所谓牧师咨询，就是由受过分析心理学训练的牧师提供在宗教范围内的各种咨询。

近年来，在中国大陆，在不少人中，出现了各种类型的体验，或者有不少以心理学的名义进行的类似于宗教性的活动。这种现象的原因在于，现代(尤其是中国)的人们因为没有了宗教信仰，缺少了宗教所营造的原型的象征，内心便越发渴望宗教的体验。但是，在意识层面上，中国人又很排斥宗教，认为宗教是愚昧、迷信的产物而对其敬而远之。在这样的一个内外不统一的心理作用下，披着心理学这个"科学的"外衣的、类似于宗教活动的活动便日益盛行起来。

二、人格发展的阶段

人格的发展在人的一生中是一个连贯的过程，但是这个连贯的过程中又会明显地分为几个阶段。关于人的发展阶段的划分，不同的人有不同的观点。孔子说："吾十有五而志于学，三十而立，四十而不惑，五十而知天命，六十而耳顺，七十而从心所欲不逾矩。"这其实也是一种粗略的人格发展阶段的划分。美国心理学家埃里克森著名的人生发展八阶段理论也是一种人格划分；弗洛伊德把人格发展划分为口唇欲期、肛欲期、前生殖器期、潜伏期、性成熟期，这也是一种人格发展阶段的划分。

荣格拿太阳每天东升西落的轨道来比照人的一生，当然，前提是假设太阳像人一样具有情感及局限意识。早晨，太阳从黑暗的未知海洋中升起，俯视宽广、明亮的世界。大地随着太阳的升高，在它面前不断地延展。随着自己的升高和由此带来的照耀范围的扩展，太阳会发现自身的重要性：它可以看到自己

到达的最大可能高度、其阳光福祉散播到的最广可能范围，这是它的目标。在这种确信下，太阳继续着它走向未知顶点的过程——之所以叫未知，是因为它的事业是唯一和独特的，终极的顶点是无法预先知道的。午间钟声响起，太阳开始下落。而下落意味着所有理想和价值的逆转，这些理想和价值在早晨时是被珍视的。这时，太阳有可能会陷入矛盾之中，一方面它还在坚持着早晨时的规则，想普照大地以赢得人们的尊敬；另一方面，它需要收回自己的光线以迎接黄昏的到来。这好比一个人，年轻的时候不断把能量向外投射，而年老时应该逐渐把能量收回到内心，不然的话，必然妨碍人格的健全。然而不幸的是，人们期望自己永远年轻，老年人在以青年时期的标准要求自己，不断跟青年人竞争，于是，个体和社会都面临着问题。具体而言，荣格认为人格的发展具有四个阶段，下面就详细地说一说这四个阶段各自的特点。

(一)童年

童年阶段从出生的那一天开始，一直持续到青春期或性机能成熟之前。在童年期的前半段，儿童的力比多主要消耗在各种为生存所必需的技能上，例如吃、喝、排泄、说话、走路等。在儿童早期，儿童实际上并不会真正有问题，因为问题的提出需要一个意识的自我作为其先决条件，而儿童却没有这样一个意识的自我。这时候如果儿童出现问题，那只能说明其父母出现了问题，是成人对自己持有怀疑，并处于矛盾状态。当然，婴儿已经有了最初的意识，但他尚缺乏各种知觉，甚至根本没有任何组织整理的能力。他的记忆也是非常短暂的。这样，在他那里也就没有意识的连贯性和自我的认同感。在这段时期，他的全部精神生活都服从本能的制约和支配。他完全依靠父母，生活在父母为他提供的精神氛围之中。他的行为是自发的和任意的，缺乏条理与控制，完全处于混沌状态。当然，本能使他的行为具有某些秩序和条理：他会周期性地感到饥渴和要求吃喝，吃饱了喝足了以后他会排泄，疲倦了以后他又会酣睡。尽管如此，他的生活秩序仍主要是靠父母来为他做出计划安排。

荣格说，到这一时期(儿童时期)为止，个人的心理生命很大程度上由本能掌控，没有出现或几乎很少出现问题。这时，即使外部限制压抑他的主观冲动，也不会使个体本身产生矛盾。因为，个体会屈服或避开这些限制，从而使自己仍然是统一的。这样，个体就不会存在由外界问题引发的内心紧张状态。这种状态只有在外部限制变为内部限制、两种冲动相互抵制时才会出现。

到了青春期，随着性特征的成熟，才有了心理的诞生以及意识到父母的不同。这一时期，生理变化掺杂心理的变革，生理的各种变化强化了自我，以致自我常常毫不谦虚地断定自己。有人把这一时期称为"无法忍受的时期"。但正是从这时开始，个体开始突破父母对他的包围，从父母的精神卵翼下孵化出来。

概括起来讲，意识的第一时期是无政府的混乱状态，仅仅由认识或"知道"组成；第二时期，即自我情结已有发展的阶段，则是君主制的一元状态；第三个时期则是意识更进一步的发展，意识到了分裂状态、二元状态。

(二)青年

青年阶段从青春期一直延续到 35—40 岁。这一阶段的到来以青春期发生的生理变化为标志。"这种生理上的变化伴随着一场心理上的革命"(荣格文集，第八卷，391 页)，荣格把它叫做"精神的诞生"，因为这时候精神开始获得了它自己的形式。

荣格认为，青年阶段出现的问题，多数都是这样的原因：迫于生计，个体不得不草草结束了童年的美梦，如果个人事先有充分的准备，并且具备足够的知识和进行适当的调节，那么这种从童年活动到职业工作的转变就不会遇到多大的困难。但要是他始终执着于童年的幻想，不能清醒地面对现实，那就必然导致无穷的痛苦和烦恼。每个人开始肩负一定责任的社会生活时，都怀着某种希望，这种希望有时候会破灭，其原因往往由于它与个人的实际生活处境不适应。譬如有这样一个年轻人，他在整个青年时期一直计划做一名飞行员，但后来他发现自己的视力达不到标准，他的希望也随之而破灭。像这种希望就很不容易转向其他职业。希望破灭的另一个原因在于：一个人往往不能正确对待自己的理想，他可能过分乐观，也可能对此抱一种过分悲观的心态，于是过高或过低地估计了他将要面临的种种问题。

一个人在青年阶段面临的困难，并不完全是那些与外部事务有关的问题，例如职业问题、婚姻问题等，他所面临的问题也可能是精神上的困境。荣格注意到，这些问题往往是由性本能所导致的精神平衡失调，也可能是由极端敏感和紧张所导致的自卑感。

青年时期的许多心理问题，常常具有一个共同的特点，这就是固守和执着于意识的童年阶段。我们内心深处的某些情感(一种儿童原型)宁可始终停留在儿童的水平上而不愿意变得成熟起来。

一个正处在人生第二阶段(青年阶段)的人，他所面临的任务更多地与外倾的心理值有关。他必须奋力开辟他在生活中的位置。由于这一缘故，锻炼和增强自己的意志力就显得特别重要。男青年和女青年们必须具有充分的意志力，

才能在生活中做出正确有效的选择，才能克服他面临和将要面临的无数障碍，才能满足他自己和他的家庭的物质生活需要。

(三) 中年

人生的第二阶段大致结束于 35—40 岁之间。一个人到了这种年龄，或多或少都能够成功地适应外部环境了。他在事业上已经站住了脚，已经结婚并有了孩子，并且积极参与公共事务和社会活动。人们很可能认为：除了某些偶然的挫折、失望和不满，中年人一般都处在一种相对安定的状态中。

然而实际情形却并非如此。在一个人的后半生中，往往会出现一些奇怪的、意想不到的复杂问题。这时候他的主要任务是围绕一套新的价值重新调整他的生活。从前用于适应外部生活的心理能，现在必须用来投入到这些新的价值中。

为什么人到 35 岁以后还需要重新发现新的价值，这些价值的本质是什么？荣格认为，这是一些精神价值。这些精神价值始终存在于人的心中，然而却一直被忽略和忘记。它之所以被忽略忘记，是因为在整个青年时期，外在的和物质的兴趣更多地受到重视而片面膨胀。就像荣格所说的那样：

> 内心不关心更高层次的意识，而是相反（编者注：而是更关注潜意识）。社会……的奖赏总是给予获得的成就，而不是给予人格，对人格的奖赏总是在当事人逝世后。这些因素迫使我们走向一个特殊的解决方式：我们被迫把自己限制在可达到的范围内，区分特定的才能。凭借这些才能，社会中成功的个人发现其真实自我。（关德群译，2011，269 页）

以往的心理学家们很少注意中年这一重要阶段，他们宁可集中精力专门研究幼儿、童年、青春期和老年。只有极少数心理学家愿意从事中年心理学的研究，荣格就是其中的一个。荣格说，他不能不关心这一问题，因为他的病人有许多(大约 2/3)正处在这一人生阶段。人们自然也会想到，荣格本人在这一过渡时期的经历体验，可能也是他对人的中年时期感兴趣的原因。荣格 36 岁那年写出了《转变的象征》，这本书标志着他同弗洛伊德关系的破裂，并为他后来的著作和思想奠定了基础。他在自传中提到，在这本书出版之后，紧接着他就沉寂了很长一段时期，我们可以猜测，正是这段沉寂的时期，他孕育着所有那些新的精神价值。

荣格的病人中有许多是那些在事业上取得了杰出成就的社会名流。这些人往往才智出众、富于创造力。为什么他们反倒需要向荣格求助？这是因为，正如他们在同荣格的私人谈话中承认的那样，生活不仅使他们丧失了热情和冒险精神，而且生活本身也完全失去了意义。从前他们认为极重要的事情，现在已不再显得重要。他们的生活似乎完全是空虚的和没有意义的。他们因此而感到抑郁沮丧。

荣格发现了造成他们这种抑郁沮丧的原因。这就是：起初，为了得到某一社会地位，心理能大量地投入到那些外在兴趣上；而现在，由于这一目标已经实现，能量也就相应地从这些外部兴趣方面收回。这种能量的收回和价值的丧失在他们的人格中造成了一种空虚。

治疗的办法是什么？答案是十分清楚的。那就是，中年人必须唤起和形成新的价值以取代旧的价值从而填补精神的空虚。然而并非任何新的兴趣都可以发挥这一作用。它们必须是能够在纯粹的物质考虑之外扩展人视野的新价值。这是精神的视野，文化的视野。在这种时候，个体需要通过静观、沉思和反省来获得自性的完善，而不是通过实际活动来达到这个目的。正如荣格所说的那样，"对那些还没有能够适应生活，迄今一事无成的年轻人，最重要的事情是尽可能有效地形成他的意识的自我，也就是说要进行意志的培养……另一方面，对那些人到中年，不再需要培养自觉意志的人来说，为了懂得个体生命和个人生活的意义，就需要体验自己的内心存在。"（荣格文集，第十六卷，50 页）

(四)老年

荣格对于晚年心理并不是太感兴趣，他认为，从一方面看，老年类似于童年。他沉溺在潜意识中，不断地考虑着"来生"。老年人越来越深地沉溺于潜意识并最终消逝于其中。

(五)荣格论青年与老年的不同

荣格认为，如果两个人做完全相同的梦，而做梦者一个是青年，一个是老人，那么他们感到心神不宁的必将是两种迥然不同的问题。荣格曾举过一个例子，一个谨慎拘束、内倾型的青年和一个性格刚毅勇猛，曾有过冒险经历，但已病得不能自理的老人，分别告诉荣格他们做的一个同样的梦。梦中，梦者率领一群青年人骑着骏马穿越荒野。梦者骑马越过一条涨满了水的深沟，避免了落入深沟的危险。但除了做梦者之外，其他人都落入水中。荣格认为，这个梦是在告诉那个青年人要大胆果断，而警告那个老年人，他心中依然时隐时现的冒险精神，正是他病症的首要根源。

荣格有这样一个观点，认为弗洛伊德和阿德勒的学说常常更适合于解释年轻人的心理。在生命的成长期，青年男女应给予本能应有的重视，允许本能在社会认可的模式上起作用，因为，这一时期，性的需要和自我表现的需要是占支配地位的冲动。而地位及智力成就的取得常是以牺牲性冲动为代价的，长此以往，心理病症因此而发生，用弗洛伊德的童年期性起源的理论解释就是合适的。如果一个失败者觉得自己是处处受压制的人，企图通过自我表现对他的失败、受压制做出补偿，那么用阿德勒的理论说明是有效的。因此，荣格在治疗中也应用弗洛伊德和阿德勒的理论对病症进行解释。荣格说：

> 一位年轻人的生命特色主要包括一般性的揭开序幕及奋力迈向终点两点；其心理症的来源通常都可归诸他在该过程中的踌躇与退缩两种现象。（黄启铭译，1987，136—137 页）

对于一些年纪较大的病人来说，弗洛伊德和阿德勒的方法便不适宜了。上了年纪的人，其生命特色乃是节制其精力，其成就已成定局，难以再创高峰，但仍然妄想固执已成过去的年轻时的抱负，正是心理病症的原因。这类人，需要的就是转变其追寻的方向，放弃那年轻时的梦想。荣格的方法对治疗这类病人是更合适的。荣格的方法的形成也得益于这类病人。

由此可以看出，荣格十分重视人格的不同年龄特点，重视对不同发展阶段的人格在诊断与治疗上各有所取的不同的对应位置。

三、灵魂与死亡

死亡是人类不得不面对的一个课题，我们都知道人终究是要死的，谁都不能长生不老。我们似乎对死亡有一种与生俱来的恐惧。很多人会以为，只有老人才会思考死亡这件事，年轻人则无须多此一举。然而事实却是，三四岁的孩子就开始通过死亡游戏的方式不自觉地思考死亡的话题。弗洛伊德说，人有生和死两大本能，我们虽然不能说死亡是人的欲望之一，但是不能不说，生和死确实是人类的两大基本命题。

荣格说，生命是一个能量过程。和任何一个能量过程一样，它原则上是不可逆的并因此走向一个目标。这个目标是静止状态，就像沙子已从沙漏中流尽，滚动的石头归于静止。然而从长期的角度来看，所有发生的事，都不过是对永恒静止状态的一种初始扰动，这种静止状态一直试图恢复自身的状态。荣格认为，生命完全是一种目的，是朝向目标的内在努力，活的机体是有指向目标的系统，而这种目标都是自我实现的。每个过程的终结就是它的目标。

生命的过程就像一个抛物线，从静止处升起，到最高点之后，能量逐渐内敛，直到最后又回归到静止状态。然而，生命的心理曲线并不符合这一自然规律。有时这一不符合早在上升阶段就已经开始了。当生理在以抛物线轨迹上升的时候，心理的发展却落后于此。我们落后于我们的年岁，抱着我们的童年好像不能与之分开一样。我们渴望时间能被留住。当我们有点滞后地到达抛物线的最高点时，我们的心理再一次停下来，尽管我们可以清楚地看到我们已经向另一侧滑动。我们仍然依依不舍地回望过去，回望曾经达到的顶点。我们正是这样，心理一直落后于生理的发展，所以在死亡来临的时候，我们才不知所措，才怨天尤人，才无法面对。

还有一个问题，一个人的身体死亡之后，他的人格也就不再存在了吗？死后还有没有另一种生活？对心理学家来说，提出这样的问题未免有些荒唐。但荣格并不回避考察有关"来生"的问题。他知道，一种为世界上这么多人所深信的信念，一种成为许多宗教的重要构成因素的信念，一种成为无数神话和梦幻的主题的信念，不应该简单地当做纯粹的迷信，轻蔑地予以打发，置之不理。在人的潜意识中，必定存在着这一信念的基础。来生的观念，可能代表着精神的个性化进程中的另一个阶段。

正如荣格所说，人格的最终目标是充分个性化，也就是自性完全实现，达到一种和谐、统一和平衡的状态。但是几乎没有人能够在有生之年使自己的人格达到这种状态；另一方面，人格又有这种趋于和谐、统一和平衡的内在力量。所以，可以推测，在人的身体死亡后，精神生活还会继续存在，直至自性完全实现。

四、人格发展观对教育的启示

荣格的心理学理论是建立在对心理疾病或者精神疾病患者的研究基础上的，但是荣格本人又十分关注儿童教育问题，所以，荣格的很多心理学理论也是适合儿童、青少年的教育的。当然，分析心理学还适合正常成年人的心理成长，在这里就不再探讨了。

荣格说，人格是一粒种子，只能在生命的整个过程中一步一步慢慢地发展。这句话给我们至少两个启示：一个是，在孩子出生的时候，他内心就有一粒精神的种子，而种子具有发芽、成长的内在力量；另一个是，种子的成长需要良好的环境，如果没有水，它可能就无法发芽，如果它成长中总是受到人为

的扭曲，它就可能长成龚自珍所说的"病梅"。所以，荣格认为，对于儿童的教育首先要从父母、老师等成人入手。在荣格看来，那些强调对儿童教育而不愿意为自己人格发展而努力的人，不过是一种偷懒的行为。

荣格认为，教师无疑将对孩子精神和人格的个性化发挥最大的影响，这种影响甚至比父母的影响还大。教师的任务是使学生身上那些潜意识的东西成为自觉意识到的东西。而学生们通过不断地向教师提供新鲜的经验，提供能够从本能中汲取能量的象征，反过来也扩大和拓展了教师自觉意识的领域。教师的职责是注意和发现孩子在人格发展上的不和谐，并帮助他们发展和加强精神中薄弱的方面。教师最重要的任务还在于认识每一个学生的个性，从而帮助这些不同的个性获得平衡的发展。

第六章
心理类型学说

　　我们已经介绍了荣格对人格层次的划分，其中意识是人直接经验的东西，是人格中唯一能够被个体直接感知到的部分。荣格认为，意识具有思维、情感、感觉、直觉四个功能，此外还具有内倾与外倾两个心态。将意识的四个功能和两个心态结合起来，就形成了不同的人格类型。

　　1921 年，荣格发表了他关于心理类型的研究成果——《心理类型》一书。他在前言中写道，这本书是："在实用心理学领域中将近二十年研究工作的结晶。它从精神病医生对神经症的治疗所获得的无数印象和经验中，从与各种社会阶层的男人与女人的接触中，从与朋友和敌人的私人关系中，最后，从对我自己心理特点的反省中，逐渐地成型并发展起来。"

　　1923 年，《心理类型》英译本出版，心理类型内倾与外倾的区分，逐渐广为人知，如今已成为人们日常生活的词汇。在这本书中，荣格识别并描述了一系列基本的心理过程，揭示了这些过程怎样以不同的组合决定一个人的性格。他致力于把研究普遍规律和过程的一般心理学，转变为描述一个特殊个体的独特性格和行为的个性心理学。正如荣格所说，其结果是一种非常实用的心理学。

正因为荣格对各类心理类型的简介源于医疗实践和广泛的生活实践，所以它能为大众所接受。下面就是荣格关于人格类型划分的具体内容。

一、意识的心态：内倾型与外倾型

内倾和外倾这两个词语已成为众人熟知的心理术语，也是荣格心理分类系统的一个维度。内倾和外倾是根据心理能(力比多)的流向来确定的。当心理能流向种种主观的心灵结构及机能时，荣格称之为内倾心态；当心理能流向他人、动物以及对其他环境的知觉、思想和情感中时，荣格称之为外倾心态。

内倾和外倾两种心态是互相排斥的，它们虽然可以交替存在于意识之中，却不可以同时存在于意识之中。一个人在某些场合里可能是外倾类型的人，但是，在另一些场合，他可能是内倾类型的人。然而，在人的一生中，往往会是某一心态在心理中占据优势。如果外倾心态在一个人内心中占据优势，他便被称为外倾型的人；如果内倾心态在他的内心中占据支配地位，他就被称为内倾类型的人。一般情况下，内倾类型的人对于探索以及分析自己的内心世界颇感兴趣；他是内省的人，孤独离群的人，他全神贯注地注视着在他自己的内心世界里发生的种种事件。内倾的人看来仿佛是冷漠的、不善交际的、行为拘谨的人。外倾型的人则为自己与他人以及各种事物之间的相互作用而心驰神迷。在行为上，外倾的人显得较为积极活跃、平易近人，他对于自身周围的种种事情较感兴趣。

不过，一种心态比另一种心态占据优势是一个程度问题。一个人或多或少是外倾型或者内倾型的人，他并非完全是外倾型或者完全是内倾型的人。不仅如此，外倾和内倾之间的界限还由于在潜意识中存在着相对立的心态而变得模糊不清了，也就是说在意识中存在一种心态，那么潜意识中就会存在一种相反的心态。如意识中的外倾型人在其潜意识里是一个内倾型的人，而意识内的内倾型人在自己的潜意识中则是一位外倾型人。这是因为潜意识总是会扮演意识的补偿角色的原因。

一种心态当其是潜意识的时候所具有的特征与当它是意识的时候所具有的特征是不一样的。例如，一位意识内的外倾型人，通过自己的意识行为直接地表现自己的外倾心态。这种意识行为可以很容易地被他人观察出是外倾型行为。补偿性的潜意识心态由于受着压抑，所以，这种潜意识心态不能公开地表现自己。然而，潜意识的心态却间接地影响着人的行为。再加上潜意识的机能并不像意识的机能发展得那么完好，分化得那么具体。因此，被压抑的心态影响具有一种使行为变得更为原始、更为野蛮的趋向。当一个人一反常态，举止与其常态行为不相协调，或者怪僻之际，我们即可看到潜意识心态所起的间接

作用。例如，当一位外倾型的人突然变得喜怒无常，故意与人作对，令人难以接近时，我们会感到莫名其妙。这正是由于他的潜意识心态在起作用，他暂时落入了自己那被压抑着的内倾心态的掌握之中。另外，根据荣格关于梦的补偿理论，一个外倾型人在其睡梦生活中是一个内倾型人，而当一位内倾型人沉入睡梦之中时，他就变成了一位外倾型人。

二、意识的功能

现代心理学中也有对思维、感觉、情感、直觉等方面的研究，并有明确定义。相比之下，荣格对于这四个心理功能的定义反而不是很清楚，让人难以明确。下面，我们将具体说一下分析心理学思维、感觉、情感和直觉这四种心理功能的含义。

(一)思维

思维是借助语言、表象或动作实现的，对客观事物概括的和间接的认识，是认识的高级形式。它能揭示事物的本质特征和内部联系，并主要表现在概念形成和问题解决的活动中。

荣格把思维当做四个基本心理功能之一。他认为思维是一种根据它自身的规律用某种方式表达概念关系的心理功能；思维是一种统觉活动，由此，它可以被区分为主动和被动的思维活动。主动思维是一种意志的行为，可以归结为深思熟虑的判断行为；被动思维是一种偶发现象。荣格把主动思维描述为定向思维，把被动思维称为直觉思维。

(二)感觉

感觉是由刺激直接作用于某种感官引起的。具体地说，人们对客观世界的认识往往是从认识事物的一些简单属性开始的，头脑接受和加工这些属性，进而认识了这些属性，这就是感觉。

在分析心理学中，感觉或感知是把物理刺激化为知觉的心理功能，因此，它与知觉等同。但是感觉与情感并不相同，因为情感是一种完全不同于感觉的过程。感觉告诉我们某物的存在，但它并不告诉我们某物是什么以及与之有关的他物，它仅仅告之某物存在。

感觉在儿童和原始人那里具有极为明显的特征。因为它总是支配思维和情感，尽管它并不一定会支配知觉。所以荣格把感觉看做有意识的知觉，把直觉看做潜意识的知觉。感觉与直觉表现着对立的两方面或两种相互补充的功能。就感觉是一种基本现象而言，它是某种绝对给定的东西，某种与思维和情感相对的并不从属于理性规律的东西。因而荣格把它称为一种非理性的功能，尽管理性也竭力把大部分感觉吸入理性联系中。

（三）情感

情绪和情感是人们对客观事物的心态体验及相应的行为反应。情绪、情感不是无缘无故产生的，而是由一定的刺激情境引起的。刺激情境本身不能直接引发人类的情绪和情感，人们根据自己的需要对情境事件进行解释和评估，当环境符合人们的需要时，人们会产生愉快的情绪、情感体验，反之则产生消极的情绪、情感体验。

相比较而言，情绪是和有机体的生理需要能否得到满足相关的体验。情感是指人在社会历史发展过程中产生的与社会需要相联系的体验，是比较复杂的体验。情绪带有情境性，变化快，某种情境的消失就会使某种情绪消失；而情感是对事物的稳定心态，受情境的影响很小。情绪往往由事物的表面现象引起，因此带有冲动性；情感的产生则与对事物的深刻认识相联系，因而少有冲动性。

在分析心理学中，荣格认为情感主要是发生在自我与某一特定内容之间的一种过程，是在接受或拒绝(如"喜欢"或"反感")的意义上给某一内容以确定的价值的过程。

（四）直觉

荣格认为，感觉告诉我们一个事物的存在，思维告诉我们那个事物是什么，情感则告诉我们这个事物对我们的价值。此外还有什么呢？人们认为，当他们知道某物的存在、它是什么、有何价值时，他们就获得了世界的完整图像。其实不然，还有另外一个范畴，那就是时间。事物有其过去将来，它们从某处来，向某处去，但我们却不知道它们将来的走向，我们有的只有所谓的预感。比如，在心理治疗中，心理医生并不是很清楚来访者为什么会痛苦，但是心里会有一种感觉，甚至隐约知道了一些。他们并不能把这种东西清晰地表达出来，因为语言还没有发展到使人能恰如其分地对各种称谓加以界定的程度。这种所谓的预感实际上就是直觉。

荣格对"直觉"的定义似乎有些不可思议，他把直觉看做神秘主义的一种表现。荣格认为直觉这种功能使人们看见实际上看不见的东西，你做不到，但直

觉能为你做到，你也信任它。

直觉是一种在正常情况下不会用到的功能。假如一个人在斗室内过着有规律的生活并做着刻板的工作，那这个人不会用到直觉。但如果一个人在股票交易所或原始森林，那么此人就会像使用别的功能那样使用他的预感。例如，生活在原始森林的人不可能计算出绕过树丛时是否会碰上老虎，然而他会有一种预感，这预感说不定会救了他的命。

所以说，那些生活向自然状态敞开的人大量运用直觉，在未知领域冒险的开拓者也运用直觉，创造者与法官也会运用到直觉。在人们必须处理陌生情况而又无既定的价值标准或现成的观念可遵循的时候，人就会依赖直觉这种功能。

心理功能通常是由意志控制的，但也能以不自觉的方式起作用，替人思想，替人感觉，人却无法控制它们。正如感官功能一样，心理功能也有其特有的能量。人们不能对四种功能中的任何一种加以指派。没有人能做到想不要思想就能不思想。他免不了思想，因为投入每一种功能中的特定能量总要表现自己，而且不能转变为他物。

四种心理功能中占主导地位的功能给每一个体以特有的心理状态。比如，一个

心理功能十字图
（根据 1991 年成穷、王作虹译作绘制）

主要运用理智的人，那他属于不会出错的那种人，据此推测其情感状态，当思维成为主导或至上的功能时，情感必然处于一种次要地位。荣格用心理功能十字图来说明这一规则。

图中的中心是自我，它有一定可用的能量，即意志力。在思维功能占优势的情形下，意志力被导向思维。这样，情感就必须放在下端，因为这种情况下它是一种次要功能。为何如此呢？荣格假定，思维和情感这两种不同的功能是互相冲突的。当你思想时，你必须排斥情感，因为情感最能干扰你的思想；而依情感价值下判断的人则把思维丢于一旁。荣格认为，一个人不可能在同一时间以同样完美的程度拥有这两种对立的功能。

感觉和直觉的情况也是如此。感觉时，注意力集中于一点，观察的常是细节部分；处于直觉状态时通常不再注意细节，而是针对整个事物。二者难以同时兼得，因为一种功能的原则排斥着另一种功能的原则。荣格说："这就是为

什么我要把它们看做对立物的缘由。"（成穷、王作虹译，1991，15页）

根据这些假定，我们可以得到四种功能配合的心理类型：思维型、情感型、感觉型和直觉型。思维型是四种功能中发挥作用最大的，思维功能是主导功能。思维型的人，爱思考，好求知，留心环境中的事物及其自身问题并寻求答案。然而其情感通常难以被洞察，这并非意味着他没有情感，他会说"我有强烈的情感"。我们可以这样来理解，由于情感功能不发达，思维型的人控制情感能力差，所以易受情感的控制、影响。思维是主要功能时，情感处于下端，是次要功能。思维型的人害怕被情感所攫住。荣格认为，思维型的人害怕陷入情网是对的，因为毁灭他们的东西正是来自情感。

情感型的人与思维型相反。属于情感型的人，若无约束，他是绝对不允许自己被思维扰乱的，因为他的思维能力低下，不能很好地为意识所控制。

同样的情形也适用于感觉型和直觉型。直觉型的人总是被事物的真实所困扰；从现实的观点看，他是失败者；他要做的是把握生活的可能性。荣格说："他是这样一种人：在一块土地上耕耘播种，但不等庄稼成熟又去另辟新地。他身后是已耕的土地，眼前永远是新的希望，结果却是没有什么收成。"（成穷，王作虹译，1991，16页）

感觉型的人是在既定的现实中生活，对他来说，一个事物若是实在的，那就是真的。荣格对感觉型和直觉型的对比是颇有趣的，在感觉型的人看来不可或缺的实在，对直觉型的人来说是谬误或不应该的存在，在直觉型的人看来应该存在的是别的事物。

为了说明这四种类型的人的不同特点，我们用一个事例来说明。

【附】例子[①]

假如有4个人，他们分别是感觉型的、思维型的、情感型的和直觉型的，他们目睹了以下场景：

有两个男人摇摇晃晃地从一个酒吧里走出来，他们叫嚷着互相辱骂。他们扭打了起来，其中一个倒了下去，头"砰"的一声撞在人行道上。

每一位目击者都将以其类型所特有的方式来对这些事件做出反应：

感觉型的人　将能够对所发生的事情做出最清楚的说明。他会注意到这两个男子的身高、体型和大致的相貌；其中一个身材肥胖，已到中年，秃头，左眼上方有一块伤疤；另一个年纪轻些，金色头发，体格更健壮，唇

---

① 选自《简析荣格》，杨韶刚译，2007。

上有小胡子。两个人都随意地穿着 T 恤衫、牛仔裤。倒在地上的是那个胖子，撞在路缘的是他的右侧太阳穴。他头着地时发出了"砰"的一声响，等等。

思维型的人　在事件发生时寻求解释，努力思考这一切都意味着什么。这两个人摇摇晃晃从酒吧里出来，因此很显然他们喝酒了。他们叫嚷着相互辱骂，因此他们是起了争执了。接着是身体暴力。其中一个倒在了地上，所以他一定是这两个人当中身体较弱的（或更醉）的一个。他"砰"的一声撞到了头部，那么他可能会发生脑震荡，需要进行医治，等等。

情感型的人　对这一场景中的每一个事件都做出价值判断："多么不堪的事情啊！""多么令人讨厌的家伙！""这显然是粗人经常光顾的酒吧，要是一个人想安静地和朋友聊天，就不要去这个地方。""倒在地上的人可能受伤了，但他活该！"等等。

直觉型的人　"看见"了全部的情况：他们是各自支持一方球队的足球流氓，由于对他们的污言秽语感到厌恶，店主要他们离开，这煽动他们转向了暴力冲突。"砰"的一声撞了头的那个人总是事故不断，而这只不过是他不幸人生中的又一次事故而已。他的头骨破裂，脑中有个血块，需要做手术。他将几个星期无法上班，而他一直受苦受累的妻子又得勉强维持生计。这就是缺乏教养的人身上发生的事情，他们生活除了足球和喝酒之外，没有任何其他依托。诸如此类的事情还会继续发生，而且会变得更糟，因为我们没有采取任何行动来改变社会或完善教育体系，等等。

任何一个恰巧目睹此事的人，都有可能产生与上文所述的那些类型的人类似的观察、想法、价值判断和直觉，但是荣格要说明的是，我们每个人在密切注视这些事件时，都会存在着重使用其中一种功能的模式，而不是其他三种特有的倾向。对这种模式的习惯性使用决定了一个人的功能类型。此外，一个人怎样对这件事做出反应还取决于他的意识心态：一个外倾的人更有可能进行干预，提供急救，把攻击者拉开，打电话叫救护车等。而内倾的人则更倾向于观察、记录和在内心思索所发生的事情，他宁愿把这件事留给其他人或某个负责的官员去处理。

三、个体的心理类型

结合上文的内容我们可以看到，把意识的内倾和外倾两种心态与其感觉、思维、情感、直觉四个功能组合在一起，就会有八种心理类型。每一种心理类型有意识的特点，也会有对应的潜意识方面的特点，我们将潜意识所具有的心

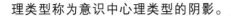

理类型称为意识中心理类型的阴影。

（一）外倾思维型

这种类型的人有把客观性思维置于生活中统治地位的嗜好。他具有科学家的特征，将自己的精力投入到尽可能多的了解客观世界的学习之中。他的目的是理解自然现象，发现种种自然规律及理论公式。最为发达的外倾思维型人是一个像达尔文或者爱因斯坦那样的人。外倾思维型人趋向于抑制自己本性情感的一面，因此，在他看来，他仿佛不受个人情感的影响，甚至让人觉得他对别人冷淡，目中无人。

假如对于感情的压抑过于严酷，那么，感情将会寻找影响其性格的迂回曲折的、有时是变态反常的途径。由于这种原因，他会变得独断专行、固执己见、自视甚高，对于批评无动于衷。由于缺乏感情，他的思维特性趋向于变得贫瘠而枯竭。压抑情感的极端例子是"疯狂的科学家"，要么就是周期性地成为精神病魔鬼。

阴影：内倾情感。这会导致不成熟的、不恰当的和表达方式拙劣的情感和价值判断。外倾思维型的人倾向于想当然地看待他们的个人关系，觉察不到他们周围的人的感受。他们原始的情感功能有时会将他们引向政治或宗教的突然皈依，或在个人忠诚方面发生同样突然的转变。

这种类型的人有：律师、行政公务员、管理顾问、实践科学家以及技术人员。杰出的思想家和无神论者伏尔泰，他终生都被教会视为祸害，却在临终时突然皈依天主教，要求实施临终的涂油礼。

（二）内倾思维型

这种类型的人是将自己的思维转向内心的人，那种寻求理解自身存在真实性的哲学家或者存在主义心理学家是这类人的典范。在极端的情况下，他探索的结果几乎会与现实脱节，他最终会脱离与现实联结的纽带，变成精神分裂症患者。这类人与外倾思维者具有很多相同的性格特征，由于同样的原因，也就是说，他不得不保护自己不受种种被压抑到潜意识中的感情的侵扰。因为他不怎么重视他人，因此，看起来他仿佛是感情冷漠、与人疏远的人。他希望不被他人打扰，独自追求自己的理想。虽然他会有几个与自己同类的信徒，不过，他对于别人是否接受他的观点并不特别关心。他趋向于刚愎自用、倔强偏执、傲慢无礼、敏感易怒，不体谅他人，令人难以接近、冷漠无情。随着这种类型的强化，思维机能会越来越多地受来自压抑的情感机能的反常影响。

阴影：外倾情感。在与外部对象发生关系时，这种情感变得活跃起来。但是对内倾思维型的人来说，认识自己的情感并与他人分享是一件十分困难的事。由于情感是原始的，而且主要是潜意识的，因此它可能会以堂吉诃德式的和无法预料的方式表达出来：当人们的行动或事件的发生没有以内倾思维型的人所认为"应该"的方式进行时，这一类型的人可能会突然爆发出强烈的感情；内倾思维型的人还可能对不适合的伴侣形成依恋——就像《蓝天使》①中对一个妓女激情难抑的那位教授一样——从而导致灾难性的后果。

这种类型的人有：哲学家、知识分子、数学家、科学家；代表人物是伯特兰·罗素(Bertrand Russell)。

(三)外倾情感型

这类人把思维置于情感的支配之下。荣格观察到，这种类型的人可以较为经常地从女人们中间找到。由于这种类型的人的感情变化与境遇的变化频率相同，因此，他们趋向于变幻莫测，反复无常，甚至于情景中的微小变异都会引起他们情感上的变化。他们热情奔放、情绪激烈，爱浮华虚饰，喜怒无常。他们会对他人产生种种强烈的依恋，不过，这类依恋只是昙花一现。除此之外，他们很容易将爱情转化为仇恨。他们的情感方式符合习俗的标准，他们欣然加入一切最新时尚的行列，爱好最流行的时装款式。当思维机能受到强烈的压抑时，外倾情感型人的思维机能依然如故，得不到任何发展。

阴影：内倾思维。荣格说："这种类型的人的潜意识首先包含着一种独特的思维活动，一种孩子气的、原始的、消极的思维活动。"这种类型的人思维狭隘、粗糙、愤世嫉俗。如果外倾情感型的人接受了某一知识体系，他们往往会为此狂热，因为他们无法对它作通盘考虑。当这种类型的人出现精神问题时，他们倾向于患上癔症或躁狂症。

这种类型的人有：演员、电视名人、公共关系家，代表人物如歌德的《浮士德》中的瓦格纳等。

(四)内倾情感型

这种类型的人在女人中间亦较为常见。与夸耀自己感情的外倾情感型姊妹们不同，内倾情感型的女人将自己的感情隐匿起来，不向人坦露。这类人趋向

---

① 《蓝天使》(*The Blue Angel*)，1930 年上映的一部德国著名影片。

于沉默寡言、令人难以接近，他们对人冷淡，像谜一样令人费解。通常，他们有着一副忧郁或者抑郁神态。但是，他们也可以给人那种具有内心的和谐、恬静以及自信自足的印象。对于他人，他们仿佛具有一种神秘莫测的吸引力，或者说超凡的魅力。他们是人们说的那种"外表淡漠而内心热情"的人。事实上，他们的确有着极为深沉而强烈的情感，这些情感有时会爆发为感情的风暴，使得亲人和朋友感到莫名其妙。

阴影：外倾思维。和外倾情感型的人一样，这种思维是具体的和原始的，但是，由于它是外倾的，因此它往往和客观事实盲目地联系起来；当这种类型的人真正想要使用其思维功能时，他们会倾向于迷失在细节中，只见树木不见森林。他们若是出现精神问题通常会导致抑郁症。

这种类型的人有：奥地利诗人赖纳·马里亚·里尔克（Rainer Maria Rilke），他曾给一位女士写信："我爱你，但这不关你的事！"

（五）外倾感觉型

这种类型的人主要是男人，他们的兴趣在于积累关于外部世界的种种事实。他们是现实的、有求实精神的、精明而讲究实际的人。不过，他们对了解事物存在的意义并不特别感兴趣。他们以世界本来的样子接纳世界，并不对其作更多的思考或远虑。然而，他们也可以成为好色之徒，可以成为喜欢享乐的人，追求刺激的人。他们的情感肤浅，只是为了自己能够从生活中获得的种种快感而活着。代表这种类型的极端之例的人们会成为粗野的肉欲之徒或者狂妄的唯美主义者。由于他们耽于声色的倾向，他们极容易沉溺于各种各样的色情嗜好，种种性欲倒错和强迫性行为等。

阴影：内倾直觉。这种类型的人会因为很不起眼的原因而突然变得偏执或产生敌意。他们那种不成熟的、无差别的直觉也可能会出乎每个人的意料之外地把他们带入到某种神秘的狂热崇拜中去。

这种类型的人有：工程师、商人、建设者、赛车手、职业赛马骑师、滑翔机运动员等。

（六）内倾感觉型

犹如所有的内倾型人一样，内倾感觉型人远离外部世界的种种事物，沉溺于自己的内心感觉。与自己的内心感觉相比较，他认为外部世界平庸陈腐、乏味无聊。唯有通过艺术的形式，他才能够较为自如地表现自我。不过，他所创作的作品又趋向于缺乏任何重要的意义。由于他缺乏思想和情感，所以，当他实际上

不怎么有趣时，在他人看来，他们却可能显得平静，缺乏主动性，自制力强。

阴影：外倾直觉。这种直觉本质上倾向于消极，因为当内倾感觉型的人运用他们那极少的一点直觉时，他们通常获得的是某一情境中错误的信息。他们的预感常常是错误的，但是偶尔也能猜个正着。荣格说，外倾直觉型的人对客观上真实存在的可能性通常有"良好的嗅觉"，但是这种原始的直觉对潜藏在背景中的一切可能的危险更是有一种令人惊异的鉴别力。这可能会导致他对外部世界发生的事件产生阴暗的预见性幻想。当这种类型的人精神崩溃时，他们往往会变得偏执。

这种类型的人有：重视对现实的鲜明内心印象的法国主要印象派画家。

(七)外倾直觉型

此类型的人从一个情境跳到另一情境去发现外部世界中的新的可能性，总是在征服旧世界之前便又去寻找要去征服的新世界。因为缺乏思维机能，他们不能对于自己的直觉进行孜孜不倦的追求，而必须不断地跳转向新的直觉。他们可以作为新的事业和目标的促进者而提供特殊的帮助，不过，他们却不能始终保持对于这些事业及目标的兴趣。按部就班的活动使他们感到厌倦，新奇才是他们生命的养料。他们趋向于把自己的生命消耗在一连串的直觉上。他们虽然能怀着巨大的热情去很快地结识新伙伴，而且具有成为别人好友的可能性，可是，他们却不是靠得住的朋友。其结果是，他们由于缺乏持久的兴趣而在不知不觉地伤害他人。他们热衷于种种嗜好，然而，他们很快就对这些嗜好感到厌倦。除此之外，让他们老做一种工作是困难的。

阴影：内倾感觉。荣格说，直觉型的人确实拥有感觉，但是他并不受到感觉的引导；他使用感觉只是作为其知觉的出发点。外倾直觉型的人完全意识不到自己的感觉，因此，当他疲劳、寒冷或饥饿的时候，会倾向于不注意它们。当他的内倾感觉一旦活跃起来，它可能会导致他对从自己的感官中获得的信息做出错误的解释，其结果是，他可能会成为疑病症患者，或者沉溺在节食和运动的时尚之中。

这种类型的人有：记者、证券经纪人、企业家、期货交易人、货币投机商、对时尚潮流具有预见性的艺术家和时装设计师。

(八)内倾直觉型

艺术家是这类人的典型代表。不过，这种类型的人也包括梦想家、预言家、耽于幻想的人以及古怪的人。内倾直觉型人常常被他的朋友视为谜一样的不可思议的人。既然他不与外部现实或者习俗风尚接触，那么，他就不能够与他人，甚至与自己同种类型的人进行有效的沟通。他被隔离在一个他不明其义的原始意象的世界之中。犹如他的外倾直觉型伙伴，他从一个意象跃向另一意象去觅寻它们内部的种种可能性，不过，他从未真正发展过自己任何种类的直觉。因为他不能始终维持对意象的兴趣，因此，就像内倾型思维者一样，他也不能对于理解种种心灵的过程做出任何意义深远的贡献。

阴影：外倾感觉。由于这主要是潜意识的，因此他们始终处在与外部现实失去联系的危险之中，而如果他们的精神出现问题，他们就会得精神分裂症。很多人有类似精神分裂症的症状，就像荣格在孩提时代的表现一样。由于他们对实际的细节模糊不清，对空间和时间定向不佳，他们往往会忘记约会，很少严格守时，在陌生的地方容易走失。他们与现实的微弱联系，再加上他们深刻的洞见，会导致他们中的一些人把自己体验为属于"被误解的天才"的范畴。他们对性的心态可能是不成熟的和不恰当的，而且他们往往是糟糕的情人，因为他们觉察不到自己或伴侣生理上所发生的事情。

这种类型的人有：先知、预言家、诗人、心理学家（非实验心理学家或学院心理学家）、艺术家、萨满、神秘主义者，执迷于某种理论而行为古怪的人，代表人物如尼采。

尽管我们可以把个体的心理分成以上八种类型，但是荣格评论道，一个人仅仅使用一种功能是非常罕见的；他倾向于发展两种功能，通常一种是理性功能，另一种是非理性功能。其中一种成为主要的或优势的功能，而另一种则称为辅助功能。另外的两种功能相对保持在潜意识状态，和阴影联系在一起。这两种中处于更深的潜意识之中的就是人们所说的劣势功能。因此，要是在同一个人身上发现他形成了思维和情感、感觉和直觉功能，那是很不寻常的。由此，理性功能思维和情感可以被看做一对对立物，非理性功能感觉和直觉也是如此。所以，一个外倾感觉型的人会有一个内倾的情感—直觉的阴影，反之亦然。这个可以用一个简图来表示。

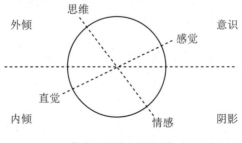

荣格心理类型的划分

四、类型学的应用

和所有其他的类型学一样，荣格的类型学也遭到了反对，因为这一理论寻求把显然无限多样的人类心理特质限制在狭隘的、任意施加的范畴中。然而，作为一个极其强调个人独特性的心理学家，荣格也强烈地意识到了这个问题；他表示说，他确信"每一个人对这条规则来说都是一个例外"。他又继续说："一致性是人的一个方面，独特性则是另一个方面。分类法并不是要解释个体的精神，不管怎么说，对心理类型的理解开辟了一条更好地理解人类的普遍心理的道路。"

不存在"纯粹的"类型。没有一个人仅仅只有一种功能和一种心态而没有其他功能和心态。我们都是各种类型的混合物。对某些人来说，很容易看出哪种功能和心态在习惯上占优势，对另一些人来说，则几乎不可能看出来。对此，荣格坦率地承认："人们常常很难发现一个人究竟属于这种类型还是那种类型。"关于心态的类型，他说："每一个人都同时具有内倾和外倾这两种机制，只有相对占优势的这种或那种才决定其类型。因此，为了使整个画面显得轮廓分明，我们就必须对它进行大力的修饰，而这或多或少地意味着虚伪和欺诈。"

实际上，荣格的类型学中得到最广泛承认的，是他对内倾和外倾两个心态的划分。甚至一直对各种形式的分析怀有敌意的伦敦大学的汉斯·艾森克①教授，也通过使用最为审慎控制的量化手段，证实了人类各种内倾—外倾轴的存在。但是，在实证的基础上确立荣格所提出的四种功能类型的努力却不那么成功。

荣格论证说，一个人的类型既是由环境因素所决定的，也是由遗传因素所决定的；内倾和外倾看起来都好像具有生物适应性。我们在这个星球上优势地位的确立，一方面是我们能够适应不断变化的环境条件的直接结果，另一方面是我们对满足这些条件的有效方式进行思考的结果。在像人类这样的复杂物种中，有些个体会在遗传上带有外倾的专门倾向，而另一些个体则带有内倾的专门倾向，这是不足为奇的。

内倾和外倾的心态对人的健康发展都是十分必要的，我们所有人都在某种程度上在这两种倾向之间交替。毕竟，即使最外倾的人，每天晚上也会入睡做

---

① 汉斯·J. 艾森克（Hans J. Eysenck，1916—1997），英国心理学家，以其人格理论和行为疗法而闻名。人格特质理论"三因素模型"的提出者。

梦，而这正是一种深刻的内倾状态。在睡梦状态中，一个人完全从外部世界撤离回来，而且只要梦境持续，它就代表着一个人全部的现实体验。

在发展心理类型理论的过程中，荣格意识到一个极端重要的、学院心理学家倾向于忽略的事实，即一个心理学家在搜集和阐释他的数据时不可能做到完全客观。除非观察者能够认识到他自己"在个人观察上的误差"，并且在研究中允许这种误差的存在，否则，他的观察就不可避免地会因偏见而受到损害。即使在物理学中，人们也已经发现，科学家会影响他正在观察的现象，可见在对人类心理的研究和分析实践中，这种情况更会如此。因此，认识一个人的类型是有用的，它能使这个人在某种程度上纠正他带入某一情境的偏见。

总的说来，对荣格类型学的最佳应用方法是把它当做一个罗盘一样来使用：对自性来说，所有类型学上的可能性理论都是可用的，但是，能够确定一个人用来指引其人生航向的坐标十分有用。荣格承认，这个航向绝对不是完全固定的，它可能随时发生改变。从这个观点来看，对一个人的心理类型的觉知并不是一种限制，它们的存在对于不了解自己心理类型的人来说可能永远不会被发现。

第七章
梦

梦，对于人类来说，历来都是充满神奇色彩的。不同的人对梦的解释也不同，本章主要介绍荣格关于梦的理论和解梦技术等内容。

一、理论背景

梦是伴随人类很久的一种心理现象。关于梦的分析的观点可谓种类繁多，在中国就有"周公解梦"。我国的殷商时代的巫觋文化中，卜卦占梦对于在位者甚为重要。《史记》曾记载，东周时期，晋国大臣赵盾梦见自己的祖先叔带抚摸着腰痛哭，过了一会儿叔带却又开始笑，还拍手唱歌。赵氏的史官说："此梦甚恶，但它不在您的身上实现，而将在您的儿子身上实现，然而这个噩梦的发生却是因为您的过错。到了您的孙辈，赵氏将更加衰败。"后来果然出现了史官所解释的事情，便有了著名的程婴救孤的历史故事。这历史中的一页，反映了我国古人对梦的重视。

对于梦的各种问题，诸如释梦的方法、梦材料的来源、梦与清醒生活的关系、梦与睡眠等，各个文化，以及各文化的不同时期都有许多不同的看法。

原始人认为梦与他们所相信的神的世界有着联系，梦来自神灵的启示，是具有意义并十分重要的。在《圣经》里也有关于约瑟为埃及法老解梦的故事，这都说明了古代人对梦的重视。由于梦体验的独特性与古代人对梦知识的局限性（现代人亦如此），对梦很容易形成迷信的观点，认为梦是灵魂的外游和神灵诵引。在西方，早至亚里士多德时，梦已成了科学的研究对象，在亚里士多德两部关于梦的著作中谈道，梦并非超自然的表现，而是遵循人类的精神规律的。

到了近代，自然科学的思维模式兴起，在科学界，梦就被贬低为一种躯体过程，被认为不过是白天记忆的残留物在夜晚的重现，没有什么意义。直到1900年弗洛伊德的《梦的解析》的出版，这一现象才有所改变。弗洛伊德把梦看做探索潜意识的手段之一，并给予梦以重要的地位。他批判了过去将梦视为无意义的理论，认为梦是个人潜意识梦念（dream-thought）为了避开稽查作用而伪装的结果，因此追寻梦对于了解个体的潜意识来说具有十分重要的意义。

弗洛伊德关于梦的理论可以归纳为以下五个要点：(1)梦是失去的记忆的复现；儿时不复记忆的事，可能成为梦的内涵。(2)在失去的记忆中，多数是失意或痛苦的，因不愿记忆而将之推出意识之外，并压抑在潜意识之内。(3)梦的内容不合逻辑，多带有幼稚与幻想色彩。(4)梦的起因多数与本能的性欲冲动有关。(5)梦是在伪装形式下隐藏欲望的实现。

用一句话来概括，弗洛伊德认为"梦是一种完全合理的精神现象，实际上是一种愿望的满足"(Strachey, 1976, p. 200)，也就是说，人们通过做梦的方式满足自己在现实中无法满足的种种愿望，尤其是性的欲望。这些未被实现的

愿望主要包括：

　　第一，愿望在白天可能已经激起，由于外部环境而未得到满足，这样就给夜间留下一个受承认和未满足的愿望。第二，愿望在白天可能已经出现，但却受到反对，这样就给夜间留下一个未满足和受压抑的愿望。第三，愿望可能与日常生活没有关系，而属于只有夜间才从心中受压抑材料中醒来的那些愿望。……审视所有的梦之后，我们立刻就会把夜间呈现的实际愿望冲动（如饥渴刺激和性欲）作为梦愿望的第四个来源。（张燕云译，1987，514 页）

　　弗洛伊德还把梦分解为显像和隐义两部分。梦显像（或显性梦境）（manifest dream content）就是梦中所见的人、事、物以及所有活动，它是梦中显示出来的表面内容，且是当事人所能记忆并加以陈述的梦境。形成它的材料常来源于最近发生的和无关紧要的印象、婴儿期的体验、睡眠时的体内外的刺激。梦隐义（或潜性梦境）（latent dream content）就是隐藏在梦中的思想内容、意念，它可能是潜意识的愿望，或者是正常心理活动的遗留物。潜性梦境中只是一些象征性的事物与活动，当事人多不了解其意义。弗洛伊德认为梦的显像与隐义的关系犹如谜面与谜底、译文与原文之间的关系。心理工作者就是要透过梦的显像去破译梦的隐义，进而了解做梦者的潜意识。

　　弗洛伊德不仅对自己和患者的梦做过大量示范性分析，并且详细说明了梦的解释原则和方法：（1）要把梦的内容分析为各个部分。因为梦是凝缩的混合体，所以释梦时要把它还原为各个组成部分，并以各个部分作为注意的目标，而不管它是合理的或荒谬的、明白的或含糊的。（2）要了解梦者的生活经历、兴趣爱好以及日常琐事。因为梦只是重现过去，梦境中的材料是来自近日或早年的生活经验，它们是潜意识的代替观念，所以只有了解梦者的过去经历，才能对梦的各个成分的来源及内涵有所了解，并根据这些代替观念寻求其背后的隐义。（3）要利用自由联想。因为梦显像的伪装是在潜意识中进行的，梦者不能直接意识到梦的隐义，因此，需要通过联想予以揭示。释梦时应该让梦者所有的观念自由进入头脑中，至于联想所唤起的代替观念是否合适则不必多虑，必须耐心等待所要寻求的那些隐藏的潜意识思想自然而然地出现。（4）利用象征知识。因为有少数梦完全不能引起联想，即使有联想也不是我们所需要的，这时就要利用梦显像的元素与隐义之间的固定的象征关系的知识探明隐义。弗洛伊德认为梦里的许多象征对梦者而言是唯一的。但是，有几类象征对每个人来说是通用的，例如手杖、伞、竹竿等象征为男性生殖器；坑、穴、箱子、口袋等象征为女性生殖器等。

弗洛伊德理论中所说的象征(symbolization)，就是把梦的隐义用与其具有相同性质或有所关联的符号间接地表现出来。如所有长形物体，如棍子、树干、雨伞、刀子、匕首、长矛等均代表男性；小箱子、柜子、炉灶、洞、船、房间、各类容器等普遍代表女性。弗洛伊德说："梦运用这种象征对其潜隐思想进行伪装的表现。这样在所运用的符号中，当然有许多符号总是不变地或几乎不变地意味着同样的事情。但是……梦者也能根据自己的意志利用任何事物来作为一种性的符号，虽然这件事物并不普遍予以使用。……这就是说，梦的象征虽是典型的却也有各自的差异。"因为梦符号往往具有许多的和不同的意义，所以，在释梦时只有联系上下文才可能提供正确的意义。

弗洛伊德曾提出解梦四种程序供人选择：(1)按照梦成分产生的顺序进行联想。(2)从梦的中间取出某些特别的成分开始解释工作，比如可以选择最吸引人的片断或选择最清晰、感觉最强的部分；或者，从梦中某些说出的词句着手以期发现现实生活中所说出来的那些话。(3)从完全没有被注意的明显内容开始，询问梦者，在他心中所联想到以前的事件有哪些和他刚才所描述的梦有关联。(4)如果梦者已经很熟悉解释的技术，可以避免给他任何指导，让他自己去决定要开始联想什么。

弗洛伊德的梦的理论影响十分深远。在弗洛伊德之后，不论是他的大批追随者，还是他的理论的继承与发展者，都将释梦作为临床实践的一部分。荣格也是深受弗洛伊德影响的心理学家之一。1900年，当弗洛伊德《梦的解析》刚一出版，荣格便阅读了这本书，而且，荣格在其1902年出版的博士论文中也谈到了这本书。

尽管受到了弗洛伊德的影响，荣格在有关梦的本质和功能、释梦的技术、梦的材料来源等问题上与弗洛伊德的梦理论还是有着很大的差别的。

二、梦的来源及本质

在荣格看来，梦的重要性或意义突出表现在梦与潜意识的关系上。简单地说，荣格认为潜意识是梦的重要来源之一。不仅真实生活中被意识觉察到的内容会出现在梦中，而且潜意识中的情结、原型等也会出现在梦中，他把梦称做潜意识与人的交流。

在讨论实际临床治疗中梦的分析的应用时，荣格认为潜意识的存在是对梦的分析是否有意义的关键。他认为，如果缺少了潜意识的观念，"梦只能算是

一种造化的恶作剧、一种白天发生过的事情所留下来的记忆残余，以及一堆聚集在一起的无聊的东西"(黄奇铭译，1987，17 页)。幸运的是，相当多的人由于注意到人在催眠状态下的表现，以及遗忘等事实，已经相信梦既有意识到的内容，也有意识不到的内容，相信潜意识的领域是存在的。既然潜意识的存在作为梦的来源，那么通过梦来探索人的潜意识领域，就给梦的分析赋予了真正的意义。

另外，由于梦以及幻想中新异现象的存在，荣格认为潜意识并不像过去人们认为的那样仅仅是往昔岁月积淀的贮藏之地，它同样也满满地蕴藏着未来的心灵情境和观念的胚芽。荣格通过梦的分析看到了这样的事实，即除了从久远的往昔岁月中意识所唤醒的记忆之外，那些从未被人意识到的完全崭新的思想和创造性的观念，同样能够在潜意识那里表现它们自身。它们宛若莲花一样，从心灵的幽暗深处长出来，构成了阈限下心灵的一个重要的组成部分。这种发现使荣格找到了他进行心理学研究的崭新途径，也使荣格的分析心理学具有了许多独到之处，当然也引起了广泛的争论。

潜意识作为梦的重要来源，潜意识之中那些蕴藏未来的、创造性的思想观念，当然也会表现在梦中。也许正是因为这些内容的存在，梦才可能有预示未来的作用。总之，荣格认为正是潜意识中那些创造性的内容，使梦的分析更有意义。

荣格认为，梦是潜意识内容显现的最常见，也是最重要的形式。一般来讲，潜意识领域的任何事件都有可能以梦的形态向我们展现。在梦中，个体潜意识的内容可以表现，集体潜意识中的各种原型也可以以原始意象方式表现出来，但是原型并不是作为理性的思想出现的，而是作为象征性的意象浮现出来的。因为潜意识在梦中的显现，心理学家才能够通过梦的研究对意识的心灵事件的潜意识方面进行探索，在认识潜意识的同时，协调解决意识与潜意识之间的冲突，进而消除心理病症。

三、梦的功能

(一)梦的补偿功能

荣格说："梦的补偿并不是简单的心灵对抗。从肯定到否定，都是梦对意识状态进行补偿的方式……在梦中最常见的是，做梦者对梦中某一具体情境不作任何评论，就表明这是一种对意识状态的肯定。有的梦是通过对做梦者意识心态加以夸大进行补偿的；还有一些梦则与意识情境有一点不太一致的方面，因此只提议做少量变动；还有些梦表达的观点与意识心态相反，这类梦一般在意识心态不适当或出现错误的情况下才会发生。"补偿常会以想象性愿望形态出现。它们试图补偿那些心灵的被忽略的，因而尚未分化的部分，从而试图达到心灵的补偿。补偿是对意识心态的反映，人格的某部分在意识中扩张将导致潜意识的补偿行为。

通过梦的补偿功能，可以令自我意识那些片面的心态达到平衡。这个观点和荣格关于精神稳态的概念是一致的，正如他所说："一方的缺失将导致另一方的过量。同样，意识和潜意识之间的关系也是一种补偿。……当我们着手解梦时，询问以下的问题总是有帮助的：它补偿的是哪一种意识心态。"（荣格文集，第十六卷，153 页）

有一名未婚女性梦见有人送她一把纹饰华丽的古剑，这一把古剑是从一座古坟挖掘出来的。对于这个梦，她的联想是她的父亲有一次曾在她面前，在阳光下把匕首指向天空。给她留下很深刻的印象。这个女性的特点是缺乏生活的动力和活力，而她父亲则相反，他很强壮，充满生活的驱动力。荣格认为，梦中的宝剑代表的是这个女病人父亲所具有的那种活力，这个正是提醒她，她父亲所具有的那种热烈的意志其实深藏在她的潜意识之中。这潜意识中热烈的意志正是对她意识中缺乏动力的补偿。

（二）梦的预示未来的功能

如前所述，梦不仅来源于个体的意识和个体潜意识，还来源于集体潜意识。内容来自集体潜意识的原型意象（archetypal image）的梦，荣格称之为重要的梦或大梦（big dream）。当潜意识产生断层或纷乱时，这样的梦就会出现。集体潜意识是全人类具有的共同经验的沉淀物，集体潜意识蕴含着个体当前面临问题的答案，还蕴含着个体将来发展的方向。当集体潜意识进入个体的环境之后，梦就不仅能够表现人类种族积淀的智慧和个人的智慧，而且预示个人未来地位的发展情况，标示出个体的命运，以及他心灵未来进化的轨迹。所以说，梦往往走在做梦者意识前面。第一次世界大战后不久，荣格通过对他的德国病人们所做的梦的深层分析，曾预言"金发野兽"（blond beast）随时有可能冲出其地下囚牢，给整个世界带来灾难性的后果。也就是说，在希特勒取得权力之前若干年，荣格就已经做出了这一预言。

总之，梦是沟通意识与潜意识的有效途径，它是将潜意识的反应或自发性冲动传递给意识的正常现象。与弗洛伊德不同，荣格认为梦中不存在伪装，梦

中的一切都应该被当做正正当当、真有其事的东西，只是由于我们不了解梦的语言而无法理解梦罢了。

四、梦的过程

虽然大多数被记住的梦只不过是一些片段或几个简短情节，但许多梦有一个要讲述的故事，并且采取了私人戏剧的形式。在这些梦中，可以感受到一个明确的结构，荣格把它分成四个阶段：(1)呈示，设定情节发生的地点，常常还有时间以及剧中任务；(2)情节的发展，在这一阶段中情境变得复杂，一股明确的张力开始形成，因为不知道将会发生什么；(3)高潮或突变，此时"某件具有决定意义的事情发生了，或某件事情完全改变了"；(4)消散，梦的工作的结尾、解决或结果。

下边我们看荣格本人的一个梦，来说明四个阶段是怎么发展变化的：

> (我身在)瑞士和奥地利边界的一个山区。天色将近傍晚，我看见一个老人，身着奥地利帝国海关官员的制服【呈示】。他略微有些佝偻，从我身边走过时根本没有注意到我。他脸上带有怒气，而非仅是忧郁和烦恼【发展】。还有一些其他人在场，其中一个人告诉我，那个老人并不是真的在那里，而是一个多年前已经死去的海关官员的鬼魂【突变】。"他是那些仍然无法得以安息的人之一"【消散】。(刘国彬、杨德友译，2009，158 页)

不过，这个梦并没有完全结束，因为这个梦又换了一个地方，继续以类似的结构进行：

> (发现自己在一座城市)这个城市是巴塞尔，但它也是一座意大利城市，有点像贝加莫。这是夏天，烈日当头，一切都被笼罩在一股强光之中【呈示】。一群人向我涌来，我知道商店要关门了，人们正要回家吃午饭【发展】。有一个全身盔甲的骑士走在这股人流之中。他登上台阶朝我而来。他戴着被称做轻钢盔的头盔，头盔眼睛处开口，身上则穿着锁子甲。锁子甲外面罩着一件短袖束腰上衣，前后都缝着一个鲜红的十字【突变】。我问自己，这个幽灵意味着什么，这时仿佛有人回答我的问话——但是四周并没有人在说话："是的，这是一个定时出现的幽灵。那个骑士总是在12点和1点之间经过这里，他这样做已经很长时间了(我推测，有好几个世纪了)，而且每个人都知道此事【消散】。"(刘国彬、杨德友译，2009，160 页)

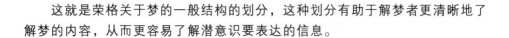

这就是荣格关于梦的一般结构的划分，这种划分有助于解梦者更清晰地了解梦的内容，从而更容易了解潜意识要表达的信息。

五、释梦技术

在如何看待梦方面，荣格和弗洛伊德还是比较一致的，也就是他们都认为梦不是偶然的事件，梦与意识思想和生命问题之间有着某种联系。但是，在如何分析梦方面，荣格与弗洛伊德却不甚相同。举个例子，假如一个人梦见将一把钥匙插入锁中，这个意象蕴含一定的性的信息。弗洛伊德所关注的就是其性的寓意，而荣格所关注的是为梦者自身目的服务的某一个意象，比如钥匙。荣格认为最该弄清楚的是，为什么梦者的潜意识不是选择了铁棒，而是钥匙呢？有时针对这种选择的理解可能会导致人们发现，梦意象所表现的根本不是什么性行为，而是某种全然不同的心理学含义。所以，荣格说：

> 只有梦的明确且显而易见的材料，可以用来为梦释义。梦有其自身的特定范围。梦自身的具体呈现告诉我们，什么是隶属于它的，什么是远离它的、与它毫不相关的材料。（张月译，1989，13页）

归纳起来看，荣格认为梦不像弗洛伊德说的那样只是愿望的满足，而是潜意识以象征的方式进行的信息传递，因此，释梦的主要任务就是读懂象征的语言，了解潜意识的信息。荣格认为，梦的分析并非完全是可以学得的技巧。每个人的梦都是属于他自己的，所以我们不能把梦的分析作为一种机械的技巧来处理，不能生搬硬套一般理论，而是要在充分了解做梦者有关信息的基础上才能进行。

（一）释梦的过程

在分析心理学的治疗框架内，解梦一般分为三个阶段来进行。第一个阶段，了解做梦者的生活经历，建立其个人生活经历与梦之间的联系，以便理解梦中纯粹的个人意义。第二个阶段，界定梦的文化背景，因为它总是与梦中的环境和时间存在关联。第三个阶段，寻找梦中原型的内容，以便把梦放在人类生活的整体背景中来考察，因为在最深刻的层面上，梦把我们和人类古老的经验联系在一起。

还是以本章上节中的那个梦为例。在那个梦中，个人背景就是：那是荣格在和弗洛伊德决裂之前做的梦。更确切地说，这个梦发生在荣格致力于写作

《力比多的变形与象征》一书之时，这本书中，他表述了一些他担心弗洛伊德可能无法接受的观点。这个梦的文化背景是：弗洛伊德是奥地利人，荣格是瑞士人；而且弗洛伊德以某种官方的"帝权"角色出现，正在巡视他们之间的边境。这个梦的原型背景是：这个梦中最具有原型意象的是容器(圣杯)、骑士/战士和十字。通过联想，这些原型又引出了年老濒死的国王、受伤的医治者和萨满/魔法师的原型。

(二)释梦的水平

荣格认为，解梦分为主观水平和客观水平。所谓梦的分析的主观水平，是指把梦看做梦者内在心灵的展现。若是把梦比喻为一个剧场，那么，在一场上演的梦剧中，梦者本人既是场景、演员、制片人、导演和原作者，又是观众与评论家。也就是说，梦中的一切，不管是熟人还是陌生人，房屋还是汽车等，都可看做梦者本人内心世界的展现，都可以做这种主观水平的梦的分析工作。

所谓梦的分析的客观水平，就是把梦与梦者的实际生活联系起来的倾向与心态。若是梦者梦到自己的父亲生病，那么，现实中的父亲以及现实中梦者与其父亲的关系等，都将会是分析与工作的重点。这样，梦中所涉及的人物与背景的客观联系与意义，都将会被纳入讨论与分析的范围。

举例而言，一个少女梦见自己的父亲，如果在客观水平上解释，就会涉及少女与父亲的某个方面的问题，如果在主观水平上解释，父亲可能代表少女心中的道德原则。

尽管在心理分析的专业训练中，更多的是在运用梦的主观水平的分析原则，但是梦的客观水平总是不容忽视。从梦中的意象推演到现实生活，理解其象征性的意义和作用，把握那梦中的信使所传达的真切消息，不管对于心理分析家还是被分析者，都是十分重要的。

(三)释梦的三种方法

1. 联想分析法

梦的工作中的联想分析法包括两方面的联想技术，其一是自由联想，其二是直接联想。经典的精神分析家一般从自由联想开始对梦进行分析。当病人陈述了一个梦境或梦的内容之后，医生使用自由联想的技术，让梦者的个人潜意识充分显现。

　　荣格不赞同弗洛伊德使用的自由联想的方法，认为自由联想会导致对梦的解释远离梦的内容。荣格认为应该将注意力集中于有关梦本身的各种联想上。荣格的这种看法起源于这一思想：

　　　　梦具有某种它自身的独特的、意义更重要的功能。通常，梦具有一种明确的、显然是有目的性的结构，它暗示一种潜在观念或意图。显然，在一般情况下，后者往往不易马上为人直接理解。（张月译，1989，11 页）

　　所以荣格所提倡的对梦的联想都是限制在梦的意象之中，而不是毫无节制地使用自由联想。

2. 扩充分析法

　　扩充分析也叫做放大法，是荣格提出的梦的分析方法。扩充分析也可看做是直接联想的进一步发展，旨在将梦的内容与分析工作提升至原型与集体潜意识的水平。这种解梦方法要求释梦者就某一特殊的语言要素或语言意象，尽可能多地搜集有关的知识。这些知识可以来自种种不同的渠道：分析者本人的经验和知识；产生这一意象的人自己所作的提示和联想；历史资料和考证；人类学和考古学的发现以及文学、艺术、神话、宗教等。

　　有位年轻姑娘写了一首诗，题目叫做《逐日的飞蛾》。诗中写的是一只飞蛾希望只要从太阳那儿得到哪怕是一瞬间"销魂的青睐"（one captured glance），就宁可心甘情愿地幸福死去。荣格专门以三十八页篇幅的一章来放大这一飞蛾逐日的意象。在这一放大的过程中，他旁征博引地涉及歌德的《浮士德》、阿普勒乌斯（Apuleius）的《金驴》、基督教的以及埃及和波斯的经文（texts），涉及和引证了马丁·布伯（Martin Buber）、托马斯·卡莱尔（Thomas Carlyle）、柏拉图、现代诗歌、尼采、精神分裂症病人的幻觉、拜伦[①]和许多别的资料。

　　放大的目的是为了理解梦、幻想、幻觉、绘画和一切人类精神产物的象征意义和原型根基。例如对那首《飞蛾之歌》的意义，荣格是这样说的：

　　　　在太阳与飞蛾的象征下，我们经过深深的挖掘，一直向下接触到人类精神的历史断层。在这种挖掘的过程中，我们发现了一个深深埋藏着的偶

---

① 乔治·戈登·拜伦（George Gordon Byron，1788—1824），英国 19 世纪初期伟大的浪漫主义诗人。其代表作品有《恰尔德·哈罗德游记》《唐璜》等。在他的诗歌里塑造了一批"拜伦式英雄"。拜伦不仅是一位伟大的诗人，还是一个为理想战斗一生的勇士；他积极而勇敢地投身革命，参加了希腊民族解放运动，并成为领导人之一。

像——太阳英雄(the sun-hero)，"他年轻英俊，头戴金光灿烂的王冠，长着明亮耀眼的头发"，对一个人短促有限的一生来说，他是永远不可企及的；他围绕大地旋转，给人类带来白昼与黑夜、春夏与秋冬、生命和死亡；他带着再生的、返老还童的辉煌，一次又一次地从大地上升起，把它的光芒洒向新的生命新的世纪。我们这位梦想家(指《逐日的飞蛾》的作者——笔者注)正是以她的全部灵魂向往和憧憬着这位太阳英雄，她的"灵魂的飞蛾"，为了他而焚毁了自己的翅膀。(荣格文集，第五卷，109页)

从太阳英雄的象征中，我们看到了一种原型的再现，它产生和来源于人类无数代所共同经历和体验到的太阳的伟大光芒和力量。

在荣格最吸引人的那些文章中，有一篇是专门讨论"现代神话"即所谓飞碟(UFO)象征的。荣格并不打算证明究竟有没有所谓飞碟。他宁愿从心理学角度提出问题："为什么这么多人深信他们确实看见过飞碟?"在对这个问题做出回答的时候——他认为心理学家只能在这一问题的范围内进行讨论——他借助于梦、神话、艺术和历史资料，论证了所谓飞碟其实不过是总体性(totality)的象征。它是一个发光的圆盘，一种曼荼罗。它来自另一个星球(人的潜意识)，运载着陌生的太空人(潜意识原型)。

在关于飞碟的研究中，荣格也采用了扩充分析的方法。对飞碟的关注和重视在20世纪50年代达到了顶峰。按照荣格的说法，这种关注和重视根源于战争给人们带来的困惑、混乱和冲突。人们渴望从"冷战"和国际纷争的重负下解脱出来，达到和谐与统一。荣格认为，在充满危机的时代，新象征可能产生和设计出来，旧象征也可能重新复活。而飞碟就是一种整体的象征，犹如曼荼罗。所以，荣格不关注所谓飞碟究竟是一种真实的东西还是一种虚幻的东西，而是认为：如果它们是虚假的，那么飞碟只是表明人类对整体性的向往；如果它们确实是真实的东西，那么发明飞碟的人就为同样的整体原型所支配，从而地球上的人才能够看见这种东西。总之，荣格所关注的是心理真实，而不是外部世界的真实。

一般来说，梦的分析中的联想分析，主要是构建梦者的个人信息与背景，受压抑的个体潜意识仍然是工作的重点；而扩充分析，则是要在深远的原型以及原型意象的水平上工作，集体潜意识是工作的关键。因此，扩充分析也就意味着在神话、历史和文化等水平上解析梦中的比喻、隐喻和象征。尽管扩充分析与自由联想并非必然有冲突，但是，在荣格心理分析家看来，进行扩充分析的时候，要促使被分析者放弃对梦中意象纯粹个人与个体的心态，让被分析者体验自己作为原型能量中的存在，而非原型的"客体"，发挥原型及其意象的治愈功能。

3. 积极想象法

"积极想象"是荣格分析心理学的主要技术，是一种对于潜意识和自主性意象的主动沟通。达里尔·夏普(Daryl Sharp)曾把积极想象定义为通过自我表达的形式来吸收潜意识的方法。这种方法要求在清醒意识的觉察中，让潜意识自发涌现。积极想象有两种形式，其一是言语性的，只指来访者和一个潜意识中的人物或事物进行一次想象性的对话，自己或由心理医生做记录，然后对记录进行分析；另外一种是非言语性的，是指来访者把自己想象的东西做出用绘画、雕塑、舞蹈、沙盘等艺术方法表现出来，再由心理医生做分析。不论哪一种形式，积极想象都是一种帮助来访者实现意识觉察潜意识的手段，当意识和潜意识能够结合起来时，来访者的人格就会逐步完善起来，他的生活就能重新恢复平衡。

积极想象可以单独使用，也可以结合梦进行。在解梦的时候，可以让做梦者与梦中任务进行积极想象式的对话，也可以用绘画、雕塑、舞蹈、沙盘等方法来表现梦的情境。积极想象在梦的工作中的运用，除了以梦中的意象为重点，从意象中获得生动的意义之外，所注重的还是梦者从梦中所获得的体验与感受，包括身体的反应以及身体的感觉，或者说是注重让梦者去体验与感受梦。

荣格认为一系列的梦比一个单独的梦更能为满意的解释提供一个基础。对一个独立的梦，可以任意加以解释，但如果是一系列的梦，那潜意识所介绍的主题就会在梦的系列中变得越加分明，那些重要的表象也通过反复被强调出来，就是错误的解释也可以被连续而来的梦加以修正。

荣格从不把一种解释强加给当事人，他甚至认为梦者对梦的理解比心理治疗师的理解更加重要，最理想的是，解释变成双方思考的共同结果和一致看法。

六、梦与象征

何为象征？简单地说就是用已知的事物表达未知的事物，用显见的事物表达隐蔽的、不好表达的事物。就像我们用"飞碟"来描述不明飞行物（UFO）一样，我们不知道"UFO"是什么东西，我们只是看着它的形状像我们见到过的碟子，于是我们称之为飞碟。同时，正是因为这样的情况，象征与事物的本来面目之间就总是有些差距的，不可能完全描述事物本来的面目。

在分析心理学中，象征主要是指用人类已知的事物来表现未知的原型的内涵。在荣格看来，一种象征，无论是出现在梦中还是出现在白昼生活中，都同时具有双重重要意义。一方面，它表达和再现了一种受到挫折的本能冲动渴望得到满足的愿望。象征的这一侧面，与弗洛伊德关于象征是欲望的伪装的解释是一致的。性欲和攻击欲由于在日常生活中处处受到禁止和压抑，就构成并转变为梦中的各种象征。

在荣格看来，象征不仅仅是一种伪装，它同时也是原始本能驱力的转化。这些象征试图把人的本能能量引导到文化价值和精神价值中去。这一思想并不新鲜，它要说明的是：文学、艺术以及宗教，都不过是生物本能的衍化。譬如，性本能转入舞蹈而成为一种艺术形式，或者攻击本能转化到竞争性的游戏和比赛之中。这一说法与弗洛伊德的自我防御机制中的"升华"相类似，都是描述本能能量以社会文化允许的方式释放出来的现象。

不过，在荣格看来，象征或象征性活动并不仅仅是把本能能量从其本来的对象中移置到替换性对象上。也就是说，舞蹈并不仅仅是用来代替性行为的，它是某种超越了纯粹性行为的东西。

荣格在此清楚地揭示了象征理论最重要的本质特征："象征不是一种用来把人人皆知的东西加以遮蔽的符号。这不是象征的真实含义。相反，它借助于与某种东西的相似，力图阐明和揭示某种完全属于未知领域的东西，或者某种尚在形成过程中的东西。"（荣格文集，第七卷，287 页）。

那么，所谓"尚未完全知晓的或仅仅处在形成过程中的"究竟是什么东西呢？这就是埋藏在集体潜意识中的原型。一种象征，首先是原型的一种表现，虽然它往往并不是最完美的表现。荣格认为，人类的历史就是不断地寻找更好的象征，即能够充分地在意识中实现其原型的象征。在某些历史时期，例如在早期基督教时代和文艺复兴时期，曾经产生过许多很好的象征。说这些象征很好，是说它们同时在许多方面满足和实现了人的天性。而在另一些历史时期，特别是 20 世纪，人类的象征变得十分贫乏和片面。现代象征大部分由各种机械、武器、技术、跨国公司和政治体制所构成，实际上是阴影原型和人格面具的表现，它忽略了人类精神的其他方面。荣格迫切希望人类能够及时创造出更好的(统一的)象征，从而避免在战争中自我毁灭。

荣格之所以对炼金术象征特别感兴趣，就是因为他从中看见一种想把人的天性中各个方面结合起来，把彼此对立的力量锻造成一个统一体的愿望和努力。曼荼罗或者魔圈(magic circle)就是这种超越性自我的主要象征。

另外，象征也是人的精神的表现；它是人的天性的各个不同侧面的投影。它不仅力图表现种族贮藏的和个体获得的人类智慧，而且还能够表现个人未来注定要达到的发展水平。人的命运、人的精神在未来的进化和发展，都能通过象征为他标志出来。然而某种象征中包含的意义却往往不能直接被人认识，人必须通过扩充分析(放大)的方法来解释这一象征，以期发现和揭示其中的重要信息。

象征具有两个方面：受本能推动而追溯过去的方面，和受超越人格这一终极目标指引的展望未来的方面。这两个方面是同一枚硬币的两面，对一个象征可以从任何一面来分析。回溯性分析揭示的是某一象征的本能基础；展望性分析揭示的是人对于完美、再生、和谐、净化等目标的渴望。前一种分析方法是因果论的方法，还原论的方法；后一种分析方法则是目的论的方法，终极性的方法。要对某一象征做出完整的全面的阐释，就必须同时使用两种方法。荣格认为：象征的展望的性质被人们忽视了，而那种把象征看做是单纯的本能冲动和愿望满足的观点遂得以流行。

一种象征的心理强度往往大于产生这一象征的原因的心理值。这意味着在某一象征的背后，既有一种作为原因的推动力，也有一种作为目标的吸引力。推动力是由本能能量提供的，吸引力则是由超越的目标提供的。单纯依靠任何一种力量都不足以创造出一种象征。可见，某种象征的心理强度，是原因和目的因素的总和，因而总是大于单纯的原因因素。

在前文中，我们已经介绍了解梦的三个阶段，其中第三个阶段就是要了解梦的原型的含义。要了解原型，就必须要明白梦的内容的象征意义。所以说，解梦是必须明白一些常见事物的象征意义的。这将在笔者编撰的一本常见事物象征意义的手册中具体介绍。

七、解梦的例子

下面是荣格对两个梦的分析的案例。

(一)一位工程师的性梦

一位工程师数年如一日地把他所做的梦全部记录下来。那时他三十来岁，他多次梦见自己同许多女性朋友发生亲昵的性关系。尽管他已经结婚，但除了频繁的手淫外，他同妻子之间根本没有过性生活。他在手淫的时候也总是伴随着与他梦中情形同样的幻想。在结婚之前，他从未同任何人发生过任何形式的性关系；结婚之后他也没有同任何别的女人发生过性关系，然而他同妻子的关系却越来越糟。在妻子的坚决要求下他做了输精管结扎手术，大概是为了避免怀孕的缘故吧。

这些与性有关的梦，其中许多还显得非常真实、生动和紧张，实际上都不过是对他平时所缺少的东西的补偿。它们确实是弗洛伊德所说的那种欲望满足。然而在荣格看来，这恰好说明了他不能获得正常满足的原因。在他以往的生活中，他始终压抑和拒斥了自己人格中阴影原型的一面。他是一个埋头工作的知识分子，接受的是那种压抑其自然冲动的道德准则。这样做的结果，就使他白天受种种性欲幻想的煎熬，夜里受种种性欲梦境的折磨。这些梦要告诉他的是：由于他忽视了他天性中的一个方面(性需求的方面)，他的生活不可能不变得畸形。这种压抑的确给他的婚姻、工作和朋友关系带来了灾难性的后果。他的这些梦具有一种粗鲁的冲动性质，足以表现受到压抑而未得到发展和分化的阴影原型的特征。

(二)一位女性受攻击的梦

一个在婚姻上不幸福的年轻女人，经常梦见自己和男人们打架，或受到男人们的攻击。在现实中，由于她始终波动于温顺和好强之间，她平时和男人们的关系也处得不好。有时候，她充满柔情，考虑周到，很能体谅他人；有时候，她又自私好斗，语言刻薄。在荣格看来，这样的女人就是阿尼姆斯原型的牺牲品。她的所作所为本质上是对她自己身上男性气质的抗拒和挣扎。她把男性气质看做是自己心中的敌人，一个要加以消灭的异己的东西。当然，她本人并不能自觉地意识到这究竟是怎么回事。

与梦中的情形一样，她平时也不可能同男人们友好相处。因为对她来说，这些男人是她本人所憎恨的那种男性气质的活生生的体现。无论在白昼还是睡梦中，一旦她的阿尼姆斯原型开始显现，她的这种被忽视了的男性气质又总是得到过度补偿——她变得过分男子气，也就是说，变得过分武断自信。随之而来的则是突然又变得极其温柔恭顺。这时候她变成了典型的女性，正如在此之前她仿佛是典型的男性一样。

　　她在性生活方面也极不满意，因为她把性生活看做是男性对她的肉体的一种侵犯。这种感觉她是意识到了的。她意识不到的是（然而她的梦却意识得到）：她害怕她本人的阿尼姆斯原型对她的精神进行侵犯。她经常受到她自己那个原始的、未得到充分发展的阿尼姆斯的威胁。她之所以同男人们搞不好关系，原因就在于她同自己的阿尼姆斯原型没有和谐相处。

　　早在这个女子的童年时期，当她的母亲不断在她面前滔滔不绝地指责攻击男人的时候，这种对男性的反感就开始了。男人在她心灵中留下的印象是一个可恨的形象。此后的经历又证实了这一印象。这样，她对自己心中阿尼姆斯原型的反感就变得越来越强烈。

　　与此同时，她的母亲不断地向她强调，女人最重要的就是要像一个女人。这种关于什么是女性心理的后天教育逐渐变成了她的人格面具，于是做作的言谈举止就代替了她本来的自然天性。

　　荣格提醒我们：人与人之间的冲突——在这里也就是这位女性同男人们的冲突——始终是并且必然是由于人格本身的不和谐所导致的，它是这种人格不和谐的外化和投射。因此要消除这种冲突，就不能仅仅着眼于其外部表现，而必须改善其内部的不和谐。简而言之，一个人不可能摆脱那些构成他人格核心的原型的影响，这是一个基本事实。

　　荣格心理学的精神实质，就在于要人们从内心中去寻找自己同他人关系的答案，因为当我们与他人相处的时候，我们总是把自己的精神状态投射到他人身上。正如荣格所说："一切都从个体内部而发端。"

　　荣格不相信可以运用一套固定不变的象征或梦书来解释所有的梦。一切都因人而异，因个人所处的环境条件和做梦者精神状况的不同而不同。例如，当分析一个特殊的梦的要素时，必须考虑到做梦者的年龄、性别和种族。同样的梦的要素，对不同的人可能具有不同的意义；就是对同一个人，在不同的时候也可能具有不同的意义。所以，荣格一再强调，对于梦的分析绝对不能抱有先

入为主的意念，不能把任何一个梦强行纳入预先设想好的理论模式，而要做到具体情况具体分析。

八、弗洛伊德和荣格梦的理论的差异比较

说完了荣格解梦的理论，此前也简单介绍了弗洛伊德解梦的观点，现在来简要对比一下二者之间的不同之处。

(一)对梦的本质的不同看法

弗洛伊德与荣格对于梦的本质、释梦技术等一系列问题的分歧很大，其根源来自于二人思维方式不同。弗洛伊德认为意识和潜意识是对立的，精神过程是静态的，这样一种非好即坏的二分心态和机械观与荣格是很不一样的。荣格所持的是一种对立统一的辩证心态，他用动态和联系的观点来描述精神过程，认为意识和潜意识是一个自我调节的体系，二者互相补偿，意欲达到心灵的平衡。这种思维方式的差异使得二人在意识与潜意识的关系与内容的看法上产生了根本性的差异。

弗洛伊德理论中具有动力性质的两个核心概念是"压抑"和"性欲"，他认为潜意识产生于意识的压抑，潜意识是意识的产物，仅包含意识的残余，意识将其无法接受的内容——尤其是与性本能相关的——压抑到潜意识里，潜意识里充满了污秽的内容。因此，对于弗洛伊德而言，梦只是潜意识里不被意识所接受的观念在夜晚躲过检查机制，以伪装的形式呈现于梦中，是潜意识里欲望的实现。

荣格在意识与潜意识的关系的看法上与弗洛伊德截然相反。荣格认为潜意识并非一个可怕的怪物，而是一种自然的东西。在道德、美感及智慧判断方面，潜意识是全然采取中立的立场的。当我们的意识采取一种错误的心态时，危险才会发生。荣格认为潜意识是一种母体，是意识的某种基础，它能自主地侵入意识领域。因此，对荣格来说，梦是对心灵自我调节系统的自然反应。

(二)对梦的功能的不同看法

弗洛伊德写道："没有哪个梦不为利己主义所驱使"，"梦的工作不是创造性的，它本身不产生任何幻想，它不做任何判断……梦中得出的结论无非只是梦念中某一结论的复现"。因此梦的功能不过是一种个人愿望的满足，纯粹是

个人性质的。

　　荣格并不否认弗洛伊德关于潜意识的看法，只是他认为弗洛伊德的所谓"潜意识"缩小了潜意识的范围，限制了人们对于有关潜意识创造性和洞察力的理解。因此他提出了集体潜意识的概念。荣格承认来自个人潜意识的梦，正如弗洛伊德所言，全是出于利己动机，个人情结从未产生过比个人偏见更多的东西，但是，不同于弗洛伊德的是，他认为还有一种梦，这种梦包含原型意象，梦者的问题不仅是个人的问题，还涉及人类的历史。这种梦往往有预示作用，这是一般梦所不具有的，不同于弗洛伊德，荣格认为梦中的象征不仅可以表达本能的冲动和愿望，还可以预示未来。

（三）对释梦的过程和技术的不同看法

　　既然弗洛伊德认为梦是伪装，那释梦的工作就不能针对梦本身，梦本身只有谎言，于是自由联想和象征技术就将梦者带到远离梦本身的地方，去寻求梦的隐义——即荣格的所谓"情结"。

　　弗洛伊德认为情结由于检查机制而必须以伪装的形式出现在梦中，而荣格认为情结具有自主性，情结的发展并不是由于它们充当了一种自我防卫的手段，情结早已存在于潜意识当中，出现或不出现完全取决于情结本身。当情结出现在梦中，它以一种象征的形式表现自己，具有创造性。因此，弗洛伊德释梦寻找的是情结，而荣格探寻的则是潜意识对情结做了些什么，即潜意识是如何在梦中表现自己的。通过这个过程，人们可以将其变为意识性的存在，通过理解象征，潜意识得到理解。

　　弗洛伊德解释梦时力图对其含义追根溯源，尤其要追溯到患者童年时的创伤，是还原式的解梦法。荣格不否认还原式解释，但他又提出对梦进行建构式解释，即他认为梦常常是对潜意识的一种积极的构建，梦中内容可以不是出自某种原因，而是为了推动梦者达到实现某种心理潜能的目的。

　　由于荣格否认梦是伪装，因此其释梦技术采用扩充的原理，而不同于放任的自由联想。同时，在释梦时，荣格从不把任何解释强加到病人身上，他更注重病人自己的理解，但对弗洛伊德而言，如果病人对治疗师的解释表现出阻抗，则从反面论证了分析者的解释，如此，则陷入循环论证的境地。

　　如果用一句话来概括弗洛伊德与荣格对梦的看法的根本差异，则是：荣格和弗洛伊德对象征认识的差异。弗洛姆（Erich Fromm，1900—1980）将象征分为三类，一是偶发的象征，是与个人经验紧密联系的象征，比如一个人在很伤

心时听到一首歌，当再次听到这首歌时，这首歌就象征着当时伤心的心情。二是固定的象征，比如国旗代表某个国家。三是普遍的象征，如蛇，可以代表智慧、性生殖器和恐惧等。弗洛伊德相信象征的主要功能是化装并改变潜在的欲望。象征的语言被当做密码，梦的分析则是解读它的工作。而且，弗洛伊德认为象征多含有性的含义，较多利用偶发象征。而荣格认为象征是以特殊的方式表达感觉和思想的语言，较多利用普遍象征，梦中的象征包含着本能受挫后的补偿和愿望的实现，也表现了对未来的一种洞察和预测，而弗洛伊德认为梦不过是伪装而已。

第八章
共时性： 非因果关系原则

　　一般情况下，人们都比较关注具有因果关系的事件，也就是那些有原因和结果的事件，而很少去讨论不具有因果关系的事件，比如我们日常生活中常出现的"说曹操，曹操到"的现象；再比如，我们有时候会预感在街上会遇到某个老朋友，我们就真的遇到了这位老朋友。对于这样的现象，我们往往简单地把它们解释为巧合。荣格却并不满足这样的解释，而是提出了"共时性"这样一个概念来表述它们之间的关系。

一、共时性原则的概念

荣格之所以开始关注"共时性"这一原则，源于他自己经历过的很多"有意义的巧合"事件，而这些事件仅仅用"巧合"来解释往往不能令人信服。

例如，1949 年 4 月 1 日 (西方愚人节) 那几天所发生的事情，就是促使荣格关注"共时性"的一次经历。那天早晨，荣格看到了一块刻着半人半鱼图案的碑铭。午饭吃的也是鱼。有人还向荣格提到了要使某人成为"四月鱼"(愚人节的受愚弄者，April fish) 的习俗。下午，好几个月没有见过面的一位病人给荣格看了一幅刺绣，上面绣的是海怪和鱼。第二天早晨，荣格见到了以前的一位病人，这是那个病人十年以来第一次拜访荣格。这位病人告诉荣格，她在前天晚上梦见了一条大鱼。几个月之后，当荣格使用这一系列的事件进行一项较大的研究，并刚刚把它记录下来之后，他步行穿过房屋前面的湖，正好一条一英寸长的鱼躺在了河堤之上。而更为巧合的是，那一段时间，荣格正在研究鱼的象征。

其实，早在 1930 年，荣格就已经开始使用"共时性"一词来对这些超自然的现象进行描述了。1952 年，荣格又发表了《论共时性》(*On Synchronicity*) 一文，在这篇文章中，荣格把"共时性"定义为：

> 在一种内部意象或某人心中突然产生的预感，与一种表达同样意义的外部事物几乎在同时出现二者之间的巧合。或者说，两种或两种以上事件的意味深长的巧合，其中包含着某种并非意外的或然性东西。

荣格认为共时性原则是一种"有意义的巧合"，"在某一情境内发生的事情不可避免地会含有特殊于此情景的性质"，他认为共时性作为一种巧合现象，并不局限于心理领域，可以从"心灵母体内部"与"我们外在世界"，甚至同时跨越这两方面进入意识状态。

那么，什么样的事件可以称为共时性事件呢？荣格认为有三种情况可以称为共时性事件。

(1)观察者的心理状态和外在的客观事件即时相合。没有任何证据表明外在事件和内在的心理状态有因果关系，而且由于时空的心理相对性，这种联系甚至是不可设想的。

（2）心理状态和发生在观察者的知觉领域之外（空间距离）的外在事件相对应，外在事件只是随后才得到证实。

（3）心理状态和还不存在的未来事件相对应，未来事件由于时间距离，只能随后才能得到证实。（关群德译，2011，359页）

由于第二种和第三种情况不是同一时间发生的事件，所以荣格用"共时性"来表述这一原则而不是"同时性"。

荣格在发展他的共时性概念时，把它与现代理论物理学的一些发现联系起来。从理论物理学中我们已经得知：因果性和预测在微观物理世界中已不再正确。他得出结论："在微观物理学和他的深层心理学之间有一个共同的背景。"同时，荣格回顾中国古代哲学，认识到共时性和不可名状的"道"这一观念之间的对应。

卡普拉①在他的著作《物理学之道》（*The Tao of Physics*）中谈到这一点，并论证说，在现代物理学和东方神秘主义之间存在着密切的相似性。理论物理学的发现揭示了宇宙是一个和谐统一的过程，是相互联系的元素所组成的动力网。这正是佛教与道教哲学的根本思想。

荣格认为共时性事件旨在表现"一切存在形式之间的深刻和谐"。因此，一旦体验到这种和谐，它就变成一种巨大的力量，给予个人一种超越时空的意识。

除此之外，荣格还提出，同步事件似乎是一种内容更为广泛的，他称之为"非因果关系的有序状态"自然法则中的一个特例。他认为，"非因果关系的有序状态"这种程序是经常存在并有规律地出现的，而同步事件则是"即时的创造行为，是一种存在于一切永恒中、不时重复其自身的、而且不可从任何已知先例中推论出来的模式的持续创造"。

二、共时性原则的实验

荣格认为 J. B. 赖因（J. B. Rhine，1895—1980）在美国杜克大学进行的超感知觉实验为共时性原则的研究奠定了可靠的基础。

所谓超感知觉是指不以感觉器官为基础即能获得知觉的心理现象。由于人

---

① 卡普拉（Fritjof Capra，1939—），美国当代理论物理学家。

的感觉主要有视觉、听觉、嗅觉、味觉和肤觉五大感觉，它们各自都有相应的生理器官，而超感知觉与这五大感觉不同，没有感觉器官相对应，因此人们常称之为第六感。超感知觉分为三大类：1. 心电感应（telepathy），是指两个人之间不经由任何沟通工具或渠道（语言、手势或表情）而能彼此传达讯息的过程。2. 超感视觉（clairvoyance），是不靠眼睛或任何工具即可看到物体的特殊能力。3. 预知（precognition），指事件尚未发生之前即可预见的能力。

J. B. 赖因曾在杜克大学做过一系列的超感知觉实验。在其中一项实验中，赖因将 25 张绘有特定图案（星形、方块、圆、十字、波形线）的卡片分为 5 组进行实验。实验是这样进行的：每个实验组中，卡片要洗 800 次，这样被试就不会看到卡片。然后一张张翻出卡片，要求被试猜出每张卡片上的图案。被试如果毫无心电感应能力，纯属猜测答对的机会是 20%，也就是 25 个中能猜中 5 个。最后的结果是，平均可猜对 6.5 个，也就是猜中的比例为 26%。有一些被试猜对的概率比 20% 高出两倍，还有一个人将所有 25 张卡片全部都猜对了。主试和被试之间的距离逐渐增加，从几码到 4000 英里，对结果没有什么影响。

另外一种实验，开始时，两位被试对面而坐，中间隔上布帘，彼此间不通信息，也看不到对方的动作和表情。每人面前各放置一副卡片，先让一方被试以随机方式抽出一张卡片，并注视它（视为心灵发送者），然后将卡片反面向上置于桌上，接着要求对方被试（视为心灵接收者）凭其直觉指出该张卡片上的图形。如果指认正确，即表示两被试之间有心电感应。按上述程序实验时，即 25 张卡片中可能猜对 5 张。赖因根据其本人以及其他学者的实验研究，共收集了数以万计的研究结果，发现数万被试总平均得分是 7.1，即在超感知觉实验情境下，被试答对的概率是 28.4%，比猜中的概率 20% 高出很多（Rhine，1934，见 Honorton，1998）。

荣格认为这些实验证实了共时性原则的存在。

三、共时性原则的事例

荣格在论述共时性原则时列举了很多事例，其中有的是他本人所经历的，有的是他的病人所经历的，还有的则是历史上著名的事件。

荣格在其《论共时性》一文中叙述了自己学生时代一个朋友的故事。那个朋友的爸爸许诺说如果他能够通过期末考试，他就可以去西班牙旅游。荣格的朋友随后就梦到他走在西班牙的一条街道上。这条街道通向一个广场，那里有一个哥特式教堂。他接着往右拐，转了一个弯，到了另一条街上。在这条街上，他看见了一辆漂亮的马车，由两匹奶油色的马拉着。这时他醒了。这个朋友把梦的内容告诉了荣格。不久，荣格的朋友成功通过了考试，他去了西班牙，而且在一条街上，他认出了这是他梦见过的城市。他看到了与梦中一模一样的广场和教堂。他本来想直接走进教堂的，但记得他在梦中是向右拐的，然后到了另外一条街上。他很好奇，想知道自己的梦是否能够得到进一步证实。他刚一拐弯，就确实看见了两匹奶油色的马拉着一辆车。

在同一篇文章中，荣格还讲述了他的一个女病人的例子。这位女病人做事非常理性，在生活中严守中庸之道，任何事都要求好，结果总是做不到。荣格认为，她问题的症结在于懂得太多，受的教育相当好，拥有一种高度明亮洁净的理性主义，她的阿尼姆斯很僵硬而逻辑化。荣格数度尝试想软化她的理性主义，治疗很久都没有起色，不得不盼望某些不可预期且是非理性的事情会突然出现，方可粉碎她用以封闭自己的理智。有一天，那个女病人说她做了一个印象极为深刻的梦，说有人送给她一只金甲虫形的宝石，这是一种珍贵的宝石。正在这时，荣格就听到背后窗子有轻轻拍打的声音，转身便看到一只相当大的金甲虫正飞撞窗棂，试图进入这黝暗的房间。荣格打开窗子，那只昆虫飞了进来。荣格将它交给病人，并说："这就是你的金甲虫宝石。"这只普通的金甲虫飞进来的巧合，突然赋予她的梦新的意义，帮助突破她过于逻辑化的阿尼姆斯外壳，洞穿了她的理性主义，打碎了她理智抗拒的冰墙，而后治疗就持续下去且成效显著。

作家威廉·冯·舒尔兹收集了一些丢失的东西如何奇怪地回到主人身边的小故事。其中一个故事是，一位母亲在黑森林这个地方为小儿子照了一张照片，随后她把底片放在斯特拉斯堡进行冲洗。但是由于战争爆发，她没办法去取，只好作罢。1916年，这位母亲在法兰克福买了一卷胶卷给这时出生的女儿拍照。底片冲洗以后，她发现是重影的，底下的那个就是自己1914年为小儿子拍的照片。就是说，原来那卷胶卷没有被冲洗，最后不知怎么又重新当做新胶卷卖了出来。

还有一个例子，法国诗人德尚(Deschamps)小的时候在奥尔良时，有个叫弗吉布(Fontgibu)的陌生人送给他一块李子布丁。十年后，德尚在巴黎某

餐厅点干果布丁吃，服务员告诉他最后一个干果布丁已经被另外一个人预订了，而那个预订的人正是弗吉布先生。很多年以后，德尚受邀请品尝李子布丁，跟朋友谈起之前的事，他说要是弗吉布先生在就好了。就在那时，一位老先生走进来，他走错了路，闯入了这个聚会，而这位老先生正是弗吉布先生。

当代网络①上也流传着不少类似的事件。例如，英国男子雷格·巴克从跳蚤市场上花 3 英镑淘来了 200 多张第二次世界大战时的明信片。当他浏览这些印着黑白照片的明信片时，竟在其中一张上震惊地发现了自己母亲玛乔丽·巴克在伦敦街头和士兵共舞庆祝胜利的身影。当时玛乔丽只有 24 岁，是伦敦哈罗兹商店里的一名女裁缝。

另一个事例，9 年前，英国东伦敦 58 岁的父亲迈克尔·迪克和与前妻所生的 31 岁女儿丽莎彻底失去了联系。迈克尔带着另外两个女儿到丽莎生活过的城市多次寻找，却毫无所获。当地记者为父女三人在街头拍了一张合照，并将照片登上了报纸。但迈克尔做梦也没想到的是，当他在大街上拍摄这张"寻女照片"时，他失散 9 年的女儿丽莎其实就在他身后不远处，并被拍到了照片的背景上。

在中国，2009 年 9 月，三胞胎兄弟赵凌霄、赵凌汉和赵凌云来到中国石油大学(华东)的青岛校区报到，开始了他们同所大学的学习生活。这三胞胎兄弟家住山东省高密市柏城镇小河崖村，他们在高考中分别考出了 616 分、617 分和 618 分的"三连号"成绩，一度成为当地家喻户晓的"高考明星"。

四、共时性原则与占筮

荣格强调共时性事件与观察者的心境很有关系。他认为，这种事件往往在观察者对其观察对象有一种强烈的参与情感时发生。就是说，共时性事件的发生意味着：客观的诸事件彼此之间，以及它们与观察者主观的心理状态间，有一特殊的互相依存的关系。正是由此出发，荣格对《易经》占卜的合理性做出了自己的解释。他认为，《易经》占卜时，在问者的心态及解答的卦爻间，有种共

---

① 以下三个事例选自 http://humor.cnnb.com.cn/content/channel/ym/c332/2009/0908/46297541.shtml.

时性的符应。为了使共时性事件出现，就需要占卜者投掷硬币或者区分蓍草时，要想它一定会存在于某一现成的情境当中，并认定卦爻辞确实可以呈现他心灵的状态。

荣格对《易经》十分感兴趣，他认为经过一定仪式之后进行的占筮往往真的具有预示性，与实际情况相吻合。占筮与事实相吻合的现象，就可以用共时性原则来进行解释。

荣格认为正规的占筮活动可以将人的潜意识以象征的形式展现出来，从而显示出心理世界与现实世界奇妙的对应性和平行性——这是一种与因果律完全不同的联系，也就是共时性。荣格相信，在宇宙发展变化的过程中，因果联系不过是事物普遍联系的一种，此外还有别的联系。例如，万物在连绵不断的时间之流中并排地进行着，其中有些东西在许多地方基本上同时出现，它们可能是思想、符号、心理状态、某个数字、某种物品等，尽管性质不同，形态不同，却有着相合和等价的意义。由于它们分属各自独立的不同的时间演进系列，出现在不同的地方，不可能发生因果性的联系，却有着巧合性的对应关系，荣格将这类现象称做"同步"或"相对的共时性"，认为这种对应和巧合属共时性现象，受制于共时性原理。

荣格认为《易经》的筮法与占问过程正是共时性现象的体现。尽管拈取筮草或抛掷硬币以起卦的方法，纯属偶然，但是这并不妨碍所得卦爻的含义，与起卦人主观所要了解的事件在性质上相契合。共时性原理认为："事件在时空中的契合，并不只是概率而已。它蕴含更多的意义，也就是宏观的诸事件彼此之间，以及它们与观察者主观心理状态之间，有一特殊的互相依存的关系。"

但是问题的关键在于观察者如何通过"随机"起卦，却能使所起卦爻的含义与自己主观所希望了解的客观情境这三者相契合呢？荣格的回答是：《易经》认为要使共时性原理有效的唯一法门，乃在于观察者要认定卦爻词确实可以呈现他心灵的状态，因此，当他投掷硬币或者区分蓍草时，要想定它一定会存在于某一现成的情境当中。换句话说，观察者只有通过起卦时诚信的心理状态来实现上述三者的契合。这也就是所谓的"心诚则灵"的原理。

五、对共时性原则的解释

共时性事件何以会发生或者说应如何解释这类现象呢？荣格及其追随者对此做过谨慎的推测。

从分析心理学的角度出发，荣格把共时性与自己的原型概念联系起来。他认为原型可以在一个人内心中获得心理的表现，与此同时，它也可以在外部世界中获得物理的表现。当原型被激活，它就展现出一个心理活力的方面，并出现在一个共时性事件中。或许我们可以认为，当物质和心灵二者契合于一个共时性事件中时，就意味着原型进行了一次自我表白或自我实现。

另外，在发展共时性概念时，荣格又把它与现代理论物理学的一些发现联系起来。他说："我从肯定方面将它视为一种来自终极的非因果性、来自质子新生的创造性行为。"同时，他还注意到现代物理学揭示出宇宙是一个和谐统一的过程，是相互联系的元素所组成的动力网。而这与他所认为的，共时性事件旨在"一切存在形式之间的深刻和谐"的观念是一致的。

按照荣格与他的追随者的看法，共时性原理——这个从符应、感通与和谐等荒废的概念中脱胎而成的现代词语的提出，一方面可使心灵感应、特异功能以及其他形式的令人困惑的超常经验获得某种解释；另一方面可能会为物理学、生物学等自然科学的研究开辟出一条新的道路。确实，如果共时性原理可以成立的话，我们人类建构知识的基本设定因果律即要受到很大的挑战。这将意味着，除了用因果性来说明的世界的秩序外，在宇宙中还存在着另一种秩序。其影响无疑将会是深远的。

六、对共时性原则的评价

荣格共时性概念的提出在当时的科学界引起很大的震动。但他所获得的却不是赞扬，而是超乎寻常的批评。科学家对共时性的提出感到愤慨。荣格的大胆涉猎，使他招致种种非议，被指责为神秘主义者。

然而，我们应该比较客观地来看待"共时性"这一理论，而不是一味地批评。荣格本人早在 1930 年就提出了"共时性"的概念，但是直到 1952 年才发表了《论共时性》一文，由此可见，在对待"共时性"这一理论上，荣格是审慎的。

另外，正如他本人所宣称的那样：他是一个地道的经验主义者。他所看重的是经验、事实，而把理论看成是说明事实或经验的一种有效方式。如果一种已有理论不能对事实（尤其是他本人所经历的）给予可信的解释，他就会试图寻找新的可信的理论。正是由于自己生活中神秘现象的反复出现，并且无法用因果性原则加以解释，才促使他发展出自己的共时性原则。也就是说，荣格提出共时性原则不是凭空想象的，而是根据自己的经验总结出来的。当然，荣格之所以提出共时性原则，是由于他深信"人类自我或曰人类灵魂的某一部分，不受制于时间和空间的法则"，在这样的信念之上，荣格才会相信共时性的存在。

第九章
分析心理学的心理治疗

　　荣格在心理治疗方面的贡献，是由他的分析方法演化出来的。古典精神分析学派的心理治疗中，心理医生远远地坐在躺椅的后边，偶尔做出权威性的论断和解释，同时又不完全参与到病人的痛苦之中。对此，荣格有不同的看法。在他看来，心理治疗中的分析应该是一个辩证的过程，是两个人之间的一种双向交流，这两个人平等地参与其中。荣格所提出的这一原则，现在已经没有什么新鲜感了，但是在当时算得上是对心理治疗的一次革命。

　　基于上述观点，分析心理学体系下的心理治疗有一套自己的心理治疗的原则、目标和方法，介绍了如何对待心理疾病、对待心理疾病患者的准则，以及心理治疗中的心理医生如何调整心态。本章中，我们将就这些内容一一介绍。

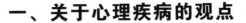

一、关于心理疾病的观点

荣格一生接待的心理疾病的患者不计其数，他的病人来自社会各个阶层，而且他所接触到的心理疾病也多种多样。荣格对心理疾病的阐述不仅建立在他自己和他的病人的基础之上，而且建立在对神话、比较宗教和人类学的广泛研究的基础上。他试图确立适用于所有人的普遍真理。更为重要的是，荣格自始至终都竭力坚持非教条化，在对待病人的时候，他所持有的是一种开放的、人道主义的心态。

(一)关注心理疾病症状背后的故事

在对待心理疾病患者时，不管病人说的话中有多少是妄想或幻觉，荣格都是用心倾听的。正如荣格在他的自传中所写的那样：

> 在精神病学的许多案例中，来找我们的病人都有一个没有讲述的故事，通常这个故事没有人知道。在我看来，只有在研究了这整个关乎个人的故事之后，治疗才真正开始。这是病人的秘密，是把他撞得粉身碎骨的礁石。如果我知道了他的秘密故事，我就拥有了一把治疗的钥匙……在治疗中，问题总在于这整个人，而绝不仅仅在于症状。我们必须提出挑战整个人格的问题。（刘国彬、杨德友译，2009，118页）

对于心理疾病患者所讲述的话语，荣格认为：

> 我认识到，妄想的念头和幻觉包含着意义的一个发端。一个人格、一段生活史、一种希望和欲望的模式隐藏在精神病症之后。如果我们无法理解它们，那是我们自身的错。从那时起我才第一次开始认识到，人格的普遍心理特点就隐身在精神病症之中，而且即使在这里我们遇到的也是古老的人类内心的冲突。虽然病人看起来可能迟钝、冷漠，或是完全低能，但他们的心灵中却发生着远比表面上所见更多和更有意义的事情。实质上，我们在心理疾病的人身上并没有发现新的和未知的东西，相反，我们遇见的是我们自己本性的基质。（刘国彬、杨德友译，2009，127页）

对于神经症患者，荣格认为更是如此。他说："神经症患者的精神过程和那些所谓正常人的精神过程几乎完全一样——对现在的人来说，有谁能确信自己不是神经症患者呢？"

荣格认为，心理疾病的诊断虽然可以帮助医生确定其治疗方向，但是诊断却并不是最重要的。而至关重要的是心理疾病患者的故事，因为故事才真正表明了个人背景和所遭受的痛苦。除此之外，荣格也不认为心理疾病是一个独立的"实体"，过度强调症状，会掩盖"这种疾病都是一个带有强烈个性化的现象这一事实"。

(二)心理疾病的成因

荣格相信，精神病和神经症是两种基本心态类型的极端表现：极端内倾导致力比多从外部现实消失，进入一个完全隐私的幻想和原型意象的世界，其结果是精神疾病；极端外倾则远离内在的完整感，转向过度关注一个人在社会关系世界中的影响，其结果是神经症。也就是说，精神疾病患者生活在内在潜意识之中，而神经症患者生活在他们的人格面具之中。

可以说，心理疾病和心理健康都是个体的需要和集体的要求之间不平衡或稳态平衡的功能。人们患上神经症是因为在他们的内部发生分裂，意识和潜意识在稳态平衡中不再发挥作用，造成意识与潜意识分离，进而产生本能丧失感和无根感。如果我们能够发展起"超越"的功能，不和谐就会停止，心理疾病就会消失。对于精神疾病的症状，荣格认为那是自然的心理生理反应持续存在的夸张表现形式。

荣格进一步论证说，症状形成本身就是个性化过程的一个产物，疾病是一种自主的创造性活动，是精神成长和发展的责任不得不在异常的情况下进行的一种功能。因此，神经症是适应的一种形式，是存在健康潜能的有机体对生活要求做出的反应。对此，荣格说道：

> 我常常发现，当人们满足于对生活问题的不充分的或是错误的答案时，他们会患上神经症。他们寻求地位、婚姻、荣誉、外部的成功或金钱，即使他们已经获得了他们所要求的东西，他们仍然感到不快乐，并且表现出神经症的症状。这种人通常被局限在过分狭窄的精神世界里。他们的生活没有足够的满意度和足够的意义。如果他们能够发展更为宽广的人格，神经症通常就会消失。正是由于这种原因，发展的观点在我看来总是具有重要意义的。（杨韶刚译，2007，300 页）

不过，荣格并不认为神经症总是根源于童年早期的经历，相反，神经症是由于和现时的环境斗争失败所导致的。它可能作为对外部事件的一种反应，在生命周期的任何阶段出现，例如进入一所新学校、失去重要亲人、开始一份新工作等。在荣格看来，早期的心理创伤可能使个体预先具有表现神经症的倾向，但这些创伤并非是神经症的成因。因此，按照荣格的观点，神经症本质上是对具体挑战性的生活事件的一种逃避，因为个体觉得尚未做好应对准备。所以他教导他的学生在面临一个新病人时，要问问自己："这个病人想要回避的是什么任务？"

总之，荣格把症状的形成理解为一种创造性活动，这对于病人和治疗师两者身上都形成对治疗的乐观心态具有重要意义。因为这种理解并非把症状视为一种无谓的受罪，而是把它们视为灵魂在逃避恐惧和寻求现实的挣扎过程中经历的成长的烦恼，是一个获得意识和成长的价值无量的机会。

二、心理疾病患者的角色

（一）如何对待心理疾病的患者

在对待心理疾病患者方面，荣格最为强调的一点就是，每一个病人都是独特的，一般规则、教条观点和普遍程序绝不适用于单个病人。他曾说，那些心理测验所测的只是个体在多大程度上与别人相同，却不能测出个体自身的特点。荣格告诫他的学生："首先要学习理论，然后，当病人从门口走进来的时候，忘掉它们。"

荣格认为，应该把病人当做普通人来看待，而不是当做"病人"。荣格说，每一次约诊不但是一次临床访谈，还是一个社交场合。在会谈中，荣格完全投入到分析情境之中，他是一个真实的人。他承认自己有弱点，并且相信只有受过伤的医生才能治愈病人。荣格说，心理医生并非知道病人的所有答案，即便是知道也不会带来什么益处，只有让病人自己找到答案才具有治疗意义。

荣格从来不从病理学的立场来看待病人，而是以对健康的期望为出发点，努力确定"怎样才能恢复健康"；他关注的焦点是症状的象征和意义，而不是症状本身，是什么样的原型要求受到了挫折，需要得到满足。在这个过程中，他通过私人的亲密关系和分析情境的"相互性"与病人建立联系。

（二）适用人群

荣格分析心理学的治疗比较适合接近中年以上或者反省意识较强的对象，对于儿童、青少年、贫民阶层的治疗则存在一定局限，尽管荣格心理学的一些

治疗技术在儿童领域也很有成效，如沙盘技术、绘画技术等。自我实现的治疗目标更适合中年以下的人，而个性化目标的完整发展则更适合中年以上的人。同时，荣格心理学治疗一般是中长程的治疗，这需要患者有经济保证。

三、心理治疗师的角色

荣格曾在自传中讲到一个医生申请成为心理分析师的事情①。首先，荣格对他说：

> 你知道这意味着什么吗？这意味着你必须首先学会认识你自己。你自己就是工具。如果你自己都不健全的话，又怎么可能使病人恢复正常呢？如果你自己都不确信的话，又怎么可能使他信服呢？你自己必须是真正的素材。如果不是的话，老天保佑你！那么，你会把你的病人引入歧途。因此，你必须首先接受对你自己的分析。（刘国彬、杨德友译，2009，134页）

荣格的这番话不仅适合那位医生，还适用于当今的心理治疗师、心理医生或者心理咨询师。一个心理治疗师，首先要确保自己的心理是健康的，才能够对病人进行治疗。荣格说：

> 一个古代先哲曾经说过："如果一个错误的人使用了正确的手段，那么，正确的手段也会产生错误的作用。"不幸的是，我们信奉的是不论使用这种方法的人是谁，只要方法"正确"就行。……在实际中，一切都取决于人，很少或没有人会取决于方法。（荣格全集，第十三卷，7页）

荣格还指出，心理分析师不仅在培训期间有必要接受分析，而且他必须在整个职业生涯中不断探究自己。自我分析之所以必要，是由荣格所认为的分析关系所决定的，即：分析师至少应和病人投入同样多的心力。在潜意识层面，医生和病人都参与到炼金术士们所说的一种精密的整合之中：就如同两种化学物质一样，他们在分析情境中被"亲和性"吸引到一起，其相互作用促使改变发生。而且，病人和医生都发生了改变，这正是在移情中发生的事情。

荣格极大地扩展了弗洛伊德对移情的看法。按照荣格的理解，医患关系事实上是一种一直存在于每一个人身上的原型关系。首先，在分析过程中，原型的意象活跃起来，当它们被投射到分析师身上的时候，便能赋予他强大的治疗

---

① 见本书第一章"早期精神病治疗活动"中的"一个隐性的精神病患者"。

(或破坏)力量。在荣格自己的经验中,魔法师、萨满、巫医和智慧老人等原型意象常常被投射到分析师身上。其次,分析师能够接受病人之前未能获得满足的原型的需要的投射,也是病人治愈的重要因素之一。例如,分析师可以成为病人在童年时期缺失的那个强有力的父亲形象。最后,病人的潜意识获得在分析师的潜意识中也会引起相应的活动,其结果是,他们之间的联结转化为比传统的医患关系远为深刻的东西。正是移情的这个方面,分析师本人在职业生涯中接受彻底的分析才显得尤为重要,并且要对"个人在观察上的误差"保持清醒的认识。这样,分析师才有可能认识到自己在病人身上的潜意识投射——反移情,并且在治疗关系中建设性地使用它,而不是让它变成破坏因素。

此外,荣格还十分强调情感在心理治疗过程中的重要性,这不仅是病人对分析师的情感,还包括分析师对病人的情感。情感所提供的是一个无价的催化剂。它不仅存在于分析关系本身,也必然存在于自我和潜意识的关系之中。当病人和分析师都是男性或都是女性时,能否建立潜意识中的情感关系成为治愈的一个重要因素。荣格认为,一些过于理性的病人只试图用头脑来理解分析,而且,他们认为当他们理解之后便完成了任务。事实上,这是远远不够的,病人必须要与自己的潜意识内容建立一种情感关系。如果没有情感的参与,成长和转化是不可能发生的。

总之,在心理分析治疗中,医生和病人的人格都是完全参与其中的。正如克拉夫特-埃宾所认为的那样:心理疾病是"人格疾病",要治疗它们,心理医生就必须用自己的人格的全部做出反应。

四、心理治疗的目标

荣格心理学一般将心理问题的形成原因归结为某一原型没有得到良好发展而受到阻碍,由此精神系统作为自我调整而表现出神经症或别的问题。荣格心理学治疗目标因此是使受挫折的原型或情结获得应有的发展,其最关键的是个性的成熟发展——自我实现或个性化,人生充实感的获得。

心理分析方法的最为独特之处,在于想把潜意识变为意识,也就是潜意识的意识化。而这一过程对于荣格来说,就是个性化的过程:荣格分析心理学心理治疗的最终目标是实现自性,即追求人的完整性,而人的完整性的程度取决于心灵各部分的个性化程度。

个性化即是心灵系统各部分功能的分化、细化、平衡地发展,并力图达到

统一的人格。荣格认为人格的各个组成部分可以自主地与其他部分逐渐分化开，每个系统像有自己的生命一样，在自身中逐渐演化，从单一的结构发展成复杂的结构，当然并没有人达到人格的完全分化、平衡和统一，但这种个性化的倾向是与生俱来的。人格的某一系统的扩张将导致人格其他组成部分被忽略，达到一定程度，人的意识行为将缺乏热情、活力和自发性，甚至以神经症的形式表达出来。

个性化的过程是原型寻求表达的过程。由于个人遗传、家庭、社会文化等因素，个体的发展不可避免地带有偏向性，人格系统中最柔弱的、被压抑的、未分化的部分在梦中或幻想中以象征的形式出现，然后以适当的形式，如绘画、沙盘游戏等，将象征具体化，并使个体充分了解绘画或沙盘的内容，这样就会促进原型的发展以及人格的完善。

五、心理治疗的阶段

荣格心理学治疗可以分为四个阶段：意识化、分析、教育、个性化。和经典弗洛伊德精神分析学派治疗时间类似，这些阶段的发展时间可能需要一年以上，有的时间甚至更长。

（一）意识化治疗阶段

有些文章也把这一阶段翻译为"宣泄"阶段或"净化"阶段。

在这个阶段，首先让求助者表达，方式可以是口头会谈中的各种表达叙述，也可以是通过梦的记录、积极想象、沙盘游戏技术、绘画技术、文学和诗歌阅读、艺术品的制作技术、舞蹈技术等。特别是梦的分析是荣格派很重要的技术。总的目的是，从求助者的理性和感性两方面引导出患者内心潜意识的声音，使其相当充分地进入意识的领域，以及把心理的能量流疏导出来。

例如一个人在童年和青少年时希望成为一位儿童作家，但大学毕业后社会生活或父母等的压力使他从事机械制造的工作。但内心的那个渴望做儿童作家的冲动并没有被解决，而是被压抑了。在生命的一些阶段，他甚至会意识不到那个意愿的存在。然而，当他的社会生活——也就是和别人的关系以及个体存活的生活获得满足和安定后，内部的意识就会再次出现在自己的梦、行为中，当这种冲动被压抑和忽视时，它就以病态来表现它的不满——这就是神经症。通过意识化、分析等治疗阶段的治疗，心理治疗师能帮助患者发现那个成为儿

童作家的意愿的存在。

如果一个心理医生能帮助病人很好地表达出他或她的潜意识需要，使其内心的某些潜在方面表面化、意识化，问题较轻的患者在充分表达后，就会自然理解自己问题的症结所在而得到痊愈。

这里要说明的是荣格心理学治疗的意识化是一个全面深入的过程，一般需要多次的会谈才能完成，而不能将其设想成仅仅一两次就能到达意识化。

积极联想、沙盘技术、绘画技术、文学和诗歌阅读、艺术品的制作技术、舞蹈技术也可以显示出各种"原型"象征。使用"扩充分析"技术可以使求助者和治疗师了解更多和更全面的患者潜意识的内容，而促成这部分没有被发展的潜意识内容获得意识化。这种技术的难度在于要求实践荣格心理学的治疗师要充分熟悉古今的文学、神话学、宗教学、民族志等资料，只有有了这样的知识基础后，使用这一技术才成为可能。所以在国际荣格心理学协会的培训学院中被培训的治疗师都需要学习人类学、文学阅读等课程，并被要求熟悉各种文化中的心理象征意义。

(二)分析治疗阶段

尽管引导患者实现意识化是一个很重要的开始，但对于相当部分的患者这或许只是一个好的开始，因此我们面临进一步的分析阶段。

在弗洛伊德精神分析中使用的重要技术——移情分析，也是荣格心理学治疗师所使用的重要技术之一，特别是在分析阶段。当患者朝向治疗师投射他们自身的重要关系或一些重要内容时，我们称之为"移情"。这需要治疗师有充分的敏感性来反省发现，而不是认同为一般社会的感情。同时，荣格也指出，治疗师由于个体的经历所存在的内容或关系也同样会自然通过会谈投射给患者（这称为"反移情"）。而且荣格认为，这种情况并不仅仅是治疗师希望冷静客观就能避免的，因为在会谈互动中这必然会发生。

最有代表性的案例是色情移情，也就是出现病人和治疗师非同性的时候，二者之间在会谈接触后发生的一种微妙的感情，这其实是移情或反移情的到来。对于年轻、未婚的治疗师（特别是对于没有经验的新手）这往往是一种心理和生理的考验。不管怎么样，如果这时候去接受这种感情，那这个治疗师和患者就会彻底弄糟整个治疗过程，并造成对于双方的"残酷杀伤"。

荣格心理学的治疗师在理解移情时，和弗洛伊德的精神分析学派存在的不同是：荣格学派不仅仅以个体过去生活中各种经历所积聚的个体潜意识内容来认识移情关系，他们还会从各种族文化或人类文化"原型"象征来认识这种移情

关系所蕴含的意义。利用原型及其象征理解移情关系，可以促使我们理解潜意识的内容及其要求。

(三)社会意义教育治疗阶段

这和阿德勒的个体心理学疗法有许多类似。在这一阶段，治疗师鼓励患者将在阶段一和阶段二获得的顿悟投入到现实生活中去，要求患者付出努力以达到自我实现。

在这阶段，心理治疗师要对病人进行社会意义的教育，其主要内容包括：努力做到符合社会的正确发展，进行社会观念的学习，树立正确的人生追求方向，帮助病人认识个体在社会中的生活发展或其可行性、道德的意义，重新帮助他建立生活目标和方向等。对于这里所叙述的教育虽然也可能包括最浅层面的教育，但这主要是指经历意识化、分析过程后，针对患者的原型发展需要而做出的社会性教育，如生活目标的重建、生活方向的建立，因此不能把这一教育过程简单化。

荣格在不少案例治疗中，曾经以社会性的方式对患者进行人生发展或道德问题的教育，来帮助患者认识其某种"原型"的发展方向正脱离实际社会的危险情况。当然，这种教育并不是轻率进行的，也不是简单地把概念强加于人，而是在有充分了解的基础上，以建议、讨论的方式进行的。

(四)个性化阶段

对潜意识的发掘使得一个人直面阴影、阿尼玛/阿尼姆斯以及其他激活的原型成分，这些原型成分是对之前狭隘的、神经症的或片面发展的一种自然的稳态补偿。

在这个阶段，象征的超越功能开始发挥作用。患者对个性化的追求在进行之中，而且和达成"自我"联系在一起，这时，患者已经超越了"正常"或"社会适应"的状态，获得了对自身就是一个完整实体完全肯定和接受的感受。

荣格是根据他对炼金术的研究来阐明这个分析过程的。他认为，和炼金术一样，分析并不是一门科学，而是一门艺术，一门炼金术的艺术。分析能否成功达到预期目标，这取决于病人和分析师带到分析情境(相当于炼金术的容器)中的那些素材(相当于炼金术的原料)，以及通过他们的互动而发生的转化。其首要的要求是，双方都为自己以及自己对这一关系所起到的促成作用承担全部责任。最初，大多数病人发现难以为自己和自己的疾病担负责任，而宁愿让别人负责，并且对分析师采取一种被动的或依赖的心态。如果想使分析进入第二阶段，就必须对此加以改变。正如荣格所说："只有当病人认识到挡在他路上

的不再是父亲和母亲，而是他自己的时候，真正的治疗才开始……"（荣格全集，第七卷，59—60页）

劝说病人为其疾病承担责任需要有高超的技巧，否则他可能会因此采取一种自我谴责的道德心态。他必须理解，疾病并不是他的"错"，但是只有他自己能够发现其意义并且找到治愈的方法。在这里，目的是鼓励他与疾病和整个人格都建立起一种创造性的关系，而不是引发自罪感或悔恨。

荣格并不主张过于频繁地进行会谈，他断言治疗的时间周期不会因为接触频率增加而缩短。有关研究也证明，每周五次的面询所产生的效果并不好于每周一到两次的面询。荣格还建议每隔十周应该中断分析，让病人回到生活中去，鼓励他们不是依赖分析师，而是依赖自性。通过这种方法，病人就不是为了分析而生活，而是为了生活而分析。这对病人和分析师来说都是有好处的，因为它既有助于防止分析师感到筋疲力尽，也有助于确保他们的工作不会变得"例行公事"或死气沉沉。定期摆脱分析可以让分析师探求其他的兴趣，如研究、协作、讲座、绘画、陶艺、旅游和运动，以便他们能够重新积聚创造性能量，并且加强他们对"心理衰竭"的免疫力。

六、常用技术

传统的分析心理治疗技术主要包括扩充分析（放大）、移情和反移情分析、积极想象、解梦等技术。这些技术在前边已经有所论述，这里不再重复。荣格早期还曾经使用语词联想测验进行心理研究，荣格之后，心理分析技术又发展出沙盘游戏疗法、绘画疗法、舞蹈疗法等。在这一部分，我们将对这几项技术进行介绍。

（一）语词联想测验

荣格说，有两种方法可以使我们接近人的潜意识这一黑暗领域。语词联想便是其中之一。

语词联想测验（或单字联想测验）（word-association test）是用一个词汇表进行刺激，每一张表通常有100个词汇。告诉被试，要他在听到和理解了刺激单词后尽快地说出他联想到的第一个词。当确信被试已听懂要求后，就开始测验。刺激和反应之间的间隔用秒表计时。在念完100个单词后，可以进行下一个测验，即把那些刺激单词再念一遍，让被试重复他先前的回答。由于记忆在一些地方的失灵，被试第二次做出的回答可能不准确或发生错误。

　　一般说来，当一个刺激词读出后，只要这个词在情感色彩上是中性的，被试都会迅速答出一个反应词。但有时却并非如此，而是出现另外一些情形。荣格说：

　　　　当测验失败时，或被试出错时，你却能学到些别的东西。你问一个连孩子都能回答的简易单词，而一个智商很高的人却不能回答。这是为什么呢？因为那个单词击中了称之为情结的东西，这情结是一种非常隐匿的、以特定的情调或痛苦的情调为特征的心理内容的聚集物。这个单词有如一枚炮弹，能穿透厚厚的人格伪装层而打进黑暗层之中。例如，当你说"购物、钱"这类词时，那些具有"金钱情结"的人就会被击中。（成穷、王作虹译，1991，49 页）

　　从这段话中我们可以了解在联想时会出现一些带有情绪联系的回忆或意念，因而造成不同的反应，不是反应时间过长就是没有反应。这表示，这个词触及了所谓情结的要害。同时，也正是通过语词联想测验中的失败，荣格揭示出在潜意识的黑暗领域中存在着情结，它们隐匿着，不为人所知，也不为自己所知，当它被词语或某种事物触动的时候，便会产生古怪而不合逻辑的应答或情绪反应，造成失误。

　　荣格总结了显出测验事物的指示物（或称干扰），称之为情结指标（complex indicator），即语词联想测验时，如果被试对某一单词的反应特别费力，或勉强反应而显得面红耳赤时，即隐示情结所在。反应时间的延长在实践上最重要，从计算被试的平均反应时，可判断某一次的反应时是否过长。另外一些包括：不遵照指示，反应超过一个词；重现单词时有误；用表情、笑、手脚或身体动作、咳嗽、口吃等行为做出反应；只用"是"或"不"作答的不充分反应；不用刺激词的真正意义做出反应；对相同单词的习惯性运用；使用外语；完全缺乏反应。

　　所有这些反应都不受意志的控制，被试对此也并无知觉。因此，这种测验不仅发现了一些被试所具有的情感倾向的线索，还证明一个人有可能对某些与他密切相关的东西毫无意识。不管被试是否遵守测验规则，都暴露了他自己的潜意识在起作用，似乎潜意识中的情结不能对触动无动于衷，而必须做出反应来发挥它自己的作用。

　　荣格曾对一位大约 35 岁的正常被试在接受联想测验时做出的反应时进行了记录。通过与他的干扰反应相应的几个词——刀子、长矛、打、尖的、瓶子，荣格给我们揭示了这样一个故事。

　　　　荣格对被试说：我不知道你曾有过如此不愉快的经历。

被试盯着荣格说：我不懂你在谈些什么。

荣格说：你明白，你曾喝醉过并以刀伤人的不愉快纠葛。

被试问：你是怎么知道的？（成穷、王作虹译，1991，52页）

之后，被试说出了整个事情。他出身于一个单纯、正派、受人尊敬的家庭，他出国时，有一天因醉酒与人发生争吵，便拔刀刺伤对方，结果坐了一年牢。他怕这件事给他的生活蒙上阴影，所以没告诉他的家人。

荣格之所以发现了这个被试的秘密，是从对被试反应时间的分析中知道的。被试在反应7、8、9、10刺激词中见下图，我们看到一连串的干扰，7是很关键的一个刺激词，但被试毫无意识，随后3个长反应时是因考虑7而受到影响。反应13是一个孤立的干扰。反应16—20中，又出现了一连串干扰。荣格指出，在这个特定的例子中，涉及潜意识情绪的致敏作用和敏感的强化作用。当一个紧要的刺激词引起不可遏制的情绪反应时，下一个紧要刺激词恰好出现在这复发性情绪反应范围内，假如前面的反应是一串无关痛痒的联想，这时的反应便容易产生比人们期待的更为强烈的效果。这叫做复发性情绪的敏感效应。对于这种效应，可在处理犯罪案件时利用。

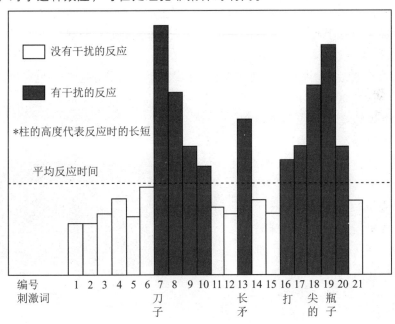

荣格所做的一次语词联想测试，被试的反应时记录表。

正如前文所说，荣格认为，病人来就诊时都有一个未说出的故事，而这个故事一般来说都无人知晓。这故事是病人心中的秘密，也就是他的情结。知道了病人的秘密故事，便等于掌握了治疗的关键。医生的职责便是去找出这个关键。而语词联想测验能发现患者心中的情结，治疗者便可以通过分解，消融这些情结，使患者重新恢复身心健康。

(二)沙盘游戏疗法

沙盘游戏(Sandplay Therapy)是由瑞士分析心理学家多拉·卡尔夫于20世纪五六十年代创建的积极想象的技术中的一种，它不仅仅是了解来访者潜意识的一种测验技术，更主要的是一种心理治疗技术。在这个技术中，来访者利用沙子、玩具在沙箱中制作一个场景，以呈现其潜意识内容，通过意识与潜意识的沟通，使没有获得发展的原型获得发展，实现对来访者心理疾病的治疗。

经过几十年的发展，沙盘游戏疗法还衍生出多种不同形式，主要包括个体沙盘游戏和团体沙盘游戏等。其中，个体沙盘游戏就是面向一个来访者进行的沙盘游戏；团体沙盘游戏则是指面向两个以上的来访者进行的团体沙盘游戏，根据组成人员的不同，团体沙盘游戏又可以分为家庭沙盘游戏、夫妻(或恋人)沙盘游戏、一般团体沙盘游戏等。

个体沙盘主要应用于各种心理问题、心理疾病的咨询和治疗，也可以用于促进个体心理的成长。在心理治疗方面，个体沙盘游戏应用范围包括：治疗言语和交流有困难人群的心理问题；治疗焦虑、紧张、抑郁等情绪问题；治疗注意缺陷、多动等心理行为问题；适用于攻击性行为的矫治；适用于注意力不集中、厌学、人际交往困难等适应问题；适合于配合其他心理咨询技术治疗各种心理问题。

沙盘游戏设置

团体沙盘游戏主要应用于团队建设，也可以用于促进个体心理成长或者心理治疗。

（三）绘画疗法

绘画疗法(Drawing Therapy)最早起源于 20 世纪初对精神病艺术家的研究，由于此方法是以绘画为中介来进行治疗的，故称绘画疗法。目前，绘画疗法在西方国家已经得到广泛的应用，成为心理咨询和治疗的主要技术之一，但国内在这方面的研究和应用还比较缺乏。

绘画作为情感表达的工具，能够反映人们内在的、潜意识层面的信息，是将潜意识的内容视觉化的过程。人们对绘画的防御心理较低，不知不觉中就会把内心深层次的动机、情绪、焦虑、冲突、价值观和愿望等投射在绘画作品中，有时也可以将早期记忆中被隐藏或被压抑的内容更快地释放出来，并且开始重建过去。因此，图画所传递的信息远比语言丰富，表现力更强。而且，在绘画的过程中，个体可以进一步理清自己的思路，把无形的东西有形化，把抽象的东西具体化。这样一来，就会为治疗师提供足够多的真实的信息来为患者分析和治疗。同时，根据能量守恒定律，能量既不会消失，也不会增加或减少，只会以其他形式表现出来。绘画可以将积压在心中的消极情绪转化成作品，这样一方面可以发泄减轻心中的压抑和焦虑；另一方面患者也可以在治疗师的引导下通过自己的作品来认识和反思自己的情绪和问题。

绘画过程也是对病人内心原型的展现过程，可以帮助心理医生了解病人哪些原型受到了抑制；同时，通过这样的展现，也可以促进病人内在原型的发展。

（四）舞蹈疗法

舞蹈疗法(Dance Therapy)最早兴起于 19 世纪 40 年代的美国，随后传入欧洲国家，70 年代中期拉美国家才开始将舞蹈列入治疗心理疾病的有效手段。目前，阿根廷、古巴等国的舞蹈疗法已趋完善，其中古巴政府还专门设立了舞蹈疗法基金，培训舞蹈医疗人员，对精神病院、学校、养老院、孤儿院和监狱的心理病人进行舞蹈医疗指导。

舞蹈疗法的心理学依据来自荣格的分析心理学、完形心理学及自我心理学的概念。舞蹈治疗家们认为，在所有生命体内部都存在着能量的自然流动。具有心理冲突的人，其内在心理能量是混乱的。这种混乱涌流的外在表现便是适应不良性运动、姿势和呼吸动作。通过舞蹈这种运动形式，不仅可矫正人们的

适应不良性运动、姿势和呼吸，而且也可将潜伏在内心深处的焦虑、愤怒、悲哀和抑郁等情绪安全地释放出来，使人们感受到自己对个人存在的控制能力。因而，舞蹈疗法可作为促进身心健康的一种重要手段。

沙盘游戏、绘画以及舞蹈等技术，实际上都是心灵表达的方式。通过这些形式的表达，再加上分析心理学家的心理分析，可以从沙盘、绘画或者舞蹈中了解到病人潜意识的情结和受压抑的原型，这便是这些心理治疗技术最主要的治疗原理。

第十章
荣格分析心理学的发展与评价

  荣格在这个风云变幻的世界度过了 86 个春秋。在其漫长而充实的一生中，荣格为丰富和加深人们对心灵世界的认识和理解做出了卓越的贡献。荣格对世界的影响并没有随着他的辞世而减弱，相反，随着时间的推移，人们不断从荣格的理论中受到新的启迪。时至今日，荣格心理学团体遍布世界，在中国，各种介绍荣格的书刊和荣格本人的译著也广为流传。不仅如此，在中国心理培训中，像沙盘游戏、绘画疗法、舞蹈疗法以及各种根据荣格理论发展而来的心理技术大行其道。所以，对从事心理工作的人而言，荣格分析心理学是一个不能绕过的心理学理论。即便对普通人来说，荣格分析心理学也是值得认真了解的心理学理论，因为，正如本书书名所言，荣格分析心理学可以帮助我们窥见心灵深处的秘密，也就是更清楚地了解自己。实际上，荣格分析心理学的作用还不仅止于此，它还可以帮助我们在哲学、美学、神话学、伦理学等方面有更深刻的见解。

一、对荣格分析心理学的评价

(一)对精神分析心理学的贡献

荣格和弗洛伊德曾因为观点不同而彼此决裂，但是，随着时光的推移，当斯人已去之后，我们越来越发现荣格和弗洛伊德并没有那么严重的对立。荣格的分析心理学恰恰是弗洛伊德的精神分析的发展和扩充。就像刘耀中(2004)所说的那样："弗洛伊德打开了那扇心理学的门，但为心理学带来光亮的却是荣格。"

1. 相比较弗洛伊德而言，荣格对潜意识的研究更加深入

弗洛伊德和荣格都提出了潜意识的概念，但是荣格对潜意识的阐释远远超出了弗洛伊德的范围。弗洛伊德更重视潜意识的性本能，而荣格则在此基础上提出了生命本能的概念，这一概念不仅包含了性本能，还包括生存相关的其他本能。不仅如此，荣格还提出，潜意识不只是个人早期生活特别是童年生活中受压抑的心理内容，潜意识还同人类整体发展历史有关，是人类精神发展的缩影、仓库；潜意识不全是消极的、破坏性的和卑污低下的，它同样也是积极的、创造性的和高尚的。

荣格提出了集体潜意识的概念。他认为，对个人经历压抑形成的那部分潜意识是个体潜意识，在这之下还有更深的一个层次，即集体潜意识。集体潜意识不是来源于个人经验，不是后天获得的，而是先天就存在的。集体潜意识是人类所共有的，是个体心理的基础。集体潜意识的概念是弗洛伊德精神分析心理学中所不具有的。

2. 发现集体潜意识中的许多心理原型

荣格曾长期致力于原型的研究。他认为，原型是构成集体潜意识的主要内容，是一切心理反应的具有普遍一致性的先验形式。对于原型，可以从心理学、哲学、美学、神话学、伦理学等不同方面去理解。原型作为心灵的底蕴，在心理治疗中它具有治愈力，在艺术中它具有创造力，在人格发展中它是指向，在非理性行为中它又具有破坏力。

荣格说，世间有多少场景，就会有多少个原型。荣格曾描述过很多原型，其中最主要的是阿尼玛/阿尼姆斯、智慧老人、人格面具、自性、阴影这几个原型。

3. 发展了力比多的概念

荣格对力比多的理解也与弗洛伊德不同。弗洛伊德主要把力比多理解为性爱，荣格则把力比多看做普遍的生命力。性爱只是其中的一部分。在此基础上，荣格提出了力比多的指向，把人分成了内倾型和外倾型两个基本类型，又结合意识的四个功能：感觉、思维、情感、直觉形成了心理类型理论。

4. 对心理治疗产生了持续的影响

在心理治疗方面，弗洛伊德重要之处在于追溯精神病者儿童期的根源。墨菲等(1980)认为，弗洛伊德本质上是一个职业医生，以自然科学为依据进行工作，认为心理过程究其一切方面来说是一种进化现实的表现。因此，弗洛伊德总是倾向于从过去寻找病因。与此不同，荣格认为只是寻找童年的精神创伤，甚至会产生不是治疗而是摧残的后果，他始终坚持在精神病症中寻找建设性因素。

荣格认为，在治疗方面，唯一的方法是依据患者的年龄、教育程度、气质等修正治疗手段。另外，荣格强调心理治疗是建立在两个人之间的关系上面，关系是主要因素，理论和方法只是辅助。荣格的心理治疗体现了荣格分析心理学的观点和方法上的灵活性和多样性，对心理治疗产生了持续影响，迄今仍引导着治疗实践。

(二)对心理学的促进和启发

1. 提出了心理类型学说

荣格从心理学的角度提出心理类型学说，是人格心理学主张类型说的先驱之一。如今，荣格提出的内倾型和外倾型人格已经融入到人们的日常语汇，这是他的分析心理学的又一广泛影响。

2. 扩展了心理学的研究领域

荣格提出了集体潜意识的概念，在扩展了潜意识的研究的同时，也扩展了心理学的研究领域。荣格从潜意识与意识相互对立补偿的关系中，明确提出了集体潜意识与原型这些概念，使人们认识到对潜意识的内容、作用与根源进行研究的必要性、可能性和合理性。

3. 对心理学跨文化与本土化研究的启发

荣格认为，为了理解人类心理，必须考虑到不同种类的社会、国家和传统的事实，与此相关联，人们必须从不同的立场和观点出发去解决人的心理问

题。这反映在他的分析心理学体系中更具有文化人类学的色彩，对于今天在心理学中开展的跨文化比较研究或本土化研究也是一种启发。

(三)分析心理学的局限

像其他心理学流派一样，荣格分析心理学也有其自身的不足。首先，集体潜意识的概念过于强调文化历史对人格形成的作用，而忽略社会现实条件的客观存在对人格的影响。其次，荣格学说的核心和基石是集体潜意识概念，而集体潜意识是不可证明的，其存在只能根据一些效应来推测。最后，荣格和弗洛伊德一样，过于强调潜意识的作用，把意识降低到附属的地位，容易导致非理性主义。

二、分析心理学的主要组织

(一)分析心理学的早期团体

荣格的分析心理学在荣格生前就已经广为人知，在其去世后，分析心理学在世界各地又不断地发展壮大。英、美等发达国家都建有分析心理学研究团体。但是，瑞士的苏黎世才是分析心理学的诞生地。

在分析心理学诞生之前，也就是荣格还在精神分析团体中担任职务的时候，苏黎世是精神分析的早期中心之一。1912 年，苏黎世的精神分析协会从伯格兹尔尼分离出来，成为一个独立的组织，没有和任何学术组织联系，使精神分析学派和分析心理学派发展出其各自独立的机构。进一步的分裂发生在 1914 年 7 月 10 日，当时阿方斯·迈德建议组织集体辞职，苏黎世精神分析协会成员几乎一致同意从国际精神分析协会分裂出来。同年 10 月 30 日，根据麦斯麦教授的建议，协会更名为分析心理学协会(the Association for Analytical Psychology)。这个团体主要由医生组成，这些医生们通常每隔一周聚会一次，直到 1918 年协会与新成立的分析心理学俱乐部合并。

索努·尚达塞尼的研究表明，1916 年到 1918 年期间有两个独立的荣格心理学团体。其一是专业团体，即分析心理学协会；另一个是非专业团体，即分析心理学俱乐部。苏黎世分析心理学俱乐部后来成为其他城市与国家类似俱乐部的典范。

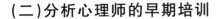

(二)分析心理师的早期培训

第一次世界大战之后，荣格走出了"面对潜意识"的阶段，他的声名也广为传播。1925 年，荣格开始在苏黎世用英语举办研讨会，这又进一步扩大了分析心理学的影响。

研讨会和分析心理学俱乐部的活动给第一代荣格心理分析师提供了专业的培训。而分析部分最初主要由托尼·沃尔夫完成。接受分析的人会在某一天会见荣格，然后在当天晚一些的时候或者次日会见托尼·沃尔夫。这种在某一时间会见多个心理分析师的分析方法叫做"多重分析"。有人指责这种多重分析会影响被分析者移情的产生，但是也有人认为，荣格和托尼·沃尔夫的合作会让被分析者获得更全面的分析。

在早期，成为荣格分析心理师的道路是不确定的。荣格会写信证明某人已经学习了他的方法，可以作为荣格分析心理师从业了。有些人获得了荣格的认可，却并没有从事分析心理工作；有些人期望获得荣格的证明信，却从未得到。总之，那时候荣格分析心理师的培训和认证还不是很规范。

在 20 世纪 30 年代，荣格似乎也并不计划成立自己的心理学流派。那时，他正担任国际心理治疗医学会主席，他更关注不同心理治疗学派的共同点。

(三)埃拉诺斯圆桌研讨会

在分析心理学的传播中，埃拉诺斯基金会(Eranos Foundation)有着特殊的贡献。它的创始人是奥尔加·弗罗贝－卡普泰因夫人。她是荷兰人，对象征主义、艺术和荣格心理学有着浓厚的兴趣。她利用自己在瑞士马乔列湖(Lago Maggiore)畔的几栋别墅，邀请学者每年聚会于此，围坐在一个很大的圆桌做文化研讨，主题多是有关东方与西方的哲学、宗教和心理学。自从 1933 年第一次埃拉诺斯圆桌研讨会至今，除了 1989 年空缺之外，每年一度的聚会早已成为世界文化史上的重要事件。而荣格本人，在 1933—1951 年间，基本上每年都参加埃拉诺斯圆桌会议。他的许多重要的分析心理学思想都是在埃拉诺斯圆桌会议的讲演中提出的，而会议的参与者，除了荣格的学生与追随者之外，如鲁道夫·奥图、马丁·布伯、约瑟夫·坎布尔和铃木大拙等国际著名学者，也都在荣格分析心理学的传播中发挥了十分重要的作用。

在荣格的鼓励下，奥尔加·弗罗贝－卡普泰因夫人利用她丰富的资源建立了最初的"原型象征图片档案"，这些图片成为"原型象征研究档案馆"的基础。国际上几所大的荣格研究院都拥有这样的档案馆，数万幅源自不同文化和历史

背景的原型象征图片，配合着荣格心理分析家的专业解析，在荣格分析心理学的学习与训练中发挥着重要的作用。

埃拉诺斯圆桌会议，对于荣格分析心理学发展的另外一个重要方面，是"许宁根基金会"的建立。出身银行巨子家庭的保罗·梅隆和妻子玛丽·梅隆在埃拉诺斯的圆桌会议上结识了荣格，并且随后接受了荣格一段时间的心理分析。受奥尔加·弗罗贝－卡普泰因夫人的"埃拉诺斯基金会"的启发，他们筹建了"许宁根基金会"，并且资助出版了《荣格全集》的英文版。

(四)苏黎世卡尔·荣格研究院

第二次世界大战结束后，随着世界的复苏，1948 年苏黎世的卡尔·荣格研究院在苏黎世城镇路 27 号成立了。虽然这不是第一所荣格研究院(伦敦和旧金山的荣格研究院 1946 年就成立了)，但是这里仍然成为了分析心理学学习者的"圣地"。

苏黎世荣格研究院是按照一所欧洲大学的结构来设立的。苏黎世荣格研究院由一个七人组成的管委会管理，并拥有一个国际顾问委员会。研究院设有很多课程供学员自由选择参加。入学的标准是拥有硕士学位(不限制专业)，并递交一份个人传记以及接受面试。苏黎世荣格研究院并没有对学生提出临床背景的要求，因为荣格认为无临床背景的人同样可以成为心理分析师。研究院设置的基础课程包括：分析心理学基础、梦的心理学、联想实验、基本宗教史、童话、心理病理学。除了要完成要求的课程且通过考试之外，学生还要参加案例分析讨论，然后要参加进一步深化其分析心理学知识的课程。在早期，研究院的学生还要接见两位病人，并且接受个人督导或团体督导。为了从学院毕业，学员们还得通过另一套考试，写一篇论文并进行答辩，还要用荣格分析方法写病人个案。

(五)国际分析心理学会(IAAP)

国际分析心理学会(International Association for Analytical Psychology, IAAP)于 1955 年在瑞士成立，并根据瑞士法律进行组建。

国际分析心理学会的成立对于心理分析师的认证和授权起到了很大的促进。该组织对成为认证心理分析师提出了较为具体的要求：与 IAAP 认证的荣格心理分析师进行 250 小时的个人分析，有 50 小时的分析性个案督导，具有硕士或与此相当的学历。在没有专业小组的地方，个人可以提出书面申请，概述荣格式的培训和分析。执委会和代表对个人的申请做出裁定。

目前，IAAP 对所有专业的分析心理学团体进行评审和监管，其最重要的目标是推进分析心理学在世界范围内得到理解和运用，同时确保在训练和实践过程中，能够给作为其成员的分析心理学家提供最高专业水平、科学的、符合伦理道德的标准。IAAP 通过组织三年一届定期的国际大会，以及协助各地区各专业性会议的开展来实现组织的目标。除了监管和资助会议、研究进展的发表，IAAP 还对相关研究计划提供经费支持，推动荣格学派重要文献的翻译和传播。

1958 年，第一届国际分析心理学会在瑞士苏黎世召开，有 120 名成员出席了会议。美国《时代》周刊(1958 年 8 月 25 日)对这次大会进行了报道。IAAP 的第一任主席是罗伯特·穆迪，他是一位精神病学家。罗伯特·穆迪在任期中去世，来自苏黎世的副主席弗朗兹·瑞克林接任了主席一职。

1962 年 8 月，第二届学会在苏黎世召开，这次大会的主题是"原型"。这时荣格已经去世，在第一届大会上就有所表现的派别冲突在本次大会上更加凸显出来。尽管有人反对，瑞克林还是当选了主席。自此之后，国际会议开始每三年举行一届，并延续至今。

在 IAAP 成立之初，会员大概有一百人左右，到 1999 年已增加到 2300 人。现在世界各地独立的培训机构已经有 34 个，并且不断有新的小组正在加入。

附录一： 荣格生平与著作年表^①

一、童年和学生时代(1875—1900 年)

● 1875 年

卡尔·古斯塔夫·荣格于 7 月 26 日出生于瑞士康斯坦茨湖边的凯什维尔镇，其父亲约翰·保罗·阿基里斯·荣格是福音派新教会的牧师，母亲是埃米莉·普雷斯沃克·荣格。

● 1879 年

全家迁往靠近巴塞尔的克莱恩-许宁根(Kleinhuningen)。

● 1879 年

荣格的双亲搬迁至巴塞尔郊区的克莱恩-许宁根。

● 1881 年

在巴塞尔上学。

● 1884 年

妹妹出生。

● 1886 年

进入巴塞尔大学预科。

● 1898 年

开始研究神秘现象。

● 1895—1900 年

在巴塞尔大学就读自然科学专业，后又学习医学，并通过国家考试。

● 1896 年

荣格父亲去世。

二、学者和医生生涯：第一阶段(1900—1907 年)

● 1900 年

被任命为苏黎世伯戈尔茨利精神病院的助理医师，在著名精神病医生

---

① 选编自：荣格文集——让我们重返精神的家园. 冯川编译. 北京：改革出版社，1997.

尤金·布罗伊尔手下工作。

● 1902 年

赴巴黎学习，在皮埃尔·让内指导下研究理论精神病学。

返回伯戈尔茨利后开始语词联想的研究和实验。

开始发表最初的论著。

《论所谓神秘现象的心理学和病理学》（文集，第一卷）

《一名囚犯的癔病性昏迷案例》（文集，第一卷）

● 1903 年

2 月 14 日与爱玛·罗森巴赫在斯查夫霍森举行婚礼，他们共生育五个子女：阿卡莎·尼修斯（Agathe Niehus）、格莱特·鲍曼（Gret Baumann）、弗朗兹·荣格－莫克（Franz Jung-Merker）、玛丽娅·尼修斯（Marianne Niehus）、海伦·霍妮（Helene Hoerni）。

《躁狂性情绪失调》（文集，第一卷）

《假性疯狂》（文集，第一卷）

● 1904 年

《假性疯狂的治疗意见》（文集，第一卷）

《癔病性误读》（文集，第一卷）

● 1905 年

任苏黎世大学医学系讲师（直到 1913 年）和伯戈尔茨利医院高级医师。

《心理学对事实的诊断》（文集，第一卷）

《一例癫痫病患者的联想分析》（文集，第二卷）

《联想实验中的反应时间》（文集，第二卷）

《记忆的实验性观察》（文集，第二卷）

《精神分析与联想实验》（文集，第二卷）

● 1906 年

赴维也纳，初次与弗洛伊德会晤，之后二人保持密切的书信交往长达六年之久。

《联想、梦、癔病症状》（文集，第二卷）

《联想实验在心理病理学中的意义》（文集，第二卷）

《精神分裂心理学》（文集，第三卷）

《弗洛伊德的癔病理论》（文集，第四卷）

● 1907 年

《联想实验之心身关系》（文集，第二卷）

三、学者和医生生涯：第二阶段(1908—1912 年)

● 1908 年

赴维也纳出席第一届国际精神分析学大会。

● 1909 年

开始研究神话。

辞去伯戈尔茨利精神院职务，开始私人行医。

9 月，与弗洛伊德一道，赴马萨诸塞州的伍斯特的克拉克大学演讲，并获得该校授予的名誉博士学位。

《父亲对一个人命运的影响》(文集，第四卷)

《梦的分析》(文集，第四卷)

● 1910 年

赴纽伦堡出席第二届国际精神分析学大会，担任国际精神分析学会主席。

撰写《力比多的变形与象征》，书稿和标题都几经修改，又名为《变形的象征》，从口头和书面上宣布了与弗洛伊德的决裂。

《联想方法》(文集，第四卷)

《谣言心理学的一个贡献》(文集，第四卷)

《论对精神分析学的批评》(文集，第四卷)

《一个孩子的心理冲突》(文集，第十七卷)

● 1911 年

《对布罗伊尔精神分裂症理论的批评》(文集，第三卷)

《数字在梦中的意义》(文集，第四卷)

《转变的象征(第一部)》(文集，第五卷)

● 1912 年

受梦的召唤，开始转向自身的潜意识。

《关于精神分析学》(文集，第四卷)

《转变的象征(第二部)》(文集，第五卷)

《心理学的新路》(文集，第七卷)

四、学者和医生生涯：大师阶段(1913—1946 年)

● 1913 年

与弗洛伊德和精神分析学派正式决裂。

辞去苏黎世大学教席。

对潜意识的种种意象进行紧张研究。

《精神分析理论》（文集，第四卷）

《精神分析的基本层面》（文集，第四卷）

● 1914 年

与苏黎世的同事一同辞去国际精神分析协会之职。第一次世界大战爆发。

《潜意识在心理病理学中的重要性》（文集，第三卷）

《论心理学中的理解力》（文集，第三卷）

《精神分析中的一些关键：荣格和洛伊的通信》（文集，第四卷）

● 1915 年

致力于神话和梦的研究。

● 1916 年

《精神分析与神经症》（文集，第四卷）

《〈分析心理学论文集〉序言》（文集，第四卷）

《潜意识的结构》（文集，第七卷）

《心理超越功能》（文集，第八卷）

《梦心理学的基本层面》（文集，第八卷）

● 1917 年

《〈分析心理学论文集〉第二版序言》（文集，第四卷）

《潜意识心理学》（文集，第七卷）

● 1918 年

认识到自性是心理发展的目标。

《潜意识的作用》（文集，第十卷）

● 1919 年

第一次世界大战结束。

《本能与潜意识》（文集，第八卷）

● 1920 年

去阿尔及利亚和突尼斯旅行考察。

《神灵信念的心理基础》（文集，第八卷）

● 1921 年

《心理类型》（文集，第六卷）

● 1922 年

购置许宁根地产。

《分析心理学与诗歌的关系》（文集，第十五卷）

● 1923 年

母亲去世。

● 1924 年

访问美国新墨西哥州普韦布洛印第安人。

● 1925 年

访问伦敦。

在苏黎世开办第一届研讨班，学员来自世界各国，研讨完全用英语进行。

旅行考察东非阿尔贡山区的土著居民。

● 1926 年

从非洲返回瑞士。

《精神与生命》（文集，第八卷）

《分析心理学与教育》（文集，第十七卷）

● 1927 年

开始研究曼荼罗。

《心理的结构》（文集，第八卷）

《心灵与大地》（文集，第十卷）

《欧洲的女性》（文集，第十卷）

● 1928 年

与理查德·威廉（卫礼贤）合作，翻译介绍中国古代典籍。

研究炼金术和曼荼罗象征。

《自我与潜意识的关系》（文集，第七卷）

《心理能量》（文集，第八卷）

《分析心理学与世界观》（文集，第七卷）

《现代人的精神问题》（文集，第十卷）

《一个学生的恋爱问题》（文集，第十卷）

《精神分析与灵魂治疗》（文集，第十一卷）

《儿童的发展与教育》（文集，第十七卷）

《潜意识在个性教育中的意义》（文集，第七卷）

● 1929 年

《弗洛伊德与荣格的对比》（文集，第四卷）

《体质和遗传在心理学中的意义》（文集，第八卷）

《评〈金花的秘密〉》（文集，第十六卷）

《现代心理治疗的种种问题》（文集，第十六卷）

● 1930 年

任综合医学心理治疗协会的副主席，主席是欧内斯特·克雷兹切曼（Ernst Ktetschmer）。

《人生诸阶段》（文集，第八卷）

《美国心理学的复杂性》（文集，第八卷）

《心理学与文学》（文集，第十五卷）

《现代心理治疗的若干侧面》（文集，第十六卷）

● 1931 年

《分析心理学的基础假设》（文集，第八卷）

《原始人》（文集，第十卷）

《心理治疗的目标》（文集，第十六卷）

● 1932 年

获苏黎世城文学奖。

《心理治疗者与神职人员》（文集，第十一卷）

《历史背景中的弗洛伊德》（文集，第十五卷）

《〈尤利西斯〉：一段独白》（文集，第十五卷）

《毕加索》（文集，第十五卷）

● 1933 年

克雷兹切曼辞职后，接任综合医学心理治疗协会主席之职。

第一次埃拉诺斯聚会。

《个性化过程之研究》（文集，第八卷，第一分册）

《现实与超现实》（文集，第八卷）

《心理学的现代意义》（文集，第十卷）

《克劳斯兄弟》（文集，第十一卷）

● 1934 年

创办日内瓦国际心理治疗医学会，出任第一任主席。

第二次埃拉诺斯聚会。

《集体潜意识的原型》（文集，第八卷，第一分册）

《情结理论回顾》（文集，第八卷）

《灵魂与死亡》（文集，第八卷）

《今日心理学状况》（文集，第十卷）

《梦的分析的实际用途》（文集，第十六卷）

《人格的发展》（文集，第十七卷）

● 1935 年

第三次埃拉诺斯聚会。

《个性化过程的梦象征》修改为《与炼金术相关的个体梦象征》(文集，第十二卷)

《对〈西藏亡灵书〉的心理学评论》(文集，第十一卷)

《实用心理治疗的原则》(文集，第十六卷)

《什么是心理治疗》(文集，第十六卷)

《分析心理学的理论与实践》(在伦敦的讲座，1968 年以单行本出版于纽约和伦敦)

● 1936 年

获美国哈佛大学荣誉博士头衔。

第四次埃拉诺斯聚会。

《炼金术中的宗教观念》(后来作为《心理学与炼金术》的第三部分发表，文集，第十二卷)

《集体潜意识的概念》(文集，第九卷，第一分册)

《关于原型，特别涉及阿尼玛概念》(文集，第九卷，第一分册)

《沃丁》(文集，第十卷)

《瑜伽与西方》(文集，第十一卷)

● 1937 年

第五次埃拉诺斯聚会。

于耶鲁大学就"心理学和宗教"发表一系列演说。

《左西莫斯幻象》(文集，第十三卷)

《决定人类行为的心理要素》(文集，第八卷)

《实用心理治疗的现实》(文集，第十六卷)

● 1938 年

获英国牛津大学荣誉博士头衔并成为英国皇家医学会成员。

受印度政府的邀请赴印度旅行考察，出席加尔各答大学二十五周年校庆，分别获得加尔各答大学、贝拿勒斯大学和阿拉哈巴德大学名誉博士学位。

第六次埃拉诺斯聚会。

《母亲原型的心理侧面》(文集，第九卷，第一分册)

《心理学与宗教》(文集，第十一卷)

● 1939 年

第二次世界大战爆发。

第七次埃拉诺斯聚会。

《关于再生》（文集，第九卷，第一分册）

《意识、潜意识、个性化》（文集，第九卷，第一分册）

《印度的如梦世界》（文集，第十卷）

《印度能教给我们什么》（文集，第十卷）

《序铃木〈禅宗导引〉》（文集，第十一卷）

《纪念弗洛伊德》（文集，第十五卷）

《纪念理查德·威廉》（文集，第十五卷）

● 1940 年

第八次埃拉诺斯聚会。

《三位一体观念的心理学考察》（文集，第十一卷）

《儿童原型的心理学》（文集，第九卷，第一分册）

● 1941 年

第九次埃拉诺斯聚会。

《弥撒中的转变象征》（文集，第十一卷）

《帕拉塞尔苏医生》（文集，第十五卷）

● 1942 年

第十次埃拉诺斯聚会。

辞去苏黎世大学名誉教授之职。

《神灵墨丘利》（文集，第十一卷）

《帕拉塞尔苏作为一种精神现象》（文集，第十五卷）

● 1943 年

成为瑞士科学院荣誉院士。

第十一次埃拉诺斯聚会。

《东方人的冥思》（文集，第十一卷）

《心理治疗与一种人生哲学》（文集，第十六卷）

《有天赋的神童》（文集，第十七卷）

● 1944 年

摔断腿；心脏病发作；大病中产生一系列新幻觉。

第十二次埃拉诺斯聚会：荣格因病缺席。

《印度的圣人：序海因里希·席美尔的〈自性之路〉》（文集，第十一卷）

《心理学与炼金术》（文集，第十二卷，此书以 1935 年和 1936 年提交埃拉诺斯聚会的两篇论文为基础）

● 1945 年

获日内瓦大学荣誉博士头衔(此衔专为庆祝荣格 70 诞辰而颁发)。

第十三次埃拉诺斯聚会。

《童话中的精神现象学》(文集，第九卷，第一分册)

《梦的性质》(文集，第八卷)

《大难之后》(文集，第十卷)

《哲学之树》(文集，第十三卷)

《医学与心理治疗》(文集，第十六卷)

《今日心理学》(文集，第十六卷)

● 1946 年

第十四次埃拉诺斯聚会。

《心理的性质》(文集，第八卷)

《〈当代事件随笔〉序言》(文集，第十卷)

《与阴影之战》(文集，第十卷)

《移情心理学》(文集，第十六卷)

五、退休与晚年(1947—1961 年)

● 1947 年

退休于许宁根塔楼。

第十五次埃拉诺斯聚会；荣格缺席。

● 1948 年

第十六次埃拉诺斯聚会。

《论自性》(稍后合并为《远古》，第 4 章，文集，第九卷，第二分册)，修改和重写早期论文。

● 1949 年

第十七次埃拉诺斯聚会；荣格缺席。

● 1950 年

第十八次埃拉诺斯聚会；荣格缺席。

修改和重写早期论文。

《关于曼荼罗象征》(文集，第九卷，第一分册)

《〈易经〉德文本序言》(文集，第十一卷)

● 1951 年

第十九次埃拉诺斯聚会。

《论共时性》（文集，第八卷）

《远古：自性的现象学研究》（文集，第九卷，第二分册）

《心理治疗的基本问题》（文集，第十六卷）

● 1952 年

《共时性：非因果性联系》（文集，第八卷）

《序怀特的〈上帝与潜意识〉》（文集，第十一卷）

● 1953 年

修改和重写早期论文。

● 1954 年

《狡徒形象中的心理学》（文集，第九卷）

● 1955 年

获苏黎世联邦工业研究所名誉博士学位。

11 月 27 日，妻子爱玛·荣格去世。

《曼荼罗》（文集，第九卷，第一分册）

《感通之秘》（文集，第十四卷）

● 1956 年

《我为什么写〈答约伯〉》（文集，第十一卷）

● 1957 年

《未发现的自我》（文集，第十卷）

● 1958 年

与秘书安妮拉·亚菲合作，撰写自传《回忆·梦·思考》

《飞碟：一个现代神话》（文集，第十卷）

《心理学的良心观》（文集，第十卷）

● 1959 年

《分析心理学中的善与恶》（文集，第十卷）

《沃尔夫〈荣格心理学研究〉》（文集，第十卷）

● 1960 年

在 85 岁生日宴会上，获库斯那赫特荣誉公民称号。

《〈示巴女王之访〉序言》

● 1961 年

6 月 6 日，病逝于苏黎世库斯那赫特家中。

附录二： 《荣格文集》各卷书名

　　这十九卷文集是赫伯特·里德（Sir Herbert Read）、迈克尔·福尔丹（Michael Fordham）和杰尔哈特·阿德勒（Gerhard Adler）主编的。威廉·麦克古尔（William Mcguire）为执行编辑。R.F.C.赫尔（Hull）为全书翻译者。文集十九卷在美国由普林斯顿大学出版社出版，在英国则由 Routledge & Kegan Paul 公司出版。

第一卷　　精神病研究（Psychiatric Studies）

第二卷　　实验研究（Experimental Researches）

第三卷　　精神疾患的心理发生机制（The Psychogenesis of Mental Disease）

第四卷　　弗洛伊德与精神分析（Freud and Psychoanalysis）

第五卷　　转变的象征（Symbols of Transformation）

第六卷　　心理类型（Psychological Types）

第七卷　　有关分析心理学的两篇论文（Two Essays on Analytical Psychology）

第八卷　　心理的结构与动力（The Structure and Dynamics of the Psyche）

第九卷　　（第一分册）原型与集体潜意识（The Archetypes of the Collective Unconscious）

　　　　　（第二分册）远古—自性的现象学研究（Researches into the Phenomenology of the Self）

第十卷　　过渡中的文化（Civilization in Transition）

第十一卷　心理学与宗教：西方与东方（Psychology and Religion：West and East）

第十二卷　心理学与炼金术（Psychology and Alchemy）

第十三卷　炼金术研究（Alchemical Studies）

第十四卷　神秘契合（Mysterium Coniunctionis）

第十五卷　人、艺术和文学中的精神（The Spirit in Man, Art, and Literature）

第十六卷　心理治疗实践（The Practice of Psychotherapy）

第十七卷　人格的发展（The Development of Personality）

第十八卷　杂集（The Symbolic Life Miscellaneous Writings）

第十九卷　作品总目与索引（Bibliography）

附录三： 主要参考文献

1. 霍尔著，冯川译. 荣格心理学入门. 上海：上海三联书店，1987.

2. 荣格著，黄启铭译. 现代灵魂的自我拯救. 北京：工人出版社，1987.

3. 荣格著，张月译. 人及其表象. 北京：中国国际广播出版社，1989.

4. 荣格著，成穷、王作虹译. 分析心理学的理论与实践. 北京：三联书店，1991.

5. 冯川著. 荣格. 武昌：长江文艺出版社，1996.

6. 荣格著，刘国彬、杨德友译. 荣格自传——回忆·梦·思考. 上海：上海三联书店，2009.

7. 凯斯门特著，廖世德译. 分析心理学的巨擘——荣格. 上海：学林出版社，2004.

8. 比尔思科尔著，周艳辉译. 荣格. 北京：中华书局，2004.

9. 冯川著. 荣格的精神：一个英雄与圣人的神话. 海口：海南出版社，2006.

10. 科茨著，古丽丹等译. 荣格心理分析师：比较与历史的视野. 广州：广东教育出版社，2007.

11. 史蒂文斯著，杨韶刚译. 简析荣格. 北京：外语教学与研究出版社，2007.

12. 荣格著，杨梦茹译. 分析心理学与梦的诠释. 上海：上海三联书店，2009.

13. 荣格著，张月译. 潜意识与心灵成长. 上海：上海三联书店，2009.

14. 荣格著，吴康译. 心理类型. 上海：上海三联书店，2009.

15. 梁凤雁编译. 荣格谈心灵之路. 北京：工人出版社，2009.

16. 荣格著，陈俊松译. 人格的发展. 北京：国际文化出版公司，2011.

17. 荣格著，徐德林译. 原型与集体无意识. 北京：国际文化出版公司，2011.

18. 荣格著，关德群译. 心理结构与心理动力学. 北京：国际文化出版公司，2011.

19. 荣格著，周朗、石小竹译. 文明的变迁. 北京：国际文化出版公司，2011.

20. 荣格著，储昭华、王世鹏译. 象征生活. 北京：国际文化出版公司，2011.

21. 荣格著，孙明丽、石小竹译. 转化的象征. 北京：国际文化出版公司，2011.

22. 荣格著，冯川、苏克译. 心理学与文学. 南京：译林出版社，2011.

23. 申荷永著. 荣格与分析心理学. 北京：中国人民大学出版社，2012.

24. 墨菲、柯瓦奇著，林方等译. 近代心理学历史导引. 北京：商务印书馆，1980.

25. 赫根汉著，文一等译. 现代人格心理学历史导引. 石家庄：河北人民出版社，1988.

26. 唐钺. 西方心理学史大纲. 北京：北京大学出版社，1982.

27. 斯托尔著，陈静、章建刚译. 荣格. 北京：中国社会出版社，1989.

28. 弗雷-罗恩著，陈恢钦译. 从弗洛伊德到荣格. 北京：中国国际广播出版社，1989.

29. 荣格著，张敦福、赵蕾译. 未发现的自我. 北京：国际文化出版社，2001.

30. 朱立元. 现代西方美学史. 上海：上海文艺出版社，1993.

31. 弗洛伊德著，张燕云译. 梦的释义. 沈阳：辽宁人民出版社，1987.

32. 刘耀中. 荣格心理学与佛教. 北京：东方出版社，2004.

33. 马克思恩格斯选集. 第 4 卷. 北京：人民出版社，1995.

34. Honorton, C., Ferrari, D. C., & Bem, D. J. (1998). Extra Version and ESP Performance：A meta-analysis and a new confirmation. Journal of Parapsychology, 62 (3), 255—276.

35. Kendler, H. H. Historical Foundation of Modern Psychology. Chicago：Dorsey Press, 1987.

36. Strachey, J. Sigmund Freud：A sketch of his life and ideas. In A. Richards(Ed.), The Pelican Freud Library. (Vol. 2,). Penguin Books.